人脈風格

找出你專屬的人際關係模式，
創造工作與生活的最佳表現

瑪莉莎・金恩 著

蕭美惠 譯

SOCIAL CHEMISTRY

Decoding the Patterns of Human Connection

MARISSA KING

致雪梨、葛瑞絲、朱利安與尼克。

到頭來，愛最重要。

目次 *Contents*

第一章

創造連結

阿拉巴馬州蒙哥馬利的羅莎・派克（Rosa Parks，譯註：羅莎・派克 1955 年拒絕在公車上讓座給一名白人男性，引發美國民權運動）拒絕在公車上讓座的不久之前，年輕的維儂・喬登（Vernon Jordan）面試了大陸保險公司（Continental Insurance Company）的一個銷售實習生職位。招募專員給仍在德堡大學就讀二年級的喬登提供一份工作。他被告知，暑假開始就到該公司亞特蘭大辦公室報到。他穿著他最好的西裝去報到，向接待櫃檯通知他要來做暑期實習生，問題就來了。櫃檯人員立刻打電話給實習生的負責人，請他過來一趟。

以下是喬登描述後來的情況：

> 這名主管走過來，看上去大約 30 幾歲的高個子男性。我自我介紹：「我是維儂・喬登。我受僱來您的辦公室做暑期實習生。」
>
> 他的反應和櫃檯人員差不多。可是他很快鎮定下來，把我帶到他的辦公室。難堪了一下子之後，他說：「他們沒有跟

我說。」

「他們沒有跟你說什麼？」我問，即使我已猜到他要說的話。

「他們沒有告訴我們，你是有色人種。」他回答。那個時候，我們還沒有被稱為「黑人」。「你知道的，」他接著說，「你在這裡工作，這根本不可能。你就是不行。」[1]

他終究沒得到那份工作。失業的喬登決心找到暑期工讀，儘管隨著暑假逝去，機會越來越渺茫。最後他得到一份工作，給80幾歲的前亞特蘭大市長羅伯·麥多克斯（Robert Maddox）當司機。

喬登自己的80大壽生日派對是在瑪莎葡萄園島舉行，這座滿布薑餅小屋的小島向來受到貴族喜愛。在派對上，比爾與希拉蕊·柯林頓隨著靈魂音樂起舞。歐巴馬總統、影星摩根·費里曼（Morgan Freeman）、哈佛大學教授亨利·路易士·蓋茲（Henry Louis Gates Jr.）和美國運通公司（American Express）執行長肯恩·錢納特（Ken Chenault）全都出席，祝賀這位知名民權領袖及權力掮客。

這數十年來，喬登已成為歷任總統的親信，《紐約時報》（*The New York Times*）將他封為「第一友人」。他同時在商業界建立起令人稱羨的人脈，參與9家公司的董事會，包括道瓊（Dow Jones）、全錄（Xerox）、卡拉威高爾夫（Callaway Golf）。莎莉公司（Sara Lee）前執行長約翰·布萊恩（John

Bryan）說：「維儂認識的企業高層主管或許多過美國任何人。」[2] 對惡意批評者來說，喬登象徵著華爾街與白宮關係親密所製造的問題。他的反駁是「與華爾街親密並不是罪惡……如果你是一名政治人物，你必須與各種機構都有關係。」[3]

喬登處在「內圈」（inner circle）的核心，這個名稱是華頓商學院教授麥可・烏西姆（Michael Useem）用以形容企業菁英所建立的企業連結。[4] 標準普爾 500（S&P 500）中任何兩家企業之間的最短路徑是喬登。根據芝加哥布斯商學院的朱約翰（Johan Chu，譯音）表示，「這個網絡在整個 20 世紀都緊密連結，擔任快速散播資訊與慣例，以及增進菁英團結的機制。」[5]

喬登代表著這種網絡的權力與人們認為的問題。他無與倫比的人脈使得這個小佃農的孫子成為「美國人脈最廣的人之一」。[6] 喬登是派駐企業董事會的民權運動大使。亨利・路易士・蓋茲預測：「歷史學家將記載，維儂・喬登是華爾街的羅莎・派克。」[7] 但是，許多人覺得，他賴以建立生涯的幕後交易具有道德上的疑義。

維儂・喬登究竟是如何進入到專業與政治菁英的核心？他在 2012 年一場大學畢業演說給出了暗示，當時他引述梅爾維爾（Melville）：[8]

我們不能為自己而活
我們的人生連結到上千條看不見的線
沿著這些交感的纖維

我們因而行動並收穫成果

想要了解喬登的轉變，我們需要追蹤他牽起來的數千條看不見的線。

看不見的線

引用梅爾維爾的話不只是為了激勵人心，亦提供我們可運用在人脈概念上的新透鏡。一個人的人脈架構就是一幀地圖，訴說他們人生迄今的樣貌，以及未來的走向。身為人脈分析師、社會學家，以及耶魯大學管理學院組織行為教授，我花了 15 年研究人們的人脈是如何演變、它們的模樣、對他們在職場上成功、幸福健康、以及個人實現的影響。喬登擁有罕見及特殊的人脈。想要掌握其特性，我們首先要了解一些較為常見的組成元素。

社交連結的最小公分母是二元體（dyad），亦即一人對一人組成的關係。假以時日，這些關係自然組織成為一個網絡。我們都聽過人脈這個名詞，但它究竟是什麼？人脈是一群互相連結的人，其中有些人彼此認識，有些則沒有共同認識的人。透過網絡，我們可以利用關係，顯現出遠大於一群兩人組的結果——一加一等於三的結果。知名社會學家詹姆斯・科爾曼（James S. Coleman）解釋說，**社會資本**（social capital）「有可能創造一些缺乏這類資本所無法創造的成就。」[9]

這是有可能的，也或許是對的。大多數人的人脈可用 3 種圖形來呈現：

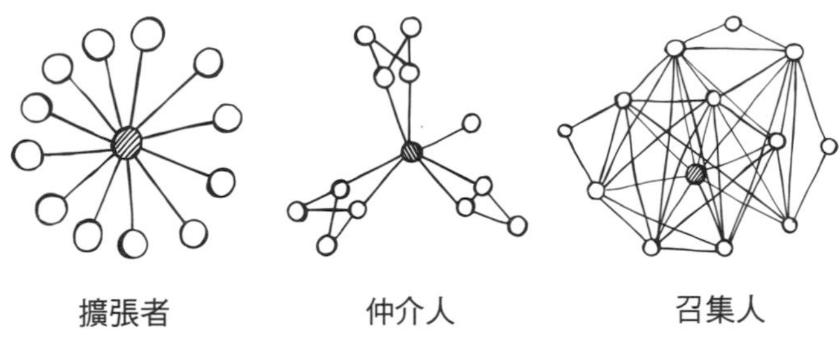

在擴張者，仲介人與召集人的人脈地圖，每個圓圈代表一個人。中央的黑色圓圈代表這個網絡的所有者，線條表示他們與友人之間的關係，以及他們友人之間的連結。你或許沒有一眼看出，但在這 3 張圖片，人數都是一樣的。你會注意到的是，形成與維持這些關係的精力與努力各不相同。仲介人只和 7 個人有直接連結，但間接連結到 12 個不同的觀點、經歷和資訊來源。而相較於仲介人的朋友，召集人的朋友更有可能是互相認識，召集人維持 9 個關係便可取得相同的資訊。

我的同儕古樂朋（Nicholas Christakis）經常使用一個暗喻來說明不同的網絡結構形成不同的特性。[10] 石墨與鑽石都是由相同的物質——碳——組成。石墨質地柔軟、深色，十分普遍，我們在 6 歲小孩的背包就可以找到。相反的，鑽石質地堅硬、透明、稀有，堪稱世上最昂貴的地位表徵。

石墨與鑽石的差異來自於碳原子排列的方式。石墨的碳原子以層狀排列，鑽石的碳原子則以四面體排列。這些不同的結構排列方式造成不同的性質。

和碳一樣，同一組的社交關係——由同一批人組成，惟構造不同——會形成非常不同的結果。想像有兩支團隊都由同一批人組成，一支隊伍是共同合作，每個人又互相合作；另一支隊伍的人員相同，但分為專門小隊，之間有聯絡人負責聯繫。儘管成員相同，這兩支隊伍的力量非常不同，人際網絡的道理也是一樣。

以人脈來說，擴張者、仲介人和召集人各有不同的社會與專業益處與壞處：

- **擴張者**擁有極其龐大的網絡，知名度高，交際手腕佳。然而，他們往往難以維持社交關係，以及利用這些關係來為他們自己或別人創造價值。
- **仲介人**結合不同社交圈通常無關聯的對象，而創造出價值。他們的網絡擁有巨大的資訊優勢，亦高度創新，因為大多數的新觀念來自於重新結合。
- **召集人**建立緊密網絡，他們的朋友彼此也是朋友。這種網絡擁有龐大的信任與信譽優勢。

那麼，維儂．喬登屬於哪一種？[11] 事實上，他達成均衡的模範，既有召集人的信任，又有仲介人為網絡內的每個人創造資訊優勢，同時維持驚人的聯繫數量。

然而在美國國家肖像館（National Portrait Gallery）與喬登的一項訪談中，前館長馬克．帕徹特（Marc Pachter）似乎凸顯出一項矛盾：「你不時表示，也曾寫說，自己是獨自一人…… 你是非常投入世界的人，你有許多朋友，你有社交連結，你了解友誼，你了解這一切。這是你存在的核心，然而你說自己是獨自一人。」[12]

對此，喬登回答：「人生大部分的事情，你必須自己想清楚。有一小群朋友是你可以分享的。這是建立在信賴、信心與友誼之上。我從來都不是打開心扉的人。因此，我想**獨自一人**或許有些過度了。我尊重你的隱私，也藏匿我的隱私。」

儘管喬登透過召集與信任而獲得助益，他平步青雲可以追溯到他在企業界與政界扮演仲介的重要角色，以及橫跨種族界線。維儂曾說明自己的仲介角色：「若你在圈外，和我一樣人脈廣泛，就有詮釋的機會。」[13]

和喬登一樣，我們自己人脈的特色與結構有一部分是由我們日常生活的環境決定——我們的工作是何種性質、我們的辦公室是否就位在電梯旁邊、我們住家是否位於死巷的底部；我們是否有上教堂、加入俱樂部或者做家長會志工等等。我們所做的選擇都會對我們的人脈造成強大影響，例如要不要生小孩、要不要換工作、要不要參加星期五的會議。

我們每分每秒都在塑造與再塑造我們的人脈。我和英格麗・尼姆哈德（Ingrid Nembhard）利用穿戴裝置感測器來追蹤人們的社交互動[14]，結果發現你在對話時用於聆聽的時間、你多常打斷談話以及你的聲音在交談時如何改變，都與你的人脈種類有很大的關聯。召集人是很棒的聆聽者。擴張者往往講話比同儕來得大聲、講話的時間也比較久，而且比較不會插嘴。

以他們的行為來看，擴張者似乎比較可能性格外向。令人意外的是，根據 138 項檢驗數千人性格與人脈研究的統合分析，外向與一個人的人脈沒有什麼關係。[15]

就人格特質而言，不斷有研究發現，心理學家所謂的**自我監控**（self-monitoring），亦即變色龍行為，最能預測你可能發展出何種網絡。仲介人往往是變色龍。他們輕易便能適應新社會情境。他們直覺地知道何時該保持安靜以配合會議的正式氣氛，何時可以笑大聲一點。

社會科學家過去 40 年來一直在研究社交網絡結構的前因及後果。你的網絡是如何形成的（有意識或無意識地）對於許多方面的個人與專業結果有著巨大影響。你的社交連結的力量與品質，與社交連結的架構，深遠地影響著你對世界的體驗、你的情緒，以及你的個人與專業成功。

本書主旨是社交網絡，即社交結構的基本元素，以及伴隨那些元素的心理傾向，是如何塑造我們生活。

重要的是人脈，而不是人脈經營

你是如何得知自己的工作？如果你和大多數人一樣，便可能是透過朋友、同事、點頭之交、鄰居，或者你有個人連結的人士。

維儂．喬登是其中的極端案例。[16] 他自己表示：「我要跟你講一件你不會相信的事。自從我應徵芝加哥運輸局的公車司機之後，便沒有再應徵過工作。」喬登的網絡四通八達、又有足夠信任，幫助他由芝加哥運輸局前進到全國城市聯盟（National Urban League）主席、一家投資銀行的執行董事和美國運通董事會。

40多年前，社會學家馬克·格蘭諾維特（Mark Granovetter），同時也是史丹佛大學教授，首度檢視在麻州牛頓市工作的專業人士是如何找到工作。[17] 格蘭諾維特訪談與調查數百名新近換工作的專業人士，其中一半以上（56%）表示他們是透過個人關係找到工作。在最高所得類別的人，即工作薪水最高、職位也最高的人，其中四分之三是經由社交網絡找到工作。

然而，令格蘭諾維特訝異的是，受訪者在討論中不斷重申：「不，不，不，不是朋友，只是稍微認識的人而已。」[18] 受訪者由鮮少碰面的人得知工作的機率，是由熟人或家人得知的機率的兩倍。格蘭諾維特發表的研究論文〈弱連結的力量〉（The Strength of Weak Ties），首度挑戰社交網絡是如何運作的傳統觀念。[19]

他的研究結果經得起時間考驗。儘管自他撰寫論文以來專業領域歷經劇烈改變——領英（LinkedIn）、Glassdoor和其他專業社群網站設立——一半以上的求職者仍是透過他們的人脈找到工作。[20] 利用個人關係找到下一份工作的人，用在找工作的時間更短，得到的工作薪水更多、職位也更高。[21, 22, 23]

想要了解為什麼我們比較可能由稍微認識的人或弱連結得知

工作，以及為什麼社交網絡比線上網站對找工作更有效率，我們必須了解社交網絡是如何運作。解釋弱連結力量的同一套原則，亦可用來解釋為何召集人比較可能得到同意，仲介人有更好的主意，以及擴張者更可能工作倦怠。[24, 25]

在大眾媒體，我們一再被告知，重要的是你的網絡有多大，即你認識多少人？這種假設深植於大部分社群媒體平台。我們被告知要跟人混熟，被敦促要在領英拓展人脈，被鼓勵去參加建立人脈的活動（通常去的人都是和我們一樣的人）。每年，美國有超過 2 億人去參加會議和大型活動。他們花了 2,800 億美元以上做這些事。[26]

為什麼大多數人去參加會議？為了遇見新的人。有人認為，只要認識越多人便可神奇地轉化為價值。可是，認識越多人，尤其是那些人跟你很類似的時候，並不會創造更多價值；只是製造更多工作而已。

數十年的研究已證明，短視地專注在人脈規模其實是錯誤的。你的社交連結的**品質**（而不是**數量**），可以準確預測你的認知運作、工作韌性和工作參與度。此外，你的人脈**結構**——你是擴張者、仲介人或召集人——可以說明你的薪資與創意水準等各種事情。[27]

在職場以外，你的社交連結亦攸關你的健康與快樂。70 項調查的統合分析發現，孤獨會讓過早死亡的機率提高 26%。[28] 寂寞與肥胖或一天抽 15 支香菸同樣致命。美國衛生署長警告說，中年男性健康的最大威脅不是心臟病或肥胖症，而是「孤獨疫情」。[29]

根據芝加哥大學教授兼社會神經科學領域專家約翰．卡喬波（John Cacioppo），高達八成的年輕人與四成的較年長成人都經歷過寂寞。除了生理健康惡化，孤獨亦可能造成憂鬱、人格障礙、精神病，甚至自殺。[30] 6 千萬美國人，亦即五分之一人口，因為寂寞而受到很深的影響。[31]

這裡有點自相矛盾。這種深沉孤單感發生在我們比以往有更多人際連結的時候。臉書（Facebook）每個月有 20 億用戶使用，市值大過挪威的國內生產毛額（GDP）。2017 年，人們一天花大約 4 小時在行動裝置，可是實際打電話僅有 20 分鐘。[32, 33, 34, 35]

昨天晚上，我和先生難得不帶小孩外出用餐。我在等他的時候，迅速掃瞄了餐廳，注意到大多數人桌上都擺了支手機。超過三分之一的人努力在玩手機。甚至在用餐中，他們也無法放開。

那些從小用 iPhone 長大的青少年，這種現象更為嚴重。社會心理學家珍．特溫格（Jean Twenge）在《大西洋》（*The Atlantic*）月刊撰文，引述一名高中生雅典娜的暑假：「我跟手機在一起的時間比跟真人在一起還多⋯⋯我的床上都壓出身體的印子。」過去 15 年，每天跟朋友見面的青少年人數減少逾 40%。[36] 當我們和朋友面對面聚會時，對他們會有更真實的認識，而不只是他們投射在社群媒體上的形象。正面的社交互動——眼神接觸，聆聽彼此，把手搭在肩上——能夠觸動降低壓力的生理反應。[37] 反過來說，社群媒體上的投射形象會招徠社交比較。青少年憂鬱、焦慮及自殺的比率陡增並非意外。[38]

那麼，社交網絡能解決什麼？在一連串研究，伊利諾大學心理學家約瑟夫・史托克斯（Joseph Stokes）檢視人們覺得可以預測孤獨的數個因素[39]：一個人的人脈有多廣，他們有多少親近朋友，他們與親戚相處的情況，他們的人際關係有多密切。在他檢驗的各種預測因素之中，一個人的人脈有多近似召集人，是最能夠預測孤獨的因素。召集人亦比較快樂，對生活更為滿意。[40]可是，相同的網絡結構不會讓我們在工作上更快樂。在工作上，其關係較為複雜。仲介人對他們工作的實用層面更為滿意，而召集人對職場生活的社交層面較為滿意。[41]仲介人則比較有工作與生活平衡。

慢慢改變你的網絡以混合網絡風格，或是挑選一個網絡夥伴，可以擴大這些不同結構的好處，同時減少其壞處。但是，混合風格也有其挑戰。

雖然不像人們時常以為的那種建立人脈——招待客人或收集公司名片——對於人際關係別有意圖可能讓一些人望之卻步。為什麼？人們很容易把人脈（networks）及經營人脈（networking）混為一談。

感覺齷齪

亞當・魯本（Adam Ruben）的第二個兒子出生時，他的妻子在臉書上傳了一張新生兒戴著白色醫院帽子、依偎著她的照片。在恭喜的留言當中，有一則很顯眼：「哈哈，看起來像藍色小精靈。」在這個美麗時刻，這則陌生人的留言破壞了他兒子誕生的純真與喜悅。亞當不由得自問：「我究竟為什麼會接受不認識的交友邀請，讓這個怪咖在我妻子上傳的照片留言？答案是一個名詞，讓我聽起來冷酷無情、野心勃勃的名詞，儘管那是我們一直被耳提面命必須去做的——經營人脈。」[42]

「我討厭經營人脈，感覺很噁心。這像是和陌生人閒聊，然後暗地裡推銷自己。你跟他們說：『我很棒，不過，你知道的，我不是那種自稱很棒的人。』」他接著說，「你和自己毫不關心的人們『聯繫』，跟他們『建立關係』。但事實上，你根本不在乎建立什麼關係；你只是像隻傑克羅素梗犬一樣跟人握手。」

亞當並不是唯一有這種感覺的人。在一項針對數十名新近獲得升職的服務業專業人士所進行的研究，管理教授班・本紹（Ben Bensaou）和同儕發現，對於策略性思考社交關係，三分之二的受訪者若不是感到矛盾，便是完全抗拒。[43] 他們依據調查的答案，將這些專業人士分為 3 類——忠誠玩家（35%）、選擇性玩家（46%），以及（只能說）懷疑建立人脈的純粹派（19%）。一名純粹派在表達他的抗拒與因而失去一段關係時表示：「他是一名副合夥人。[44] 對我來說應該很重要，可是我認為人脈應該是自然發生，而不是刻意為之，我並沒有努力挽留他。」

一而再地，在 MBA 及主管課程上，當我們開始討論到人脈時，我便會注意到一小撮學生很不自在。班上大約三分之一的人明顯地表現出肢體不安。學生們抱著雙臂，眼神迴避，翻弄著紙張。人們就是不願意用刻意的態度去思考他們生活裡的人。

我們花一點時間來思考下列問題：你認為人際關係對於個人福祉有多重要？對於職涯成功呢？現在，思考一下你花了多少時間刻意培養與維持人際關係。以大多數人來說，這之間並不連貫。

覺得自己沒有足夠時間是他們的理由之一。人際關係通常沒有立即回報，而是長期投資，因此容易在短期內被忽略。一邊準備晚餐一邊看顧小孩、處理一項重大工作項目，或者終於要解決一件延宕數月的待辦事項，你或許覺得沒辦法拿起電話打給你一直想要聯絡的老朋友。這個週末再聯絡吧。

另一個理由是人們往往搞不清楚刻意培養與維持人際關係，以及亞當所說的「經營人脈」。他們認為自己缺乏那種技巧、性格或魅力去經營人脈。對有些人來說，光是「經營人脈」一詞便讓他們反胃。

這當然是可以理解的。人際關係——與我們家人、摯友、導師與同僚——是私密的、無價的，不應被策略化或商品化。刻意思考人際關係可能在道德上令人不安。

不過，刻意追求各種人際關係未必總是令我們不自在。追求浪漫愛情是人類最愛的情節之一。偶遇邂逅似乎也不令人介意。經營人脈的想法格外讓人產生反感。

請看下列單字，並填寫空格：W _ SH，SH _ _ ER，S _ _ P。假如你正好有付出的心情，而且沒有被領英的邀請給轟炸，你便可能看到 wish（希望）、sharer（分享者）與 step（步驟）。

提吉安娜・卡賽洛（Tiziana Casciaro）、法蘭西絲卡・吉諾（Francesca Gino）和瑪麗亞姆・柯查基（Maryam Kouchaki）一項卓越的研究發現，一種特定的互動，亦即實用職業人脈經營，或許會讓你有不同看法。[45]

在一項對照實驗，研究者請受試者回想及寫下他們參與即席職業人脈經營（你正巧在一場婚禮上遇到某個人，後者提供你一項工作訊息），或是實用職業人脈經營（你去參加一場派對，刻意想要取得職涯協助）。暴露在實用人脈經營狀況的受試者，沒有看到 wish（希望）、sharer（分享者）與 step（步驟）等中性字，而是比即席狀況的受試者多出一倍的機率看到 wash（清洗）、shower（淋浴）和 soap（肥皂）。

在第二項實驗，作者們請受試者回想同一種情境（即席與實用人脈經營），而後評價一組清潔用品（例如，肥皂和牙膏）和中性用品（例如，便利貼和果汁）。可想而知，暴露在實用人脈經營狀況的受試者對清潔用品的評價高於回想偶然建立人際關係的受試者。

當我們感受到道德汙穢的情緒，我們強烈想要洗掉罪惡。我們與人的關係是神聖的。在潛意識裡，刻意由人際關係圖利令人聯想到金錢領域，禁忌的領域。因此，這種反感可能造成那些經歷過的人想要抽身。即便你對於經營人脈沒有個人疑慮，許多跟你講話的人卻可能存有疑慮。

建立人脈很難

焦慮、不真誠與不自在，是我們跟陌生人講話時常有的感受。哈佛商學院教授法蘭西絲卡・吉諾和她的同僚進行一項相似研究以探討齷齪感，並做出一項重要改變。[46] 他們沒有請受試者回想建立人脈的體驗，而是請他們回想自己表達符合或違背他們內在感受的態度、情緒或意見的時刻。正如同經營人脈的案例，被指派回想**真誠**體驗的受試者在填空字中看到清潔用品的機率，以及對清潔用品的評價，都比回想起不真誠體驗的受試者來的低。或許，真誠是經營人脈的解藥？

如果某人感覺起來虛偽，有可能是他們想要避免形成新關係的機會，而且絕對不會刻意去尋求這種機會。即使他們不是完全不在意，印象管理亦可能造成焦慮升高、情感耗損及忸怩不安，進而造成更加難堪、更無效率的社交互動。[47]

我很辛苦地學會這件事。在許多方面，教書是在評估你與教室裡學生的連結好或不好。我第一次踏進一個 MBA 班級教課時，我嚇壞了。事後回想起來，我收到一項差勁的建議——模仿別人的教學風格。我照做了，結果一塌糊塗。我們的教學評估在每年結束時會公布出來，我被評為最差。不是倒數第 2 或第 3，而是墊底。在教室裡，我明顯不自在、不真誠。我的學生也是如此認為。大多時間我都保持一種姿勢，可以形容為「傾斜的麻花」：兩腳交叉，雙臂緊緊橫抱在胸前，身體略為後傾、避開班上。我持續嘗試不同人格，情況急遽惡化——嚴肅的數學家、悠哉「酷」教授——而且後果越來越糟。我的教學評估難看，我的信心下墜，變得越來越焦慮。一項溝通課程令我相信，強有力的開場白、增加眼神接觸和清楚的行動呼籲，可以改善情況。情況並沒有改善。問題不只是缺乏講課技巧。我從害怕學生變成自我防禦型的冷漠。等到第 3 年，我需要服用貝他阻斷劑（beta blocker，譯註：用於解除焦慮、降低心跳）才能站在班級前。後來，我幾乎崩潰了。我已經用盡了各種人格，於是向同僚尋求協助，開始教一些我相信的東西，而不是我覺得學生想要聽到的東西。和別人談話時，我逐漸找回自己的聲音。等我放開心胸以後，恐懼消失了。我不再害怕被人了解。

根據華盛頓大學布魯斯．艾沃立歐（Bruce Avolio）在真誠領導領域所做研究，自我意識、自我接受、行為與理念一致、在與他人的關係中公開與值得信任，是真誠的核心。[48]

想要更加真誠的話，我們首先需要增加自我意識。首先注意你在不同社交互動的感受。你在何時與何人感到自在？你何時會心跳加速、起雞皮疙瘩？你何時覺得必須強顏歡笑或乏味回答？你何時想要奪門而出？藉由自我意識，你可以開始慢慢接受及挑戰自我。到底有什麼需要害怕的？

人們不是真誠，就是不真誠。我們所有人（幸好）某些時候都會自我呈現（self-presentation）。我真的不希望同僚們帶著完全真誠的自我來上班。在許多社交場合，我們必須適應環境。身為老闆，我必須拋開自己的壞情緒，去幫助需要幫助的人。他們不需要知道或看到我心情不好。重點在於他們，而不是我。

誤解真誠可能造成自滿。「若是我們將真誠當作毫不動搖的自我感受，我們便無法接受新挑戰與更大的角色，」倫敦商學院教授艾米妮亞·伊巴拉（Herminia Ibarra）指出，[49]「事實是人們可以藉由體驗來了解及改變自己。」但是，改變有多容易？

即使沒有引發道德排斥，認識新的人可能造成焦慮。想像你正處於下列的尷尬時刻之中——手中端著飲料，穿著令你心安的高筒鞋，第 10 遍假裝查看手機，地平線盡頭都沒有一個認識的人。為了讓自己分心，你猜想著房間另一邊那位藍色洋裝女士是否願意跟陌生人講話。

只要知道她是否害羞，便可讓你了解她有沒有可能跟陌生人聊天。但是知道她是否害羞，以及她是否將自己的羞怯視為固定或彈性特質，會讓你更加正確。

具有固定心態的人往往同意說：「我擁有特定人格，這是我無能為力的事情。」[50] 他們認為，人們若非合群，便是不合群；若非愛好社交，便是不愛好社交。這種看法符合史丹佛大學心理學教授卡蘿·杜維克（Carol Dweck）所說的固定心態。[51] 對自我看法較為彈性的人，覺得自己的性格隨著時日及特定情況而改變，他們相信自己可以克服羞怯。

害羞的人當然總是比外向的人更可能迴避社交互動。[52] 可是德州大學心理學教授珍妮佛·畢爾（Jennifer Beer）的一系列研究發現，相較於固定心態的人，具有彈性心態的害羞者與陌生人攀談的機率高出許多。

在研究當中，受過訓練的觀察員觀看社交互動的影片，評估受試者的社交技巧與受歡迎程度，以及他們是否享受一連串的5分鐘與人攀談過程，不過這些觀察員並不知道受試者是否自認害羞，以及他們是固定或彈性心態。固定心態加上害羞，讓人比較不討喜，也比較不適應社交。然而，久了以後，彈性心態的害羞者行為明顯不同於不害羞的人。

同理也適用於社會智能（social intelligence）。廣泛定義的社會智能，係指一組人際往來的能力，影響你與他人相處以及成功進行社交互動的能力。著有同名書籍的丹尼爾・高曼（Daniel Goleman）寫道：「我在此提出的社會智能要素可以分為兩大範疇：社會覺察（social awareness），亦即我們對他人的感受；和社會能力（social facility），亦即我們根據那種覺察所採取的行動。」[53] 社會智能，與害羞和認知智能一樣，可被視為固定或彈性。

對社會智能具有固定心態的人，較不可能參與社交，因為他們覺得回報有限，而且對他們認為天生擅長社交的人創造不公平優勢。[54] 不過，如同害羞，社會智能並不是固定的。

現在，假設那位藍色洋裝女士向你走來。你們聊了幾分鐘天氣，然後突然間你獲知她認識你數月來一直想要碰面的某個人。她說她很樂意為你介紹。在聊天後，大家通常會檢討自己做得好不好。「我話太多了嗎？」「呃，我希望沒說那句話就好了。」又或者，「嗯，真是尷尬。我們無話可說。」

放心，聊天或許進行得比你想的好很多。在總計5項的系列研究，受試者包括耶魯大學學生及參加「如何與陌生人講話」研討會的英國出席者等團體。結果研究者發現，「別人喜歡我們的程度，遠超過我們自己知道的程度。」[55]這項由艾麗卡・布斯比（Erica Boothby）和古斯・庫尼（Gus Cooney）主持的研究，也是將兩個陌生人配對聊天。不過，研究者並不是詢問覺得聊天的情況如何，而是請受試者評價聊天對象。他們亦請聊天兩人組的受試者猜測對方給他們的評價。

一而再地，人們低估聊天對象喜歡這次談話的程度。研究者將這種現象稱為「好感差距」（liking gap）。

無論聊天 2 分鐘或 45 分鐘，都會產生好感差距。即使聊天較久的受試者對於彼此的評價更為正面，這種誤解也一直存在。這種觀感差距在人際關係存續很久一段時間。研究者發現，人們覺得別人有多喜歡自己，相對於他們實際喜歡的程度差異，持續長達 5 個月。

「聊天似乎是人們對自己表現感到異常悲觀的領域。」研究團隊結論指出。[56]在生活大多數領域，人們會以最正面的眼光看待自己。[57]他們往往覺得自己比別人更聰明、更有創意、更值得信任、更快樂和更健康。但是，這種心理學家稱為的「優於平均效應」（the better-than-average effect），並沒有延伸到與陌生人談話。

研究者假設這是因為我們耽溺於擔心自己的表現，以致時常忽略了微笑、笑聲與身體前傾等我們的聊天對象喜歡這段談話的訊號。

可是，人們時常對自己的社交生活產生自卑及輸家態度並不只在剛開始的談話而已。人們也總是認為自己的社交生活與他人相較之下遜色不少。賽巴斯汀・德里（Sebastian Deri）、沙伊・戴衛達（Shai Davidai）和湯瑪斯・吉洛維奇（Thomas Gilovich）等研究者進行了 11 項系列研究，總計 3293 名參與者，包括購物中心的購物者與學生，作為美國所得代表樣本。研究者請他們比較自己與他人的社交生活。[58] 受訪者認為別人參加的派對更多，朋友更多，更常外出用餐，涉足的社交圈更多，更常與家族見面。不同的年齡、教育背景、收入和政治觀的人，都是一樣。

根據這 3 位學者，其理由是人們自然會跟最擅長社交的朋友比較，亦即擴張者。他們寫說：「好像是因為外向者與社交名流更容易躍入腦海，而不是內向者與遁世者，人們拿自己跟超高標比較，並認為自己的社交生活未達標。」[59] 以這種方式進行比較，不僅讓人覺得社交不如人，亦讓人對自己整體生活更不滿意。若是請他們跟社交圈裡較不社交的人做比較，這種效應便會消失。

若是跟你本地社交圈裡的維儂・喬登做比較，建立人脈似乎是無用之功。固定心態也是毫無用處。這兩者均會危及一個人的能力、功效和自我依賴感。感覺徒勞無功，人們便不會去刻意思考自己的人脈。歐洲工商管理學院（INSEAD）教授柯・桑原（Ko Kuwabara，譯音）主持的研究顯示，這種感受造成更為狹小、更不多元化的社交網絡。[60]

事實是，別人喜歡我們的程度高於我們以為的程度。但是，與陌生人互動可能產生的尷尬感，讓人很難表現真誠。不真誠，和經營人脈一樣，令人感覺不純潔，而無法投入。

想想自己可以給予的

在經營人脈為何讓我們感覺齷齪的研究中，有一群人並不會感受到人脈很噁心——有權力的人。當然，這點的簡單解釋是有權力的人更擅於經營人脈，而這正是他們變得更有權力的原因。他們亦可能更有信心，所以未必會因為白費力氣或真誠的感受而難過。

然而，研究人員發現，他們藉由實驗操弄讓人感到更有權力時，亦存在這種效應，而不必完全依賴人們在組織階級裡的位階。[61] 作者們因此結論指出：「這是合理的。當人們認為自己有許多可以提供給別人，例如忠告、指導、途徑與資料，經營人脈便感覺較為輕鬆，沒那麼自私。」

社交關係的基本組成是互惠。這是社會交易所使用的貨幣。因此，知名社會學家霍華．貝克（Howard Becker）認為，人類應該重新命名為互惠人（Homo reciprocus）。[62] 如果我們走進一個社會交易所，想著我們可以從那裡得到什麼，而不是可以給予什麼，我們便是在退步。

這正是亞當．格蘭特（Adam Grant）著作《給予》（*Give and Take*）的要點。華頓商學院教授格蘭特在提到人脈時寫說，「給予者能夠發展及利用無比豐富的人脈。藉由他們與網絡裡其他人的互動方式，給予者創造出傾向增加價值的常規，而不是占有或交易價值，為所有關係人擴大了價值。」[63] 給予是一項良好的長期策略，因為它創造出擁有更大價值與互惠的人際網絡。

在短期，給予亦是克服抗拒建立人脈的有效方式，因為它可以引發正向情緒。**給予**營造出溫馨的光芒或是助人的快感。功能性磁振造影（fMRI）顯示，當我們給予時，大腦裡被激發的酬賞歷程部位正是你吃冰淇淋或收到金錢時亮起來的部位。[64] 這些正向情緒可以克服感覺人脈很齷齪的負向情緒。不僅如此，它也是與人互動的更佳方式。

你可以給予什麼？海蒂．羅伊森（Heidi Roizen）——創投家及矽谷人脈最廣的女性之一——時常被問到這個問題。她的回答是：「你總會有可以給予的東西，每個人都有給予的東西。老天，你可以來跟我談話，並且在跟我談話時幫我顧小孩。有一個人曾跟我交易：我跟他談他的事業，他是一名個人訓練師，所以在我跟他談他的事業時，他為我做訓練。」[65]

你在剛展開職涯、轉換職涯，或者新加入一個社群時，往往很難想到你可以給予什麼。在《沒權力也能有影響力》（*Influence without Authority*）一書，亞倫．柯恩（Allan Cohen）與大衛．布雷福德（David L. Bradford）提出不同種類的資源，或許可以拓展你對自己所能給予的看法。[66] 其中一類是任務相關，例如資訊、技術支援或金錢。這些是人們思考自己所能給予的東西時，往往最先想到的。另一類資源是關於知名度、名望或引薦。感謝、全心投入或者安慰，則是時常被人們忽略可以給予的東西，還有讓別人得到一種意義感或道德感、精通感的能力。被人請求協助，就許多方面而言是一項恩賜。別人因此能夠幫忙。如同維儂・喬登引述梅爾維爾的話：「我們不能為自己而活。」[67]

看向近處

專注在自己身上，往往會妨害我們發展更為有益的關係。擔心我們在談話時的表現，令我們低估會面的價值。專注在我們可以從關係獲得些什麼，形成不道德感。將注意力放到別人身上，則是一個解決方式。

心理偏誤可能讓我們無法了解社交現實。舉個例子來說：想像你自己一人走進一場社交活動，你走進房間，看到滿滿都是人。擴張者會怡然自得。在職涯初期，我會掉頭就走。比較勇敢的人會走向吧檯作為避風港。你的心跳加速，該去哪裡呢？

有一種認知框架會轉變這種體驗：

人們幾乎都是成雙互動——典型的兩人組合。我們在生物學上與社會學上原本就會這麼做。我們的兩個眼睛看往同一個方向，我們的聽力系統讓我們集中在一個聲音，這種現象被稱為「雞尾酒會效應」（*cocktail party effect*）。[68]

下次你走進那種房間，不要看向人山人海，而是尋找一小撮的人。這種組合必定存在，大多在一件家具附近。現在，尋找奇數的人群，1 個、3 個、5 個人。你找到講話的對象了。你加入後，人數就平衡了。藍色洋裝女士或許正在找人講話。當我根據最基本的社交互動原則——兩人組合——而給出這項簡單指引，人們降低了焦慮感，並且似乎進而改善了社會智能。

如果我們花時間深入了解我們關係與連結的性質，便有能力加以改變——以對我們有益的方式，對我們有連結的人及他們有連結的人亦有益的方式。

以下是 3 項簡單測試，可以幫你了解你屬於擴張者、仲介人或召集人的程度（想要更加完整了解你的網絡，可以瀏覽 www.assessyournetwork.com）：

擴張者

首先，我們來估測你的活躍網絡的規模，看看你是不是擴張者。請看下列 4 個名字：[69]

艾倫
亞當
瑞秋
艾蜜莉

你認識多少叫這些名字的人？在下列情況下，我們會認為你「認識」某個人[70]：

1. 你見到他們或看到他們的名字，便認得他們；
2. 你無須搜尋他們的電子信箱或透過社群媒體便可以聯絡他們；

3. 你在過去兩年曾經用手機、實體郵件或面對面與他們聯絡。

不要想得太難（有違這項測試的本意）。接著在每個名字底下寫出你認識多少個艾倫、亞當、瑞秋和艾蜜莉。

看一下這份名單，如果你認識一位艾倫，一位亞當，一位瑞秋和一位艾蜜莉，你的人際網絡規模大約為 900 人。使用這個方法，但名字更多，哥倫比亞大學教授鄭甜（Tian Zheng）、安德魯・蓋爾曼（Andrew Gelman）與普林斯頓大學馬修・薩爾甘尼克（Matthew Salganik）發現，一般人的網絡有 610 人。[71] 作為參考，九成人口的人際網絡介於 250 人至 1,700 人之間。如果你在這 4 個名字認識不只一個人，你可能是個擴張者，屬於那個區間的頂端。我們大多數人在這份名單上可能會看到至少一個 0 或兩個 0。

召集人

在網絡規模之外，我們注重的是網絡架構。畫出你的網絡可以讓你開始評估自己比較像是仲介人或召集人。

回想過去 6 個月，你跟誰討論過重要的事情？在下列圖片的圓圈內，寫下你最常討論重要事情、或者給予你情感支持的 5 個人的名字。例如，尼克和大衛、蓋伊、西恩、葛瑞絲和悉尼討論過重要事情。

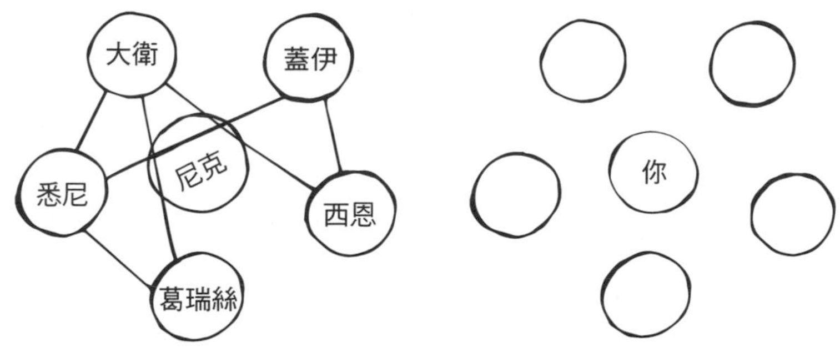

現在，我們要開始來了解這些親近者之間的關係。你的網絡裡的人，若是彼此親近，便在他們之間畫一條線。蓋伊與悉尼一起工作。西恩和蓋伊是高中時代的老朋友，經常聚會喝啤酒。如果你只是和他們每個人聯絡，除了都是你的友人之外，沒有任何實際關係，就不要在他們之間畫線。為了簡單起見，不要在你自己和網絡裡所有人之間畫線。

你的網絡裡有多少條線？一般人有 5 條線。[72] 如果每個人彼此間都有親近關係，那麼總共會有 10 條線。你越接近 10 條線，便越可能是召集人。

仲介人

我們已討論過擴張者與召集人，現在用大衛．歐伯斯費爾德（David Obstfeld）開發的量尺來檢視仲介人。[73]

在下列每個問題，勾選最能表達你對該項說法的回應，1 ＝強烈反對，2 ＝反對，3 ＝有些反對，4 ＝既不同意也不反對，5 ＝有些同意，6 ＝同意，7 ＝強烈同意。

	強烈 反對						強烈 同意
1. 我介紹或許有共同策略性工作利益的人們認識	1	2	3	4	5	6	7
2. 我會試著用吸引不同利益的方式來說明一個議題	1	2	3	4	5	6	7
3. 我看到人們合作的機會	1	2	3	4	5	6	7
4. 我指出對一個議題觀點不同的人們所具有的共同立場	1	2	3	4	5	6	7

資料來源：David Obstfeld, "Social Networks, the *Tertius Iungens* Orientation, and Involvement in Innovation", *Administrative Science Quarterly* 50, no. 1 (March 2005): 100– 30.

在 6 個問題的完整測驗，人們的平均得分大約為 4.5 分。如果你的得分是 6 或 7，你或許是仲介人。但是，測試得出仲介人未必讓你成為結構性仲介人。整體而言，人們並不擅長評估自己的人脈種類，而且我們會看到不同形式的仲介人。

假如你還是不確定自己屬於哪一種，不用擔心。身為人類，我們未必適用清楚的分類。我們或許有仲介人的傾向，但在生活中某些領域表現得像是召集人。

我們的人際網絡亦不斷在進展。對尋求初期投資者有幫助的人脈，對於新近陷入空巢期的人就沒有幫助。隨著我們職業生活推進，以及我們組成家庭與交友改變，我們的人脈也在轉變。每個不同的人脈種類在不同時候都有不同的優勢。在我們前進時，往往傾向專注在目前的種類。可是，比起了解目前的人脈，更加重要的是深入了解其他種類人脈可能帶來的好處，以及身邊人們的心理模式。

本書的目標是要幫助你看見人脈裡「看不見的線」[74]，也就是維儂．喬登曾大為讚嘆的東西。這些線組成社交結構的基本元素，對於決定誰得到令人稱羨的工作、你有多麼快樂，以及子女是否感覺得到支持，有著舉足輕重的影響。

儘管人脈經營一詞或許引起道德反感——維儂．喬登便是原型案例——人脈本身不過是結構。它們是社會生活的痕跡，並且預示著未來可能的發展。然而，人際網絡內的發展以及我們的看法，當然不是中立的。如同梅爾維爾寫道：「我們因而行動並收穫成果。」

事實是，你的人脈影響你的人生，其影響方式不是單看你的行為就能理解的。舉例來說，你的朋友們是不是彼此也是朋友，對於你是否被視為值得信任有著巨大影響。除了你自己的生活，這些相同的結構亦可解釋哪支團隊會成功，組織是否包容及多元化，以及民權等社會運動是否能夠生根。

80 多年前，羅馬尼亞裔心理治療師雅各．莫雷諾（Jacob Moreno），首創社會計量學（sociometry），亦即我們今日仍然使用的繪製社交網絡的方法。[75] 他想要了解社交結構與心理福祉之間的關係。當時他向《紐約時報》表示：「如果我們可以繪製一整個城市甚或一整個國家，我們將得到一幀結構模糊、關於強大影響力行為的浩瀚太陽系圖畫，如同重力對天體的影響一般。」最近在網絡分析、物理學、工程、社會學與電腦科學的進步，已有可能實現這件事。莫雷諾當時不明白的是，他依據紐約上州一所少女感化院互動模式所繪製的基本結構，成為了解社交世界運作的關鍵。仲介、召集與擴張等 3 種結構是檢視日常運作的隱形力量的方法 —— 在工作上，在家裡及度假等。它們是本書內容的核心。

第二章

人脈的本質

大衛・洛克斐勒（David Rockefeller）名片盒裡的卡片，如果一張一張排列起來，綿延將近 16 英里（約 25 公里）。[1] 他的名片盒收集逾 10 萬張卡片，疆域之廣已成為傳奇，其中包括尼爾森・曼德拉（Nelson Mandela）、畢卡索（Pablo Picasso）、西格蒙德・佛洛伊德（Sigmund Freud）與比爾・蓋茲（Bill Gates）。

儘管他的人脈包含州長、文人、名流、總統與企業大亨，他稱這些是「我從 1940 年代以來結識的大多數人。」可是，他不只是記下短暫邂逅的人名與日期。他保存著每個人的詳細註記，由陌生人到密友、甚至以前約會的對象。[2]

備受爭議的尼克森總統國務卿理查・季辛吉（Henry Kissinger），是洛克斐勒認識最久、最親近的友人之一。季辛吉出身猶太家庭，舉家在 1938 年逃離納粹壓迫；洛克斐勒詳細記載回溯至 1955 年與季辛吉數百次會面的 35 張卡片，訴說著一個移民的同化故事。過世數年前，在其赫德遜河谷豪宅的一場午宴，洛克斐勒將這些卡片的副本交給了季辛吉，後者記得他跟洛克斐勒說，他「很訝異我們見過那麼多次。」

洛克斐勒名片盒裡一位名氣沒那麼大的人士，說明這項社交工具的用途。「如果你很幸運可以『偷聽』他無數次的會面與互動，你會聽到他鉅細靡遺地詢問賓客的生活，由子女的芭蕾演出到父母的健康問題。這不是為了做秀或做效果，但是向來總能取悅賓客，讓他們放鬆戒心。和大衛在一起，像是有位名人當聽眾，但是他與人的互動一直是轉變性質，絕對不是交易性質。」[3]

有人覺得這種記載工於心計，他的做法令人做嘔。洛克斐勒知道這點，並對自己的行為提出辯護說：「有人或許感覺這種做法是憤世、操弄。我不同意。這種做法讓我得以結識有助於達成目標的人，給我機會去形成持久的友誼。」[4]

無論你對收集人名有何感受，洛克斐勒的社交敏銳度極高。這些卡片代表著他十分明白人類的極限。我們無法建立一個廣大的聯絡網絡，並在同時維持舊有的強烈關係。

或許我們可以？洛克斐勒明白導致人類網絡規模受限的認知限制，並試圖予以克服。雖然他可說是世上人脈最廣的人士之一，童年時的他既害羞又沒安全感。即便是在進入哈佛大學後，他「起初感到格格不入，缺乏社交技巧。」[5]這與他的哥哥尼爾森（譯註：尼爾森・洛克斐勒〔Nelson A. Rockefeller〕從 1974 年至 1977 年擔任第 41 任美國副總統〔福特政府〕，並於 1959 年至 1973 年擔任紐約第 49 任州長）形成強烈對比，後者「社交外向，喜愛成為注目的中心。」[6]洛克斐勒偏好花時間收集甲蟲，也不願與人稱兄道弟。他對甲蟲的喜愛一直維持到死前——他將收藏的 15 萬件各類標本捐贈給哈佛。

他在二次大戰時擔任情報官，讓他明白了人類連結的重要性。他自己寫說，他因而明白需要「去建立擁有可靠資訊及影響力的人士網絡」，儘管他的本性羞怯。[7]

即便被指責他花太多時間在建立關係，干擾了履行大通銀行（Chase）執行長的職責，他依舊繼續在國際間拓展他的人際關係。在他任內，該銀行在美國國內的表現不如同業，然而卻很難反駁他宣稱這些努力有益於該銀行的國際獲利與地位。委任投資與西式金融便是這樣引進到埃及、蘇聯與中國。這些事蹟都要歸功於洛克斐勒廣泛的人際關係。

智人規模

儘管少數特別的人擁有數十萬連結，大多數人的社交網絡都比較接近凡人規模。事實上，我們社交網絡的規模——由我們有多少親近朋友到我們寄年節賀卡的名單長短——大多依循一個可以預測的模式。

有關這種規模最為知名的數字，亦稱鄧巴數字（Dunbar's Number），是 150 人。150 這個神奇數字是我們可以維持穩定聯繫的數字。[8] 如同鄧巴所說，這是「假如你碰巧在一間酒吧裡偶遇，不請自來便加入一同飲酒也不會感到難堪的人數。」

人類學家羅賓・鄧巴（Robin Dunbar）是在無意間發現這個數字。1980 年代，靈長類學家對於社會腦（social brain）假說極感興趣。這種假說的概念是，靈長類的腦部演化是為了滿足社交需求，而不是擴張領土等環境需求。支持這種理論的是靈長類的社交群體規模與牠們的腦部容量之間有著強烈關係——明確來說是新皮質容量與腦容量之間的比率。[9]

長臂猿的比率是 2：1，牠們的社交群體估計約有 15 隻。黑猩猩的比率大很多，到達 3：1。鄧巴估計牠們的群體規模是 65 隻。這個領域的研究讓研究人員認定，靈長類的腦部演化或許是為了協助管理社交複雜性。研究靈長類理毛時，鄧巴了解到，他的團隊也獲得人類的數據。有了這項數據，他便可以預測人類的平均社交群體規模，只要調查其新皮質比率即可。人類的這項比率是 4：1。鄧巴計算之後，預測 150 是人類社交群體的平均規模。

鄧巴的生涯大多投注在探討這個數字的範疇——它的確實意義以及社群媒體能否予以改變。鄧巴數字其實是介於 100 到 200 之間。這個數值區間有其歷史與當代意義。[10] 現代狩獵採集社會的村莊，包括波札那（Botswana）的昆桑人（Kung San）及印尼路華努亞魯人（Ruhua Nualu），平均群體規模為 148.4 人。美索不達米亞的新石器時代村莊規模約略相同，介於 150 到 200 人。由 16 世紀西班牙到 20 世紀的美國，軍隊的連隊都是差不多 150 人。

令人訝異的是，科技與社群媒體均未改變這個基本數字。一般用戶在臉書上有數百名朋友，但一項臉書的大規模研究發現，透過這個平台聯絡 100 人以上的用戶不到 5%。[11] 同樣的，一項調查 170 萬名推特（Twitter）用戶的調查發現，用戶維持大約

100 到 200 項穩定關係。[12] 花越多時間在社群媒體的人擁有越大的社群媒體網絡，可是未必有更大的線下網絡；[13] 他們也不會跟網絡裡的人感到情感上的親近。社群媒體並未擴大我們擁有的朋友人數或是讓我們感覺跟他們親近。它只是改變了我們追蹤最外圈、以前認識的人的能力。它形同我們的洛克斐勒名片盒。

你的社交網絡可以視為好幾個同心圓，越外圍的情感強度越低。[14] 鄧巴與同僚數十年的研究發現了一個模式：我們的社交圈規模以 3 的倍數擴展。[15]

最內圈是我們在嚴重情感與財務壓力時求助的人，通常包含 2 到 5 人。第二圈是鄧巴所稱的理解群體（sympathy group），是我們感覺情感親密的人，大約 15 人。我們通常每個月跟他們聯繫。再往外一圈是你的好友，大約 50 人。他們是你會想要邀請來參加烤肉派對，卻未必會吐露內心深處祕密的人。再往外便是鄧巴最有名的數字，150 人，我們的普通朋友或穩定聯繫的人。我們的互惠與責任感到這裡便結束了。

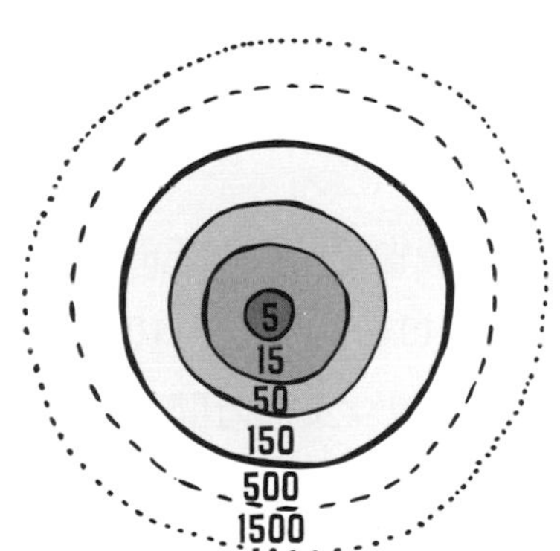

乘以 3 的話，我們通常有 450 到 600 名稍微認識的人。這些人是我們過去一兩年見過，但未固定聯繫的人。最外圈是大約 1500 名點頭之交。

我們社交圈的最外圍正是社群媒體發揮作用的地方。你可以看到你的大學室友的高中摯友在週末時做了什麼事，你可以追蹤你在酒會上認識的那名多話的藥劑師，但你不太可能真的跟他們聯繫。

雖然每個人形成與維持關係的能力都差不多，人們在不同社交關係層次所分配的精力往往不同。不妨將我們的社交關係想成是一種資本——社會資本（social capital）——因為這凸顯出我們的關係需要投資及妥協。如同鄧巴所說，「你有的社會資本數量十分固定……它需要時間投資。如果你收集越多人的連結，你只會將固定數量的社會資本分配得更加稀薄。」[16]

我們的社交網絡規模有限的理由之一是我們的認知與情感能力，另一個理由是時間。我們能夠用於維繫關係的時間是有限的。假如你大量投資於最內圈，你聯繫普通朋友的時間便減少了。如果你花大量時間去跟不熟的人聊天及見面，你或許很難建立起強勁的理解群體。

許多人活在一個感覺像是時間匱乏的時代。大多數成年人一天用於社交的時間不到 40 分鐘，過去 10 年來減少了 10%。[17] 一般人每天多花 18 分鐘（包含交通時間）在做志工、宗教與公民參與，並沒有增加我們的溝通時間。現在，我們可投入社交關係的時間比我們父母還少。

當然，投注更多時間與努力之下，你還是有可能把社交圈規模拓展到鄧巴數字的極限；大衛．洛克斐勒就是這樣。可是，我們想要這樣花用時間嗎？

為了幫助你了解自己究竟適合仲介、召集或擴張型人脈，抑或某種組合，我們值得來探討時間與認知限制所形成的重要折衷。擴張者、仲介人與召集人對於時間限制，和我們天生的人類與情感限制的因應各不相同。在某些情況，這些或許是有意識的選擇。但在其他情況，它們或許像是完全沒有選擇。詳細檢視這些折衷及其後果，我們便可了解一個人是如何成為，或者可能成為仲介人、召集人、擴張者，或者混合型。

何謂朋友？

朋友跟點頭之交有何不同？關係的強弱是這項差異的核心。[18] 你可以把與好友的關係當成是強連結，跟點頭之交的關係則是弱連結。鄧巴同心圓的哪一圈是你投注最多時間與心力的？我們可能像擴張者一樣有許多弱連結，或者有少數強連結，這是召集人的特色。可是，強連結需要投入大量的時間與心力，意味著大多數人無法維持許多深入的關係。

關係的強弱有一部分，但不是全部，取決於你投入的時間多寡。堪薩斯大學的傑佛瑞．霍爾（Jeffrey Hall）發現，由點頭之交到普通朋友需要大約 50 小時。想要變成「真正」的朋友，還需要再花 40 小時。[19] 若要成為親近的好友可能需要 200 小時以上。

然而，僅是投入更多時間在一段關係未必會把點頭之交變成朋友、支持者或盟友。想像一個超級龜毛的老闆，你或許跟他相處 200 個小時以上，但他未必會是你的好友。你認識一個人多久以及你有多常見到他們，並不是關係強度的良好指標。首先發現你比較可能由弱連結找到工作的史丹佛社會學家格蘭諾維特，直覺地認為關係強度可能是在一段關係所投入時間多寡、情緒張力、親密度與互惠的綜合。[20]

詩人瑪雅・安吉羅（Maya Angelou）對於這點說得很好：「點頭之交與朋友有著顯著差異。大多數人不會成為朋友，他們會成為深入及認真的點頭之交。」[21] 安吉羅本能地了解到——數十載的研究所證實的——親近與親密是關係強度的基礎。[22]

親密令人不安，因為我們跟某人越是親近，在遭到背叛後便失去越多。然而，我們需要深入關係，即便像是職場這類似乎不可能的場所也一樣。一名銀行員工與她的主管共同渡過主管父親被診斷罹患癌症，她們之間的關係也出現變化：「在她最難過的時候，我哭了，她也哭了。她對我敞開胸懷，我也敞開心胸……你在這裡與人們相處的時間多過與家人相處的時間。所以，你了解他們。」[23]

缺乏親密感是使兩年來你每天見到的同事比較像是點頭之交，而不是朋友的原因——你根本對他們所知不多，你也沒有跟他們吐露多少心事。這也是你的臉書「朋友」算不上是你的朋友的原因。我們在社群媒體呈現的形象以及媒介的淺薄，幾乎不可能將重複的互動轉變為強勁關係。

強連結與弱連結的特色

充滿親密與喜愛的強連結，可提供情感支撐、抵抗憂鬱及增進幸福感。[24] 你的強連結亦是陪伴與小確幸的最可能來源。然而，即便是最親近的朋友，我們也鮮少獲得財務支援，只會由我們的家庭獲得。[25]

我們的強連結是我們在危機時刻依賴的人，以及我們在失業或離婚之際傾吐的朋友。他們陪我們渡過化療，到醫院來一起迎接我們的寶寶誕生。

可是，強連結也可能變成束縛。關係的強度源自於互惠：如果我為你做了什麼，你也會為我做什麼。儘管這是關係強度的重要來源，期待你會陪伴某人、願意在無限期的未來幫助他們，可能成為情感與財務上的壓力。若是親近朋友，長久以來的相處往往令人無法拒絕要求協助或支持，即便這些要求太過龐大或太過頻繁，令你迫切地想要拒絕。[26, 27]

難以拒絕我們最親近的朋友，亦可能增強行為，包括負面與正面。如果你想要戒菸，而你的好友抽菸的話，你會發現比較難戒。即使他沒有請你抽菸，當他走出去抽菸，而你獨自坐在長椅上，你會覺得尷尬。喝酒、改變飲食，甚或購物，也是同樣的道理。反過來說，強連結亦可提供增強，讓我們更可能進行及維持正面的行為改變。

雖然普通朋友不太可能在幫助我們做出重大行為改變時扮演關鍵角色，弱連結卻可能給我們下一個重要主意或是事業機會，讓我們的社群啟動一項新行動。

我們跟普通朋友討論人生重要事情的次數令人意外地頻繁。哈佛社會學教授瑪利歐・史摩爾（Mario Small）進行一項研究，詢問 2,000 位成年人他們經常找誰諮詢重要事情，例如職業生涯、金錢、健康與幸福。45% 以上的討論對象均是受訪者視為不重要的人。部分原因是，我們時常尋求有經驗或專業知識的人士的意見，而不是我們感覺親近的人。[28] 如果我發現自己有高血壓，我或許會請教已有多年高血壓病史的同事，或者職業是醫師的普通朋友。我們往往找人尋求建議，「因為他們就在那裡」。[29] 舉例來說，在史摩爾教授研究的一個托兒中心，母親們經常向其他父母請教意見，不是因為她們覺得跟他們親近，僅僅是因為他們接送小孩的途中碰到。[30] 同樣的，大學生表示，他們覺得寫報告需要幫助，或者室友問題需要建議時，大約五分之一的時候，他們會去找可以找得到的人。

弱連結何時可以創造價值是無可預測的。普通朋友無從確定他們是否具有對你而言重要的資訊，你同樣難以獲悉誰有對你有幫助的資訊。弱連結的隨機性是他們的價值所在，卻也是他們無法刻意動員的原因。

為了明白強、弱連結在我們生活中的不同運作方式，我們不妨來窺視丹的世界。丹是一名中年保險推銷員，並且熱愛航行，他最近才度過一個里程碑生日。雖然他還算健康，那次的生日以及妻子催促之下，他想要去上健身房。剛上健身房的頭幾天很辛苦。原來他身材失控的程度超過自己想像，而且健身消耗體力意味著他必須依賴妻子分擔多一些家務事。幸好，她很樂意協助，因為她希望丹多多運動，而且有時候丹快把她搞瘋了，所以可以讓他離開家裡算是一項福利。在辦公室，丹的死黨提姆是個健身狂，所以他有個健身同好願意支持他的努力。即使有些日子他一想到下班後要去舉重就很害怕，但他不願背棄提姆。因此，他持續去上健身房。過了數週，持續的運動開始顯現效果。丹減掉 7 磅，可以走 5 層樓的樓梯到辦公室也不會喘不過氣來，甚至在滑步機上也能開發客戶。原來，健身房是推銷壽險的好地方。

丹的案例很典型。他的強連結提供情感支持與正面行為增強。可是，改變日常作息創造出擁有資訊與資源的新的弱連結。

我們最內圈的人數可以明確顯示我們的人際網絡有多麼傾向強連結。一般的美國人有 2 名死黨。[31] 人們打的電話有四成以上是打給相同的 3 名朋友。[32] 證據顯示，我們的好友只有大約 5 名，很少人多過這個人數。如果你有 5 名以上好友，那或許表示你有些特別。[33]

增強依附

為什麼我們有些人偏好強烈的親近關係，而其他人卻滿足於短暫的偶遇？雖然有許多模型都是用來解釋這道謎題，由佛洛伊德理論到演化理論，依附理論（attachment theory）可說是最被廣泛研究與受到支持的。

被奶媽與保母帶大的英國心理學家約翰．鮑比（John

Bowlby），在 50 多年前提出依附理論。他建立起自己的模型，以解釋兒童與其主要照顧者的關係性質，是如何影響他們日後的社會、情感與認知發展。[34] 根據理論，如果嬰兒獲得回應性與一致性的照顧，他們也會期待別人持續以這種方式跟他們互動。這種期望決定了我們對親近關係者的表現。[35] 研究者認為，你的依附形式，早在 1 歲時便可被評估出來，對你的個人發展至關重要，勝過 IQ、社會階級、性情與教養。[36]

絕大多數人可以歸類為以下 3 種依附形式之一：安全、焦慮或逃避。[37]

安全依附型對於親密與互相依賴感到自在，相信別人會回應他們的需求，對自己的價值感深具信心。他們往往認同這類的說法：「我覺得自己有人可以依賴」、「我覺得別人關心我」，以及「我覺得我可信任跟自己親近的人」。[38]

焦慮依附型的人則懷疑自己的價值感，迫切需要人際間的親近，時常擔憂被遺棄及拒絕。[39] 這些人對下列說法產生共鳴：「我想要跟人分享我的情緒」、「我希望親近的人可以現在來看我」，以及「我現在非常需要感到被愛」。伊莉莎白是個典型案例。她的朋友跟他們共同認識的朋友形容，伊莉莎白「為愛瘋狂」、「無可救藥地浪漫」。伊莉莎白本人的感想則是：「我覺得自己臉上一陣燥熱，內心感到受傷，假裝自己並不在意。我知道她那麼說沒有惡意，她以為自己只是在陳述再明顯不過的事了——可是仍然傷人⋯⋯我覺得我一直害怕自己體內存在一丁點『瘋狂前女友』的特質。認識我的人都會告訴你，我要求朋友與戀人的絕對忠誠，我會嫉妒及報復。」黏人的前任情人是焦慮依附型的教科書案例。

最後，逃避依附型會提高警覺，確保沒有人太接近他們。一旦察覺到太過親近的跡象，他們會不知如何是好或消失。逃避依附型不願意信任別人，往往自立自強，無法忍受親密，封閉情感。換個比較通俗的說法：他們「無比獨立」。雖然，事實上，他們跟焦慮依附型同樣需要關懷。

想當然，逃避型的強連結較少，焦慮依附型也是。歐姆里·吉拉斯（Omri Gillath）與同僚最近的一系列研究，檢驗了依附形式與個人網絡傾向之間的關係。在這 3 項研究之中，作者們均發現，焦慮與逃避依附型傾向弱連結。[40]

他們有更強的傾向去解除（dissolve）既有關係，說明了依附不安者的人際網絡為何缺乏強連結。就逃避型來說，倒不是他們不與可能成為內圈的人建立關係，而是他們在別人太過接近之前就會迴避那些關係。逃避者往往鎖定伴侶的缺點——「她配不上我」、「他糟透了」——藉以製造距離。

至於焦慮依附型，渴求與需要親密反而造成人際網絡充斥弱連結。對於可能的失去感到焦慮，促使他們預先終結關係，或者在情感上吞沒他們的朋友，把他們嚇跑了。

以布蘭妮·萊特（Brittany Wright）為例，這名有魅力、風趣、外向的南加州人感嘆說：[41]

> 如果你看到我的 Instagram、臉書或推特，我好像有許多

> 好朋友——但事實上，我是自己所知最孤單的人之一。
>
> 我沒有重要的人，我沒有很多朋友，我的週末通常是獨自一人狂看 Netflix、和祖母閒聊。
>
> 不是說我討厭人或我是個很差的人，至少我希望不是；我只是很難建立深入長久的友誼。

布蘭妮的母親灌輸她獨立自主的重要性，她承認自己做得太過分了。她自述：「我拒絕讓任何人幫忙我，當我自己做錯了，我卻會怪罪別人。」她拒絕顯露脆弱及缺乏信任，終究導致她的親近友誼解除。她開始認為關係是膚淺的，於是她不再回覆電話或簡訊，友誼便結束了。她最後才明白是自己的錯。

> 到頭來，我必須讓自己顯得脆弱。我需要信任有人會在情況不好時支持我。我需要讓他們看到我這個人的一切——我猶豫不決、話太多、有時有點自私——我希望他們選擇愛我及在我身邊，無論如何。

布蘭妮並不是唯一的這種人。很多人屬於依附不安，「約 20% 焦慮，25% 逃避……3 到 5% 兩者兼具，」根據阿米爾·樂維（Amir Levine）與瑞秋·赫勒（Rachel Heller）所著的《依附》（*Attached*）指出。[42]

男人與女人都可能是安全及不安依附。可是，若他們不是安全依附，有限與具爭議的證據顯示，男人往往逃避，女人則比較可能兩者兼具。[43] 不像性別，童年時期貧窮會大幅增加不安依附的風險。[44]

雖然在以往，依附形式被視為相當固定，近來的研究發現，刻意的干預、意識到自我毀滅的傾向、關係的正面體驗，以及只是提醒人們他們感到安全的時刻，便可以改變依附形式。在回想「親密個人關係……獲得愛、安慰與支持」的時刻，與對照組的人比較，焦慮依附型的人想要解除關係的機會便大幅降低。[45] 逃避型也有一樣的效果。基本上，這是要用較為近期的正面體驗來覆蓋早期的負面體驗，進而強化發展強連結的傾向。

仲介、擴張與召集型人脈的一項主要特性是強連結與弱連結的獨特排列。召集人偏愛強連結，而擴張者會用關係強度去交換大量的弱連結。就強連結所需要投入的情感與認知來說，根本不可能擁有一個全部都是強連結的龐大網絡。

可是，並非所有關係都可以或者應該是親密關係。點頭之交與普通朋友在大多數人的社交世界扮演著重要角色。這令人想起我們是如何結識點頭之交的問題。很多時候感覺是偶然，其他時候則像是命中註定。

親近起來

人類可以預測的程度跟植物相同。如果我知道你過去兩週在做些什麼，便可能預測你明天下午 4 點會在何處，準確率很高，超過九成。[46]

引述一項針對 5 萬名手機用戶行動模式的研究結果，物理學家艾伯特－拉斯洛．巴拉巴西（Albert-Laszlo Barabasi）寫道：「即興的人們大多不會待在人群之中。儘管旅遊模式大不相同，我們發現大多數人都同樣可以預測。」[47] 如果每個人都可以預測，那麼你可能互動的人們便相當有限——因此可以預測誰可能在最後只抵達你的人脈的外圈。除非你刻意製造即興，你的人脈可能落得從未輪耕過的花園的下場——生產力降低。

空間對於我們的互動模式具有強烈效果，而被取了一個不必要複雜的名稱「接近性定律」（law of propinquity）。這個定律首先由詹姆士．波薩德（James Bossard）提出，他檢視了 1930 年代費城的 5,000 張結婚證書之後認為，兩個人聯絡的可能性跟他們之間的實體距離成反比。每 3 對即將結婚的情侶之中，就有一對以上的住處相距不到 5 條街。波薩德因而開玩笑說：「丘比特或許有翅膀，但顯然無法長途飛行。」[48]

里昂．費斯廷格（Leon Festinger）和他的同僚為這個概念增添進一步證據，他們研究波士頓麻省理工學院西門住宅開發區的友誼形成模式，住戶是被隨機分配公寓。被分配到隔壁鄰居的人最可能做朋友。事實上，41% 的友誼發生在隔壁鄰居，22% 是相隔兩道門的住戶，10% 的朋友住在走道的兩端。[49]

座位分配亦產生相似效果。藉由研究馬里蘭州立警察學院的練習生之間產生友誼，瑪蒂．席格（Mady Segal）教授發現，姓氏是同一個字母開頭的學員更可能形成友誼。這完全是因為該學院座位安排係依照字母。座位相近是友誼的強力指標，勝過宗教、年齡、嗜好和婚姻狀態。[50]

雖然自從波薩德與費斯廷格的時代以來，科技進步已大幅降低通訊成本，地理仍是界定我們社交網絡輪廓的一股重要力量。有一項研究使用穿戴裝置來調查兩家公司員工互動的模式，其結果證實接近性的效果仍然強大——將近一半的互動發生在隔壁座位的員工之間，另外三成是在同一排的員工之間，其餘的大多是同一樓層的同事之間。[51] 電郵通訊跟面對面互動也是一樣。儘管這個世界越來越全球化，我們的社會生活仍然極端地域性。

不論是在家或在職場，空間對於我們的關係都有著強烈影響。無心的分配辦公室、辦公桌、團隊和專案小組，都可能非常不利於我們的友誼、生產力和幸福。

這種影響有一部分只是概率上的——我們身在之處決定了我們有機會認識誰。可是，有一部分亦是因為稱為「重複曝光效應」（mere exposure effect）的心理學現象。單是接觸人、事、物，便會讓我們對它們有更好的評價。[52] 心理學家羅伯・查瓊克（Robert Zajonc）在 1960 年代證實這種效應，他證明了人們越常看到的面孔、字眼和假造的「漢字」，便會越喜歡。

在查瓊克的研究，實驗對象看到許多由紀念冊取材的白人男性照片。有的照片只看過 1 遍，其他照片則看到 25 遍。然後請每位受試者評估，如果認識照片裡的人，他們可能喜歡那些人的程度。看過 10 遍的照片，可能喜歡的機率比只看過 1 遍高出 30%。[53] 在查瓊克原創研究的數十年後，200 多項研究均證實了這項結果。

你要去哪裡？

想一下你自己的人際網絡。再次回想你覺得最重要的 5 項或 6 項關係。現在，想想你是在哪裡遇到他們。就大多數人而言，頂多在 2 或 3 個不同地方（例如，工作及大學）便已涵蓋絕大多數的關係。但是，當我們在考慮要找什麼工作、要住在何處、或是要坐在哪張辦公桌，我們鮮少考慮到我們的去處將塑造我們的網絡。

以羅伯特．索洛（Robert Solow）和保羅．薩繆森（Paul Samuelson）這兩位諾貝爾獎得主為例。索洛教授回憶他們湊巧同處一地：「保羅和我離得很近，近到一個人抱怨，另一個人就會聽到……我們一整天來回地說：『我有個問題。』於是我們討論問題。」他接著說：「事實上，回顧起來，那或許改變了我的一生……同處一個辦公室以及我們喜歡彼此，對於我的生涯方向產生重大影響。」[54]

基於更多社交互動將促進更多創新的理念，企業界建立大型總部。並且促使將近 70% 的辦公室採用開放型設置。[55] 在臉書公司總部，2,800 名員工在全球最大開放型辦公室空間工作。[56] 網路鞋商 Zappos 執行長謝家華（Tony Hsieh）試圖重新設計拉斯維加斯市區，目標是要增加每小時每英畝的可能互動次數。但是，根據許多人認為，這些做法均未達成工程師與設計師所希望的效果。

走進世界各地的開放型辦公室，你會看到人們戴著耳機，有的人則窩在仿造老式電話亭的空間之中。雖然開放型辦公室可以營造一種團結與目標相同的感覺，組織心理學家馬修．戴維斯（Matthew Davis）和他的同僚在一篇辦公室設計的評論文章中指出，相較於傳統設置的辦公室員工，開放型辦公室的員工較無生產力、較無創造力、較無動力。在開放型辦公室工作，亦可能造成更大的壓力與不快樂。[57]

僅僅透過空間接近性來增加互動數量，並不會促進創新或是高度工作滿意度。你需要重複的互動、信任和多樣化，才能提升工作滿意度與創造力。

你應該去哪裡？

如果你想要培養工作上的關係，最理想的座位是面對洗手間或休息室的辦公室。每個人一天至少都要去那裡一次。不像開放型辦公室，這些區域的交通集中且重複，而且你可以關上門。

雖然死巷型走道是辦公室裡的社交墓地，死巷卻是社區的社交聖地。湯瑪斯．霍希爾德（Thomas Hochschild）研究康乃狄克州一個相當同質的地區，比較住在環狀迴轉道的封閉地帶、死巷型街道，以及直線街道上的居民社交凝聚力，結果發現住在這些環狀地帶的家庭比較可能跟鄰居成為朋友，並且更頻繁互動，更甚於死巷型街道及直線街道的居民。住在「環狀地帶」擁有一種驚奇的力量。[58]

凱倫描述她田園般的環狀道生活：「每一年，街上的婦女們聚在一起，舉辦街道宴會。我們請男士們在馬路中央擺設野餐桌……大家吃完之後，撤掉野餐桌，玩踢球或排球。我們已經舉辦了將近 20 年了 —— 哇，我無法相信已經那麼久了。」[59] 死巷型街道的居民不如環狀道居民來得社交，可是他們的小孩還是比較可能玩在一起，歸屬感也比較強，勝過直線街道上的家庭。

我們不免猜想，如同「披頭四」樂團在名曲〈艾莉諾里格比〉（Eleanor Rigby）所問的，寂寞的人最適合去哪裡？沒有環狀道可踢球、鄰居烤肉，和隔著白色柵欄聊天，你或許以為城市居住者的社交生活萎縮了。關於都會疏離的動人敘述很多。對於紐約市，馬克・吐溫寫說：「經過數月的體驗之後，我終於想通了，這裡是一個絕佳的沙漠 —— 穹頂與尖塔的獨居，陌生人在上百萬同類之間感到孤寂。」[60]

還有喬依絲・卡洛・文森（Joyce Carol Vincent）的故事，這名 38 歲女子在死後兩年多，屍首才在她的倫敦寓所被發現。[61]

儘管經常出現有關都會生活的陰暗描寫，城市居住者與鄰居的社交連結還是勝過鄉村居住者。[62] 在城市裡，住在大型公寓大樓的人們是最可能跟鄰居社交的一群。都會孤寂的迷思一點都不真實。

如果你想要認識某個人，你需要實際上接近。我們在何處過日子對於我們的人際網絡樣貌有著巨大影響。然而，罕見的個人 —— 擴張者 —— 所擁有的人際網絡顯現出空間即興的痕跡。大多時候，召集人的網絡源自於維持相同工作、住在相同的住宅，屬於同一個社交俱樂部的終身會員。

當人們在考慮如何發展人際網絡時，常常把焦點放在你認識的人。流行文化勸告我們與關鍵個人建立連結，設法認識可以讓我們生涯一飛沖天或成為我們終身夥伴的關鍵人士。這是一個錯誤。我們應該採取更有生產力的觀點，去思考你要去哪裡。仔細思考你如何在社交空間分配時間，才是通往最強力網絡之路，比如你要坐在長條桌或是角落的兩人沙發？選擇環狀地帶或者高樓大廈？重點不在於你認識多少人，而在於你去的地方。

雖然我們可以穩定控制我們進進出出的空間（無論是實際空間或是機構），我們將在那些空間與誰形成關係則很不確定。這個概念令著名社會科學家教授喬治·荷曼斯（George Homans）將社交行為形容為「熟悉的混亂」（familiar chaos）。他寫道：「人們最為熟悉的莫過於他們普通、日常的社交行為。」[63] 可是，雖然我們的社交生活普通、可預測與熟悉，我們的社交關係仍存在無可預測的混亂。這種混亂讓企圖與一名特定者建立關係，變成一項不確定的舉動。相反的，如果你讓自己去到合適的空間，便有機會遇到可能幫上忙的人。

相遇，維持與終結

對大多數人來說，我們 25 歲時的人際網絡最廣。[64] 中學與大學創造現成的朋友，他們會舉辦俱樂部與派對，我們只要參加就行了，而且大家也有共同的身分認同。簡言之，這些時期具備成為親近朋友的所有必需成分：社交接近性，重複互動，以及人們自然感覺歸屬感的環境。在 25 歲的時候，你有許多空閒時間，家庭與工作義務通常尚未達到高峰。

在我們 25 歲社交巔峰，我們一個月會跟將近 20 人經常聯繫。由這個社交巔峰，我們的核心網絡往往越來越小。[65] 等到 40 歲，我們經常往來的人減少到 15 人以下，及至 65 歲，就剩下 10 人左右。我們人際網絡的組成亦隨著時間改變，逐漸將注意力投入到家庭。

我們的人際網絡不僅縮小，還會轉換。想一下你時常往來、有重要業務的同僚。你覺得其中多少人一年後還會是你工作生活中的核心？[66] 一半？三分之一？

通常只有大約四分之一的同事一年後仍會是你工作生活的核心。兩年後就會是十分之一。

社交關係的變化往往比工作關係來得緩慢，不過「一日朋友，終身朋友」的俗諺絕對不正確。我們在家庭之外的社交關係有一半過兩年就消失了。青少年的網絡轉換更劇烈 —— 三分之一的青少年每 6 個月就換了一整組的朋友。不到 15% 的青少年友誼持續多年。[67]

在一定程度下，這些社交網絡轉變反映出我們互動空間的改變 —— 搬遷，換工作，加入俱樂部。可是，它們亦反映出生活轉變 —— 結婚，離婚，有小孩，退休。除了我們的人生階段，不同的性格、性別和處理關係的態度，亦會影響我們專注在相遇，維持與終結關係的程度。這些加總起來都會對我們的成功與幸福形成影響。

請思考下列說法：

1. 我時常與不同部門的同事聊天；

2. 我藉由公司活動建立新關係。

有一項研究在 2 年的期間追蹤 279 名員工，以了解什麼因素可預測職涯成功。[68] 結果發現，同意上述其中一項說法可以準確預測員工目前薪資、未來 2 年薪資成長軌道，以及他們的職涯滿意度。然而，同意第一項說法，亦即專注於維持人脈，能夠預測將近一半的薪資成長及職涯滿意的變異數。而專注在認識新的人，亦即第二項說法，則沒有那麼重要。

在工作之外，新朋友 —— 而不是老朋友 —— 才會讓我們更快樂，並且營造更大的幸福感。[69] 儘管結識新朋友的好處多多，很少人養成這種習慣。相反的，我們讓歷史與偏愛自我相似（self-similarity）及熟悉來主導我們的社交網絡。而在同時，我們堅持關係的時間遠超過應該的期限，即便惡化的關係可能造成情感壓力及健康不佳。[70]

我們不斷在選擇是否要拓展社交圈的內圈，是否要繼續投資關係，是否應該放棄某個朋友。我應該去參加飲酒聚會，或者回家陪伴家人？我們的友誼是否終於變得有害，最好是終止關係？我是不是要走過去介紹自己，或是跟老朋友在一起就好？這些決定可能產生重大後果，但是我們往往在不知不覺中做出選擇。而在那種無意識的決策之中，我們往往沒有察覺到，我們所能專注在相遇、維持與終結關係的程度是需要做出妥協的。

嗨，我是愛麗絲

許多人說我們需要結識新的人。我們甚至可能敷衍了事去嘗試一下。但實際上，絕大多數人，尤其是年過 40 的人，鮮少努力去拓展自己的社交圈。

哥倫比亞大學教授保羅．殷格蘭（Paul Ingram）及麥可．莫里斯（Michael Morris）研究人們相遇，並寫了一篇題目絕佳的報告〈人們在交際場合有交際嗎？〉（Do People Mix at Mixers?）[71] 在這項研究中，他們請上百名極為成功的專業人士配戴追蹤社交互動的穿戴裝置，去參加下班後的雞尾酒會。在活動前的訪調，95% 的受試者表示建立新關係比增強舊關係來得重要。儘管這麼說，這些高階主管們與活動前便已有強烈正面關係的人互動的機率，是他們跟不認識的人互動的 3 倍。因此，那篇研究報告的答案是沒有，人們並沒有在交際場合與人交際。

除了純粹懶惰和沒有時間，恐懼也可能是阻撓我們認識新朋友的一大心理障礙。

害怕陌生人與社交焦慮是很常見的。身為社交動物，我們的先天構造讓我們想要被人接受。擔心不被接受，尤其是在與陌生人互動時，是社交焦慮的核心。在我們一生中，13% 的人出現臨床診斷的社交焦慮，[72] 這也使之成為第三嚴重的心理健康問題。即使沒有達到臨床程度，幾乎每個人都曾經經歷過社交焦慮。

焦慮與恐懼並不全然是壞事。焦慮可以增進表現，同時證明你在意。直到恐懼增加到讓你開始躲避情況或隔離自己之際，才會形成問題。好消息是，這是可以治療的。

根據波士頓大學心理治療與情感研究實驗室主持人史蒂芬·霍夫曼（Stefan G. Hofmann），讓治療對象找出適應不良思考模式、然後藉由重複暴露在艱難社交情況以解決問題，這類認知行為療法的緩解率達到至少 75%。[73]

以下是霍夫曼在他的診所使用的一些暴露療法：

- 詢問書店員工有關放屁的書籍
- 在餐廳裡向一桌客人要求他們聽你練習伴娘致詞
- 在藥房購買保險套，並且詢問這是「你們店裡最小的尺寸嗎？」

這些「社交不幸暴露」的目的不是給他們提供真心話大冒險的娛樂。[74] 相反的，藉由讓治療對象面對他們最大的恐懼（通常會出現「他們會怎麼看我？」的臺詞），他們明白，就算是最糟糕的情境也沒有那麼糟。這對於減少恐懼很有幫助。

假如你還無法在街口唱歌 10 分鐘，研究亦發現，單是做好事便可減少社交焦慮。[75] 英屬哥倫比亞大學與西門菲莎大學的社會心理學家進行的一項研究，將 115 名社交焦慮的大學生分為三組。一組參與暴露療法，第二組是為別人做些好事，第三組則是擔任對照組記錄自己的一天。這三組都要記錄他們在被指派做好事或暴露療法之前與之後的社交焦慮程度。做好事組社交焦慮降低的程度最大，暴露療法組亦有降低社交恐懼。

第二項源於恐懼、讓人很難認識新朋友的認知偏誤，是我們偏好感知上的可預測性。如果我們早已認識某人，尤其是如果我們跟他們很熟悉，我們自認了解他們會有何種表現。無論是否屬實，這種可預測性的感覺讓我們認識的人沒有那麼可怕。結果，我們便依附他們。儘管極端社交焦慮的人可能全然迴避社交互動，感知上的可預測性會讓人們依附他們在社交情境早已認識的人。

讓人們無法專注在擴張人脈原因不只是恐懼而已。有時候，結識許多新人似乎不合道理。在你的生涯開始之際，認識更多人有很大的好處。但是隨著你的生涯進展，回報逐漸減少。在生涯早期，或許有很多人的知識與資源都勝過你。[76] 然而，當你在公司裡晉升或是地位提高，偶然相遇已比較不可能提供你尚未取得的知識及資源。當然，並不是每個人都是這樣。如果你需要一個巨大平台——例如，你是個行銷人員、公關或者牧師——擴張人脈總是有幫助的。

有時候，不是出於恐懼或策略，人們就是偏愛投注更多精力給早已認識及喜愛的人。

生活總是忙碌

即便我們跨過門檻去結交新的人，還是很難把結識轉變為關係。艾力克・威廉斯（Alex Williams）在《紐約時報》一篇文章靈巧地說明了這種困難：[77]

那就像是好萊塢浪漫喜劇的一幕盲目約會經典場景，只不過沒有「浪漫」。幾年前，我在工作時認識了一名紐約劇作家布萊恩，後來我們兩對夫妻一同晚餐，產生立即且明顯的朋友情誼。

我們喜歡的鮑伯狄倫《金髮美女》（Blonde on Blonde）專輯歌曲、電影《唐人街》（Chinatown）臺詞都一樣。等到綠咖哩蝦上菜時，我們都可以幫對方接話了……

那是4年前的事。我們之後只見過4次。我們是「朋友」，但又算不上是朋友。我們也想要跨過這個坎，但生活總是忙碌。

不只是新友誼難以培養及維持而已。沒有面對面的接觸，我們對朋友與家人的情感依附很快便消褪。兩個月沒有實體聚會之後，家人之間的親近感便會減少 30% 以上。[78]

在沒有見到彼此的前兩個月，朋友間的親密感下滑的速度約與家人間的速度相同。在那之後，友誼便陡降。沒有見面的 150 天以後，朋友的親密感便減少 80%。

維持友誼所需的投資因男女而異。[79] 一項針對 2 千萬名手機用戶打電話模式的研究發現，男性所維持的關係數量往往高於女性。不過，這不是偏好之故，婚姻與成為父母等人生大事也會對男女維持關係的程度形成很大的差異。

生養子女，尤其是在初期，通常像是墜落社交斷崖。養過新生兒的人幾乎都知道這點。在嬰兒剛出生之前的幾個月，所有人都來了，帶來小小的連身衣和可愛的泰迪熊。然而你並不知道，或許要等到你的小孩會講完整句子之後，你才會再次見到大部分的人。生產前的嬰兒派對比較適當的說法應該是離別派對。

在嬰兒派對之後一兩年，你與一些參加者的關係會比嬰兒出生前更加強勁。但是，許多其他人將變成比較像是點頭之交，而不是朋友。悲哀的是，即便是非常親近的朋友也是如此。你連好好洗澡的時間都沒有了，怎麼可能出門去喝雞尾酒。不過，心理過程也發揮了作用。為人父母之後，專注力往往擺在小孩與伴侶身上，不再對那些沒有小孩的朋友感興趣。

我們在 25 歲至 50 歲之間，社交網絡的規模會急速萎縮。這點男女皆然，可是男性的下跌速度更快。女性的社交網絡縮小約 20%，相較之下，男性在相同期間縮水 35%。這主要是因為男性比女性更早展開社交。[80] 要等到 40 歲左右，女性的社交網絡才會大於男性。

一項分析 277 項研究結果、涉及近 18 萬名參與者的報告，證實了一項常見的假設，亦即我們的社交網絡在過渡到父母階段時受創最深。[81] 結婚與搬遷時，我們維持個人聯絡的能力亦大幅減弱，可是，過渡到父母階段所受打擊最大。

無論是成為父母、搬遷或婚姻，人生大事與日常互動空間改變，是我們最可能失去朋友與同事的時候。我們通常不會結交新朋友來取代失去的人，至少不會以相同速度。我們的社交網絡就是會縮小，這是孤獨成為老年人疫病的部分原因，他們的社交網絡逐漸凋敝。

你如何緩衝這些無可避免的人生大事所造成的影響？召集人在有意或無意間發現這點。檢視召集人所採取的行動，以及了解他們的社交網絡是如何形成的，可以幫助所有人更善於維持既有的關係。

不要淡出

我們很少與朋友或家人決裂。相反的，我們的關係大多數緩慢逝去。我們變成了幽靈。

不到 15% 的關係是因為不和或爭吵或關係的基本改變而終止。[82] 荷蘭一項追蹤 600 位成人 7 年期間的研究顯示，人們表示他們關係解除的主要理由是聯絡頻率減少，以及不再享有共同的社交背景，例如讀書俱樂部或教會。總的來說，這兩項理由占關係消逝的將近四成。人們總是淡出，而不是被切斷。

然而，即便我們覺得困難，許多關係依然持續。在 1,100 項加州關係的研究之中，被形容為需求多或是難相處的人占關係的將近 15%。[83] 親近家人尤其可能被列為困難關係。雖然許多人覺得他們的母親難相處，比起 50 歲到 70 歲的人，20 幾歲的人更可能覺得他們的妻子、兄弟姊妹很棘手。等到人們退休時，他們的子女便逐漸登上這項名單。

堅持困難及乾涸的關係會造成壓力、健康不佳和心理不適。那麼，為何我們很難分手？當然，你可以說是愧疚、恐懼、希望迴避衝突、可能損失收入，以及害怕痛苦的後遺症（大多時候都是，無論如何）。但是，不單是因為人們想要避免短期的不舒適。

有時，就家人與同事而言，我們就是甩不掉他們。不過，我們經常會搖擺不定，因為關係是多層次的。或許她黏人又煩人，可是她真的是一個很好的談話對象。他總是剽竊別人的主意，不過他可能很有幫助。這是席拉·歐佛（Shira Offer）及克勞德·費希爾（Claude Fischer）教授研究的困難關係的根源。在老年的受訪者之中，時常提供緊急救助與支持的人更可能苛求，多過那些提供其他關係助益的人。

平添複雜的是，儘管我們說朋友、家人和同事，其實他們之間沒有明顯的類別。我們的朋友往往是同事。家人有時是我們的親近朋友。這種交錯使得終結關係變得複雜且代價高昂。我們如何確知何時值得付出退場的代價？

我們通常不認為堅持或是終結一段友誼涉及一連串的妥協，但這是事實。除了與戀人分手去跟別人在一起的極端案例之外，我們的大部分關係都不是單純的一對一交易。即便在看似直接的戀愛關係，人們時常後悔自己的決定，唯有在回顧時才明白關係的好處與壞處。然而，假如我們不是有意地思考這些決定，我們的心理傾向、人生大事及關係交錯，將使得我們感覺社交網絡不是一項選擇，而是機遇——因而讓我們無能為力，只能任憑命運擺布。

你的社交印記

大多數人成為了仲介人、召集人或擴張者，卻不自知。更糟的是，他們在 70 歲時孤苦伶仃，不明白究竟發生了什麼。無論是有意識地做出決定，抑或綜合了習慣、心理傾向及環境，我們的社交圈便是我們的社交印記。

擴張者偏愛弱連結，擁有廣大的互動空間，大部分的社交努力都用於結識新朋友。他們亦比較容易終結關係，因為他們的投資沒有很多的互惠義務。

仲介人擁有一些強力關係，可是他們的網絡優勢來自他們的弱連結。他們的互動空間通常圍繞著許多社交圈。仲介人花費大量時間來維持弱連結。若無持續投資，他們的弱連結很容易便會消失。

召集人偏愛強連結，並將大多努力用於維持關係。他們不會花很多時間去探索不同社交圈，而是深耕少數幾個。

社交現實的性質——時間限制與認知限制——產生無可避免的折衷，像是我們是否主要投資於強連結或弱連結、我們是否要交遊廣闊或認識一些親密的人，或我們要投入多少努力去擴張及維持關係。我們不可能有更多時間或者同時身處兩地。

大多時候，這些層面的每項決定都以可預期的方式環環相扣。如果你大量投資於維持社交圈，不意外地，你或許有著強連結。這往往源於習慣和性格，超過其他事情。可是，仲介人、召集人或擴張者無法用他們的互動空間、維持或終結關係的傾向、或是偏好強連結的程度來加以說明。社交網絡的奧妙，包括你自己的社交印記，在於它們的特性大於各部分的總和。

第三章

召集人

五月的第一個星期一。數百名狗仔隊群聚在紐約大都會美術館的階梯上，守候戴著珠寶頭飾、羽翼、皮草、面紗、皮革與鏈環的名流。沒多久，他們便簇擁著那些幸運獲邀參加這項「紐約社交界無庸置疑的年度盛會」的人士。[1]

削瘦的身形、標誌性鮑伯頭和如影隨形的墨鏡，安娜・溫圖（Anna Wintour）對於邀請誰、不邀請誰參加大都會藝術博物館慈善晚宴（Met Gala）有著最後決定權。包括奧斯卡獎得主與矽谷科技大亨等有幸獲邀的 600 名嘉賓，數月來都在期待這項宴會。在祝賀安娜擔任大都會藝術博物館服裝研究院主席的成就時，第一夫人蜜雪兒・歐巴馬開玩笑說：「我曉得安娜討厭成為矚目焦點，所以這些或許會氣死她 —— 可是，我們愛極了……事實上，今天我是衝著安娜才來這裡。我來這裡是因為我極為敬重這位我有幸稱為朋友的女士。」[2]

每年時尚支出的金額超過整個巴西的經濟產出。[3,4] 而安娜・溫圖是這個產業的女王。身為統治者，人們對她又敬又怕。

作為《時尚》（*Vogue*）雜誌總編輯這個時尚界最出名的位

子，她組織了一支強大的盟友大軍，使她成為世上最令人敬畏的品牌之一——遠遠超越時尚的品牌。《富比世》（*Forbes*）雜誌評選她是媒體與娛樂界最具權勢的女性，而且她還是政治界一名隱形權力玩家。[5]

雖然溫圖女士位居文化、時尚和藝術核心，她卻出名地隱密。她很少在宴會待上超過20分鐘（除了她自己舉辦的以外）、很少在晚上10點15分之後還待在外頭。許多人會認為，形容她注重隱私或警戒心高實在是輕描淡寫。她的冷酷讓別人給她取了「核子溫圖」的綽號。[6] 據傳她正是前助理所著小說《穿著Prada的惡魔》（*The Devil Wears Prada*）裡頭那個霸道老闆的靈感發想。溫圖曾經叫歐普拉減重20磅，才能登上《時尚》雜誌封面。[7]

然而，她的親近人士指出，她與人建立起強烈的信任與忠誠。她的門徒馬克．賈伯（Marc Jacobs）表示：「她的天才在於識人眼光神準，無論是在政治、電影、運動或時尚界。」[8] 他又說：「她受到很糟的苛責。她支持她相信的人，如果你不是其中之一，或許你要改變看法。」Met Gala資深大師、同時也是溫圖前任助理的席瓦娜．杜瑞特（Sylvana Durrett）亦如此說：「我感謝安娜。她支持我、她的決定和我們的決定，有人站在你這邊真的很棒……她一直像是我想要做的所有事情的大使與擁護者。她用那種方式對待她的所有員工。」[9]

溫圖保持明確劃分的界線。她自己說：「我很在乎我的朋友和家人，他們也知道，但工作就是工作。」[10] 雖然專業關係偶而也會滋生友誼（網球好手費德勒和《深夜秀》主持人詹姆斯・柯登是朋友），她的親近友人大多無人知曉。在談到這些友誼的重要時，溫圖表示：「我有一群很親密的姐妹淘，我希望保持隱私……我有一位倫敦女性友人……我們從 16 歲起便認識了；你隨便打開話匣子，沒有什麼是我們難以跟對方啟齒的，我們也非常誠實。真的很開心。」[11]

「在冷酷的公開臉孔之下，她是一名專注與大方的母親和朋友；她為了自己信任的小圈子沒有什麼做不到的。」一名友人證實。[12]

安娜銅牆鐵壁的社交圈也是建立她的名聲與權勢的部分原因。為了研究明星的養成，南加大教授伊莉莎白・庫里德－哈克特（Elizabeth Currid-Halkett）與她的同事、以色列本古里安大學的吉拉德・拉維德（Gilad Ravid）著手了解一線明星與你從未聽說過的眾多三線明星之間的差異。他們研究蓋帝圖像（Getty Images）一年間將近 12,000 場活動的照片，這個全球最大圖庫可以拍攝到各個紅毯典禮。他們使用數十萬張照片，製作出誰經常與誰一起出現的網絡。喬治克隆尼、安潔莉娜裘莉和麥特戴蒙之類、登上富比世明星貨幣指數榜首的頂級明星社交網絡，與其他名流完全不同。

頂級明星「擁有緊密連結的社交網絡。」[13] 他們似乎維持與其他名人的召集網絡。庫里德－哈克特寫道：「頂級明星的朋友彼此往往也是朋友……中間與底層的明星幾乎跟他們同類之間沒有特別連結。」大明星的緊密網絡增強了他們的地位，確保他們的獨特性，並且讓外人難以滲透到名人圈。溫圖的社交圈便是這方面的象徵。它是一個完全連結的小圈子。

看起來，信任是促使她行動的關鍵價值。她解釋說：「我試著對新人保持開放，可是顯然認識很久的人有更強烈的信任因素。」[14]

你信任誰？

大約三分之一的美國人認為，可以信任陌生人。[15] 認為可以信任大多數人的美國人比率自 1970 年代以來一直穩定下降。[16] 就全球而言，人們彼此信任的程度有很大的差異。在瑞典，認為可以信任陌生人的比率比美國高出 60%。[17] 但在巴西，不信任的程度很高，覺得可以信任陌生人的比率只有六分之一。

不只是陌生人而已。僅半數美國人覺得可以信任他們的鄰居。[18] 工作上也沒有比較好。一項針對全球 9,800 位全職員工的調查發現，不到一半的受訪者很信任他們的雇主。[19]

人們也可能花上超久的時間才能決定在工作上可以相信誰。根據朗·伯特（Ron Burt）對 3 家公司的員工進行的調查，平均而言，要花 3 年以上時間才能決定。[20] 以許多公司新員工適應可能需要數月時間，以及大部分時薪員工只會跟一名雇主相處 4 年半來說，召集人迅速培養信任的能力對於推進行動至關重要。[21]

信任是我們社交關係以及在世界上活動能力的基本。新娘與新郎在聖壇前放手一搏。在抱怨同事時，我們相信聽我們抱怨的人不會把話洩露給全世界。在較小的規模上，我們每天做要做出數十個需要信任不認識的人的決定。我們搭計程車時讓陌生人載著我們，邀請不認識的承包商進到我們家裡，交出我們的存款，希望能確實完成工程。誠如安東・契訶夫（Anton Chekhov）所說：「你必須信任及相信人們，否則便不可能活下去。」[22]

有了友誼與愛情，信任才會讓人原諒，創造犧牲的意願，提升關係穩定、寬容與合作。我們越是信任我們的配偶，便越不會有壓力與憂鬱。[23] 因此，我們會越健康。[24]

在學校，孩童們從他們信任的教師身上學到更多。[25] 在團隊，信任可增進績效、學習和任務協調。[26] 克萊蒙研究大學教授保羅・札克（Paul J. Zak）發現：「在高度信任公司工作的人回報：壓力少 74%……生產力高 50%，病假少 13%……生活滿意度高 29%，過勞少 40%。」[27]

但是，我們要怎麼知道該信任誰呢？

想像你在機場坐到一名陌生人身邊。他大約中等身高，穿著牛仔褲、扣領襯衫。如果你必須的話，你如何判斷該不該信任他？查看他是否交握雙臂？他是否看向右方？沒有？等一下，或許他壓低了嗓音？數十年來，研究者一直在找尋在單次互動時可以察覺的值得信任訊號（signals of trustworthness）。儘管做了許多努力，研究眼球轉動、肢體語言和聲音暗示等各方面，學者們仍然無法找到在肢體上絕對的值得信任信號。[28]

大多數人偶而會撒謊。

情況因素影響人們說謊的傾向。身處暗室之中、沒有時間思考、覺得心累、甚至我們的穿著，都讓我們更可能說謊欺騙。哈佛商學院、杜克大學與北卡羅萊納大學凱南－弗拉格勒商學院等研究者所進行的 4 項不同實驗裡，受試者以為他們參與一項行銷調查，被要求配戴正牌或仿冒的太陽眼鏡。[29] 被隨機指派戴冒牌眼鏡的人，在進行任務時更常欺騙，並且降低對他人的道德預期程度。戴仿冒眼鏡讓人們更不誠實。

儘管研究者告訴他們，冒牌眼鏡看不出來是假的。這些仿冒眼鏡其實都是同一位設計師旗下的眼鏡。如果我們不能依賴外表信號來告訴我們誰可以信任，該怎麼辦？說穿了，信任會讓人脆弱。以下是由一群跨學科研究人員所提出、時常被引述的信任定義：「根據對他人意圖或行為的正面預期，而願意接受脆弱所構成的心理狀態」。[30]

我們很容易可以想像，脆弱可能讓我們更不值得信任。如果我們害怕的話，難道不會更想要說謊嗎？但是，正好相反。心理學家柏納黛特・范達萬斯（Bernadette von Dawans）所做的一項研究發現，脆弱反而使人變得更誠實。為了檢驗脆弱與誠實之間的關係，研究人員請一半的受試者公開發表簡短演說及回答數學問題，觀眾是協助研究的人，受過不要做出反應的訓練。[31] 對照組則不必忍受這種社交痛苦。必須進行壓力簡報的實驗組，在之後的信任遊戲中，做出值得信任舉動的機率比對照組高出 50%。脆弱讓我們感受到強烈需要歸屬感，進而使我們變得更值得信任與合作。

我們不是要找出誰可以信任，然後接受自己變得脆弱，而是首先要接受我們自己變得脆弱。那會是什麼樣子呢？

理論上，沒有人想要（或者應該）對剛認識 5 分鐘的人揭露內心深處的祕密。如同哈佛商學院教授傑佛瑞・波爾澤（Jeffrey Polzer）解釋：「人們往往以為脆弱是露骨表達情感，但其實不是那樣……所謂脆弱是發出十分明確的信號，說你有弱點，說你需要幫助。如果那種行為變成他人的模範，那麼你便能放下不安感，開始信任彼此，互相幫助。」[32]

有時，人們自己選擇脆弱，有時則是環境代替他們選擇。耶魯大學高階主管領導力研究所（Chief Executive Leadership Institute）執行長傑佛瑞・桑能菲爾德（Jeffrey Sonnenfeld）或許不是你會第一個想到的脆弱代言人。他經常參加 CNBC 電視台熱門政商論戰與《華爾街日報》的新聞版面。他單挑美國全國步槍協會（National Rifle Association），並且捍衛摩根大通銀行執行長詹姆士・戴蒙（James Dimon），當時他認為戴蒙是「獵巫」行動下的犧牲者。[33]

桑能菲爾德願意在別人最艱困的時候挺身而出，可以追溯到他自己的經驗。1990 年代後期，桑能菲爾德處於學術生涯的巔峰。從可口可樂到美式足球芝加哥熊隊，眾多公司執行長都去參加他主持的會議。[34]

然而，在埃默里大學戈伊蘇埃塔商學院任教 9 年後，他接受當地另一所大學喬治亞理工學院的院長職位。在離職前數週，桑能菲爾德飽受抨擊，電視節目《60 分鐘》（*60 Minutes*）稱為「長春藤大亂鬥」。[35] 他被指控毀損公物。攝影鏡頭拍到他在走廊跳上跳下，校方宣稱牆壁受到毀損。《60 分鐘》資深記者塞佛（Morley Safer）形容事件影片說：「你不會把桑能菲爾德誤以為是佛雷亞斯坦或巴瑞辛尼可夫（譯註：佛雷亞斯坦〔Fred Astaire, 1899-1987〕，被譽為美國影壇最偉大的舞者；巴瑞辛尼可夫〔Mikhail Baryshnikov, 1948-〕，俄羅斯知名芭蕾舞者），看著他在埃默里大學商學院走廊跳來跳去，兩腿踢高高……他沒有因此而得到芭蕾舞的工作，反而失去埃默里的工作。根據這段影片，埃默里大學開除他，並且公然羞辱他。」但是，誠如《紐約時報》報導：「該項指控站不住腳。」[36]

桑能菲爾德不僅失業，名聲也粉碎。他自己說：「那件事完全毀掉 25 年的生涯，信不信由你，就這樣，完蛋了。是不是有點傻？沒錯，絕對沒有毀損，沒有毀損的意圖，更沒有任何毀損公物。」[37] 在報紙《觀察家》（*Observer*）的訪談中，他崩潰了，坦承「我每晚都在哭泣。」[38]

非但沒有畏縮，桑能菲爾德反擊了。他尋求多年來他所協助的企業高管與政治人士協助。數百名執行長與大學教授站出來支持他。優比速（UPS）退休執行長肯特．尼爾森（Kent Nelson）力挺桑能菲爾德，堅稱「傑夫宣稱沒有做過他們所說的事情……那不符合我認識 25 年的他。沒有證據就說那種事情實在太不公平了。如果有證據的話，給我們看啊。」[39] 埃默里大學提出的影片沒什麼證據。可是，這起事件讓塞佛感嘆說：「學術界幕後的割喉式政治，讓華府的割喉式政治看起來很良善。」[40] 至於政治界，前總統柯林頓寫信給桑能菲爾德，其中一句經典是：「我對於你的遭遇感到難過……本人感同身受。」[41]

桑能菲爾德可以號召勢力強大的支持者，因為許多人均曾經歷類似的苦難。[42] 那些苦難鍛鍊出傑出的領導者。

在被指控蓄意毀損時，桑能菲爾德最先打電話的人士之一是居家修繕量販店家得寶（Home Depot）創辦人及前任執行長柏納德．馬庫斯（Bernard Marcus）。馬庫斯談到那段期間的桑能菲爾德：「你知道的，他很沮喪。他鬱悶懊惱。完全被打敗。」[43] 馬庫斯回想起他被趕下 Handy Dan 執行長的位子，而後才創立家得寶的類似自身經驗：「我自憐自哀……沉淪在憂傷之中，數個夜晚睡不著。成年以來第一次，我不關心打拼事業，反而更擔心活下去。」

透過共同的脆弱而建立起來的共同認同，可以激發出人際關係。建立在這種人際關係之上，桑能菲爾德的社交網絡不僅帶領他渡過 1990 年代的黑暗期，並且使得他的執行長峰會成為備受信賴的場合，供企業高層開誠布公地討論私人與企業議題。與會人士像是企業執行長名錄。固定出席者包括優比速的大衛．艾比尼（David Abney），美國運通的肯尼斯．錢納特（Kenneth Chenault），和百事公司（PepsiCo）英德拉．努伊（Indra Nooyi）。

人們是否應該刻意顯露脆弱以建立信任，仍有待商榷。但是，我們都會面臨危機的關鍵時刻。當這些時刻降臨時，坦然面對並率直地尋求協助，可以逢凶化吉，增強你的人際關係與重建名聲。

閒聊八卦

我們通常不會在社會隔離當中做出有關信任的決定。人脈研究的領導者、芝加哥大學教授隆納德．伯特和他的同僚認為：「信任有六成來自於人脈的背景下。」[44] 他研究中國 700 名企業家的 4,464 個人際關係之後，得到這項結論。伯特研究 53 種不同的個人特性，包括這些企業家對自己年齡、教育、家庭規模與政治參與的滿意程度。整體而言，這些個人特徵只占受到信任者與不被信任者之間差異的 10%。人脈特徵，例如企業家們聯絡的頻率，以及重要活動時他們是否在場，對於解釋信任的重要性是個人因素的 6 倍。

雖然伯特與他的同僚是從中國企業家得到 60：10 的結論，數十年來的研究，對象由美國家庭、全球企業員工到 11 世紀馬格里布（Maghribi）貿易商，一致顯示親密的人脈，亦即你的朋友彼此亦為朋友，可以建立信任。簡單來說，召集人比較受到信任，也比較信任人。[45]

親密的人脈營造出一種環境，得以實施常規，讓你比較可能聽聞某人做出可疑的行為。

孩童們，尤其是享有社會經濟優勢、父母們擁有親近網絡的小孩，在學校裡表現更好。[46] 召集人型的父母更能輕易監視他們子女的情況。在一項針對 144 所學校大約 2 萬名青少年的研究，研究者發現，來自優勢背景的孩子，父母們的親近網絡與這些孩子中學成績優於平均及輟學率較低有關。如果你看到朋友的青少年子女在上學時段卻去店裡閒逛，你或許會跟朋友說。眾多虎爸虎媽灑下的天羅地網，確保孩子們做好功課，不會無人聞問。

不只是蹺課的孩童會有這種狀況，閒聊八卦亦是紐約市47街上，第五與第六大道之間經商的關鍵。在這兩條街上，每年交易數百億美元的鑽石，占美國鑽石進口的九成。[47]紐約產業振興網絡（NYIRN）的2011年報告指出，其經濟產出約為240億美元。[48]比較之下，約與星巴克2018年年度營收相去不遠。儘管交易金額龐大，47街的交易大多以握手及傳統用語「祝好運與順利」（Mazal and Bracha）來完成。這種信任制交易，被稱為「47街的真正寶藏」，掌握在壟斷鑽石交易的正統派猶太社區手裡。[49]鑽石交易商菲利普・魏斯納（Philip Weisner），出生於鑽石交易世家，在說明社區文化的力量時表示：「它存在我的血肉之中，無論我喜不喜歡。」[50]猶太律法禁止閒言閒語，除非是必要或良性的閒聊，加劇這種強烈的社區與歷史意識。社區內八卦相對稀少及地位重要，賦予其力量。任何可能的負面八卦輕易便能使人受到社區與企業的驅逐。

八卦閒聊往往受到負評。講八卦的人經常被視為軟弱、不討人喜愛。[51]「高頻率負面八卦者」尤其如此。可是，魯賓・鄧巴教授言簡意賅地指出：「八卦造就了我們所知的人類社會」。[52]從演化的觀點來看，八卦讓人類得以形成大型社會群體，因為人們據以管制及懲罰欺騙者。

無論喜歡與否，我們花費大量時間在閒聊八卦。根據鄧巴與同儕分析人們在餐廳、酒吧和火車上的隨意談話，六成以上的時間都用在聊八卦，[53] 其餘三分之一的談話時間大多是在談政治、運動、工作等等。人們聊八卦的時間多寡並不會因為年齡或性別而有很大差異，並不是只有老太太才閒聊。

我們或許天生就喜歡閒聊。在看到反社會或不公平行為時，我們往往是親身經歷——我們心跳加速，變得激動。多倫多大學羅特曼管理學院心理學家馬修．費恩伯格（Matthew Feinberg）及其同儕證實，能夠聊八卦足以減緩人們在看見欺騙時的生理不適。[54] 四分之三的人甚至願意花錢去閒聊欺瞞的事情，避免情緒與生理的不適。

頻寬與打氣俱樂部

召集型社交網絡具有演化優勢，部分原因是它們有效運用八卦。這種人脈的特色——強連結與重複聯繫，可以避開可能的惡毒人們，亦有助於培養信任與堅韌。這種網絡舒適又安全。

這種網絡亦有較高的頻寬。這種頻寬讓他們更能傳遞複雜、心照不宣與敏感資訊。強力與凝聚力的關係增進人們分享資訊的意願與動力。[55] 比起陌生人，既是朋友也是同事的人更願意花時間與心力來指導你。在共享複雜資訊至關重要的產業，這可能是一項重要競爭優勢。檢視數百名科學家之間合作的研究發現，關係力度與凝聚力——召集型人脈的標誌——是知識共享的速度更高的原因。[56]

除了複雜資訊，強勁而凝聚的關係讓人們更可能分享敏感資訊，即便是與競爭對手分享。價格是一個很好的例子。在香檳與飯店產業，訂價是隨意的，亦為高度防備的主題。一間閒置的飯店客房值多少錢？一瓶 30 美元的香檳與 350 美元的香檳有何不同？如同一名酒農所說：「人們不會談論香檳酒的價錢。這是隱密的事情。基於某種理由，人們感到很介意。」[57]

但在召集型產業網絡之中，人們可以自在談論價錢與其他可能介意的主題，亦獲得助益。耶魯大學的亞曼婷・歐迪－布雷西耶（Amandine Ody-Brasier）與倫敦商學院伊莎貝兒・費南德斯－馬特歐（Isabel Fernandez-Mateo）研究發現，女性香檳酒農之間的強力非正式關係，讓她們得以系統性訂定更高的價格。[58] 雪梨的飯店經理人亦是如此。一間飯店業者每增加與一名對手的密切關係，便可創造約 39 萬美元的營收。[59]

可是，召集型網絡的頻寬不是對所有人都有好處。這正是卡特爾（Cartel，編註：又稱獨占聯盟、行業聯合會等）——召集型網絡的極端例子——之所以違法之處。它們傷害了消費者。

高頻寬的網絡對於資訊接收端的人尤其有利。但是根據歐洲工商管理學院（INSEAD）的馬汀・加爾朱洛（Martin Gargiulo）與其同儕進行的一項研究，這種網絡對主要負責傳輸資訊的員工便不是那麼有利。[60] 它們對於很需要贊同及社會支持的工作更有效率。[61] 在重視名聲與採納意見極為重要時，召集型網絡的強連結亦有助增加獎金。[62]

在商業之外，召集型網絡的亦能促進堅忍。想要了解堅忍從何而來的話，我們來看一個軼事案例。莫妮克・瓦爾庫爾

（Monique Valcour）研究在內亂、天災與武裝衝突地區工作的聯合國女性領導人，如何在面臨持續不穩定及逆境之下保持堅忍。關鍵在於社交關係。[63] 她寫道：「與他人的正面、活躍連結是保持堅忍的重點。這些連結提供社會情緒支持、歸屬感，與可以分享經驗與意見的人。它們在艱難情況之中加入一絲生氣與樂觀，提高學習與表現的能力。工作上與私人生活中的正面關係，均可提升自信、自尊和堅忍。」

社交關係所帶來的堅忍好處，往往促使人們在天災之後形成召集型網絡。[64] 有一項研究比較曾經歷天災的大學生臉書社交圈，以及那些沒有直接受到影響的大學，結果發現受到颶風侵襲的大學社交圈親近程度大幅提升。這傾向在颶風襲擊後持續了兩年半的時間。

任職於獅子山共和國的聯合國建立和平辦事處（Peacebuilding Office）的琳妮雅．范瓦格納（Linnea Van Wagenen），定期在她的社區辦「非正式每月聚餐」，讓自己在持續危機之下保持堅忍。在解釋為何這些聚餐極為重要時，范瓦格納向瓦爾庫爾博士表示：「這個非正式社交圈的作用類似打氣俱樂部。」[65]

惡女與黑幫

儘管俱樂部可能不錯，虎爸虎媽可能提升成績，但是，中學裡的小團體可說是最險惡的社交地形。每所學校都有小團體，只是程度不同。康乃狄克州吉爾福德（Guildford）的吉爾福德高中學生喬治坦率地說：「高中沒有小團體的那一天就是高中不存在的那一天。」[66]

童年時期，孩子們的社交關係往往集中在一對一的社交依附，父母與好朋友往往便是孩子們社交世界的中心。[67] 但進入青春期以後，小團體開始出現，結交死黨的壓力增強。自國中起，教師便開始重新分配教室，以及因為海莉與艾蜜莉說她們處不來而必須去協調這些惡女們的破裂關係。一旦發生這種情況，便會一發不可收拾，因為不只海莉與艾蜜莉受影響，還會波及整個學校社交結構。

小團體或許是在高中達到鼎盛，卻持續到成人之後。幼兒園與遊樂場裡多的是媽媽小團體。裡頭有哺乳、帶嬰兒的媽媽、忙著送 6 歲小孩去上中文課的家長會媽媽、從高中就互相認識的媽媽，以及至少另外 6 個明確劃分的團體。住在波士頓的社會工作者黛博拉・胡洛維茲（Deborah Hurowitz），同時也是父母支持團體負責人，她表示：「有了小孩，就像重回高中時代……每個人都在思考自己的身分 ── 如何適應、要跟誰做朋友。」[68] 媽媽小團體可能野蠻又殘酷。艾美・索恩（Amy Sohn）寫到她勇渡史洛普公園父母圈的惡水：「新手媽媽圈的小團體戰爭讓中學如同兒戲一般。」[69]

工作也不是永遠都能提供避風港。招聘網站凱業必達（CareerBuilder）向近 3,000 名員工進行的一項調查顯示，43% 的受訪者表示他們的職場充斥小團體。[70] 在有搞小團體的辦公室，近半數員工的老闆亦屬於某個小團體。雖然辦公室小團體不會改變群眾的行為，五分之一的人表示，為了融入辦公室，他們因此做一些原本不做的事，像是看電視節目，取笑某人或抽菸。

當有人說到：「嘿，你昨晚有沒有看《國務卿女士》（*Madam Secretary*）？」想像一下你有什麼感覺。一旦你開始去看那套美劇，就是越過一道線。你讓想要融入辦公室的念頭改變了你的行為，甚至是在辦公室外頭。在不知不覺中，你已經主辦當季最後一集看劇派對，還考慮要不要邀請一位公開宣稱厭惡政治影集的同事。

黃金歲月也沒有好到哪裡去。老人中心、療養院和看護之家到處都是小團體。督導老年人服務的醫院主管瑪莎・法蘭科（Marsha Frankel）直白地說：「惡毒女孩哪裡去了？其中一些後來變成了惡毒老婦人。」[71] 在老年人的居住環境，地盤戰爭可能使得電視房等公共空間變成領地，運動課程可能變成惡性競爭。亞利桑那州立大學的羅賓・波尼法斯（Robin Bonifas）估計，老年社群裡有五分之一的人遭遇過霸凌，跟高中的情況差不多。[72, 73]

小團體無所不在，因為他們填補深層的心理需求——需要身分認同、熟悉和社會支持。這些需求導致召集型人脈。

團體認同可能因為毫無意義的分組而立即形成。社會心理學家亨利・塔吉菲（Henri Tajfel）在 1970 年代一系列實驗，證明了內團體（in-group）的偏袒非常輕易便形成。[74] 這些研究名為「最小團體典範」（minimal group paradigm），在其中一項研究，塔吉菲與同事將一所綜合學校的男孩隨機分成團體。不過，他們跟男孩們說，分組係基於他們比別人更偏好某些現代主義畫作。男孩們與團體裡其他成員並無互動。這些團體毫無意義。但是，男孩們依然偏袒自己團體裡的成員。喜歡克利（Paul Klee）畫作的男孩會給其他理應也喜歡克利的人更高的點數。康丁斯基（Wassily Kandinsky）小組的情況亦同。他們偏愛「同類」。

在隨後的數百項實驗，調查青少年男生以外更具代表性的對象，再再證明使用拋銅板[75]、隨機形狀與T恤顏色[76]等隨機、無關緊要的差別而決定的分組，可以激發群體成員的偏袒。被隨機分到同一組的人，會給自己團體的成員更多錢。他們覺得自己的團體成員更討人喜愛、更合作[77]，即便沒有跟他們碰面過。他們甚至將自己的團體與「陽光」等字眼聯想在一起[78]，而外部人則被聯想到「有病」。

這些實驗的獨特之處在於它們證明了，即便沒有團體之間的競爭或是歧視，也會形成強烈的內團體偏袒。一個人的社會認同有很多是來自於他們在一個團體的成員身分。這種成員身分提升自尊，若缺乏這種自尊，我們便無法好好生活。[79]

可想而知，系統性偏袒自己人可能造成團體之間的衝突。塔吉菲的研究是為了了解團體之間的衝突及其成因。二次大戰期間，塔吉菲被德軍俘虜，必須決定是否要隱瞞他是猶太裔波蘭人。他坦承自己是猶太人，不過宣稱是法國人。他在戰俘營活了下來，但所有近親全在大屠殺（Holocaust）之中喪生。

你可以說結黨的人是小團體，也可以說他們是召集型團體

── 有的好，有的壞。不過，所有團體都提供支持。在高中不屬於某個特定小團體的女孩，考慮自殺的傾向是緊密小團體女孩的兩倍。[80] 即便是黑幫網絡 ── 社會封閉與腐敗的縮影 ── 都享有無比的信任、合作與聲名的好處。美國歷史悠久的黑手黨家族老大約瑟夫・博南諾（Joseph Bonanno）表示：「黑手黨是氏族合作的形式，個別成員承諾終身忠誠……友誼、連結、家族關係、信任、忠誠、服從 ── 都是把我們團結在一起的『黏膠』。」[81] 這種黏膠亦讓社會維持團結，儘管是不同的承諾與規則。

為什麼安德魯可能娶艾美、不認識不可知論者、又和亞倫是工作上的朋友

儘管再隨機不過的分組也能形成關係緊密的團體，渴求熟悉的心理需求使人們經常因為相似性而形成關係及群體。[82] 配偶的名字時常發音相似。人們比較信任晚餐時點類似菜色的人。[83]

朋友們往往很相似，無論是階級、種族、年齡、音樂喜好、價值觀或髮型。數百項研究證實「物以類聚」[84]，這種傾向亦稱為「同質性」（homophily）。研究者在全球各種不同的人際關係都觀察到這種現象，無論是婚姻或線上友誼。由 1985 到 2004 年的大約 20 年間，朋友們具有類似種族、教育、年齡和宗教背景的傾向始終維持不變。西北大學研究者寫說：「同質性傾向成為一種社會機制，源自於其通行四海。」[85]

四分之三的白人美國人沒有一位非白人朋友。在黑人之中，

同質性傾向則稍微弱一些。[86] 根據美國價值觀調查，一項訪查 2,300 名美國成人的代表性調查，三分之二的黑人美國人表示他們的死黨都是黑人。

種族或許是美國社交網絡之中最強烈的社會分界線。宗教則是第二。白人新教徒的親近朋友之中有八成亦是新教徒。[87] 天主教徒的社交圈有 72% 都是天主教徒。然而，沒有宗教信仰的人就沒有這種宗教鴻溝，他們很樂意結交不同宗教信仰的人。

政治分隔社交圈的效力不如種族和宗教那麼強烈，不過，共和黨與民主黨很少是朋友。宗教與政治都引發一個重要問題：我們選擇與宗教信仰及政治理念相似的人做朋友、結婚與往來，抑或我們的想法隨著時間而趨於一致？

這進而引出一個更為全面的問題，亦即社交網絡的自我隔離是刻意或無意的？它有多少是出於選擇抑或環境造成？偏好、心理需求和偏誤是否造成人們因自我類似而形成社交圈？抑或工作、鄰居、學校和志工組織創造跨團體互動的有限機會，而誘發同質性？

答案似乎是兩者皆是，選擇與環境都對。我們由塔吉菲的實驗看到證據，證實選擇與內團體偏袒均發揮重要作用。我們亦看到，互動空間可能強烈影響友誼與合作。在沒有圖書館或俱樂部的小鎮，你跟與自己不同的人做朋友的機率遠低於多元化都會社區，在那裡向來習慣鄰居來自各行各業。

惡女、運動迷、潮人及嬉皮之間的界線在某些學校明顯劃分，其他學校則沒有。選擇在哪張餐桌坐下，猶如黑手黨宣誓，決定這種氛圍的不是學生，而是學校。大型、較多元化的學校，讓學生有更多班級選擇，更可能形成因為小團體劃分的學校社交地形。史丹佛大學教授丹尼爾·麥法蘭（Daniel McFarland）研究 129 所學校 75,122 名學生的社交網絡資料，結果發現強迫學生跨團體互動的學校架構，無論是小學校、小班制或者僅是強制安排座位，都可減少小團體。[88]

如果同質性是選擇與環境的共同結果，機構組織便有機會設計多元化結構、計畫和慣例，以避免形成單純基於自我相似的社交網絡。可是，單是多元化還不足夠。

這點很重要，因為種族與性別同質性往往因為取得社會資本的路徑不公平，而增強階層化模式。即使處在一個十分多元化的社群，和近似者組成親密團體的女性與少數族群比較難以找到工作，晉升的比率也更低。

明確來說，沒有證據顯示召集人必定偏愛自我相似的社交圈。但是，召集人的社交圈往往變成同質性，因為穿昂貴衣服的人更可能跟穿名牌服飾的人當朋友，開皮卡車的人往往結交其他卡車司機，以此類推。即便是小量的自我近似也可能被放大能量。在召集人不自覺之前，非刻意之下，他們所有的朋友都開皮卡車或穿高價服飾。

西北大學凱洛格管理學院的布萊恩·烏齊（Brian Uzzi）與夏儂·鄧拉普（Shannon Dunlap）開發出一項快速工具，可用來評估你的社交圈建立在自我相似的程度有多少。[89] 寫下你最親近的人。在他們姓名的側邊寫下介紹你們認識的人。如果是你主動認識的，也寫下註記。

烏齊和鄧拉普發現，如果65%以上的社交圈都是你主動認識的，那麼「你的社交圈就太過近似了」，無論是以年齡、性別、產業或角色而言。

這個問題有兩個解決方案，一是與仲介人培養關係，為你的人脈注入多元性，二是專注在共同的活動。為了強調共同活動的力量，烏齊與鄧拉普寫說：「共同活動可建立起多元人們之間的關係，藉由改變他們平常的互動模式，讓他們脫離預設的商業角色，像是部屬、公關經理、助理、金融天才、行家或總裁，而脫離了群眾。」共同活動，例如足球聯盟和橋牌俱樂部，可以迅速協助一個社交網絡脫離自我相似的傾向，但在同時仍可滿足你想要熟悉與社會認同的心理需求。

誰會成為召集人，我們可以向他們學習些什麼？

年齡、性別和種族並不能預測誰可能成為召集人。[90] 相反的，召集型人脈的形成似乎源自於追求安全感的微妙心理傾向。

請考慮下列說法：[91]

「我討厭可以用各種不同方式回答的問題。」

「我認為在工作上設定明確規則與秩序，是成功的關鍵。」

「我認為在最後一刻改變我的計畫，是很有趣的。」

同意前兩項說法，以及不同意最後一項，是心理學家所謂的需要親近，或者討厭模稜兩可。史丹佛大學的法蘭西斯·佛林

（Francis Flynn）、雷・黎根斯（Ray Reagans）和路西亞・吉羅瑞（Lucia Guillory）所做的研究顯示，偏愛確定性的人在看世界的時候，會以為社交圈比實際的更為親密。[92] 渴求親密的心理需求可能是反映出人們對於確定與迴避風險的傾向。我們已看到，召集型網路是安全的。

人們想要安全和穩固的社交圈，理由之一是他們對於社會排斥很敏感。在一項研究，俄亥俄州立大學教授約瑟夫・貝爾（Joseph Bayer）和他的同事結合腦部功能性磁振造影（fMRI）、社會排斥的心理實驗，並分析臉書上的社交圈，以了解召集型人脈的原因與後果。[93]

在這項研究裡，受訪者參與 Cyberball 電玩遊戲。在這個遊戲中，3 名受訪者用虛擬分身玩傳球。一開始，每個人的分身輪流拿到球。但其中兩個受訪者的分身，其實是受到電腦程式的控制，會逐漸排斥另一名受訪者。這項遊戲確實引發社會壓力及排斥感。

先前的神經科學研究發現，當人們經歷社會斷線與社會痛苦時，腦部某些區域會亮起來。[94] 玩 Cyberball 活化了這些區域。貝爾教授想要知道召集人、仲介人和擴張者是否有什麼不同。貝爾發現，召集人的腦部社會痛苦區域對於社會排斥的回應尤其活躍。

敏感或許會轉化為更有效率的設身處地能力。[95] 這種能力是你的社交圈有多少強連結的強力預測指標，亦即召集型人脈的經典特色。你可以直覺知道別人的感受嗎？易地而處的話會是何種感受？

為了檢驗設身處地著想的能力跟社交圈強連結數量有何關聯，詹姆士・史提勒（James Stiller）與鄧巴教授請 60 名受試者列出他們上個月有聯絡的人，以及他們在面臨重要人生問題、需要建議或支持時，會找誰商量。受試者聽取 7 個涉及複雜社會情況的故事之後，必須推斷故事角色的想法與意圖。

愛瑪的困境是其中一個例子：

愛瑪在一家蔬果店工作。她想要說服老闆為她加薪。於是她跟還在讀書的朋友珍妮商量應該怎麼跟老闆講。

「跟他說妳住家附近的藥劑師找妳去他的藥局工作，」珍妮建議，「老闆不會希望妳離職，就會給妳加薪。」她說。

愛瑪便去找老闆談，照著珍妮的話講了。愛瑪的老闆覺得她在撒謊，便回答他要考慮一下。後來，他去愛瑪住家附近的藥房，問藥劑師有沒有找愛瑪去工作。藥劑師說他沒有。

翌日，老闆跟愛瑪說，他不會給她加薪，但是她可以去藥劑師那邊上班。[96]

讀過這個故事後，受試者要填寫一份問卷，評估他們設身處地著想的能力。第二級的問題是詢問受試者，故事裡的人物有何想法。例如，愛瑪想要什麼？第三級的設身處地問題是問說，故事人物覺得另一位人物是怎麼想的？第四級的問題是問說，故事人物覺得第二位角色對另一個角色有何想法？四級問題的範例是：愛瑪是否認為老闆相信藥劑師要她去工作？問題持續提高複雜度，直到第九級，不過，大多數人到第五級便無法再繼續下去。

較高等級的設身處地著想能力與社交圈強連結數量之間有很強勁的關聯，有點類似在下社會西洋棋時，要預想好幾步棋。

一個人社交圈裡的強連結數量與他們設身處地著想的能力存在關聯，符合大量社會心理研究文獻證明，設身處地著想可以增進人際間了解，並鼓勵憐憫的行為與同感。它亦可減少人際間衝突，讓人們得以預測他人的感受與反應。[97] 它增強了社會聯繫，讓我們在別人身上看到了我們自己，同時在我們身上看到他人。[98]

設身處地著想不是只是認知練習，而且它也不是固定能力。你可以增加自己的閱歷，藉以了解他人的想法。我們的個人關係與工作關係都是如此。

在擔任南非維珍行動（Virgin Mobile）執行長的時候，彼得·波伊德（Peter Boyd）一直聽到客服中心主管抱怨早上 8 點那一班的員工總是遲到。彼得決定了解情況。他回想說：「我從以前學到了什麼？我學到你要設身處地為對方著想。如果你做不到，至少要與他們同行。」[99]

非但不是單純與他們同行，他決定和他們一起通勤回家。大多數的客服中心員工住在約翰尼斯堡郊區的索維托，距離維珍位於約翰尼斯堡高級地區桑頓的辦公室約 40 公里。桑頓與索維托之間沒有公共運輸。在星期五下午，彼得與一群客服中心的男女員工擠進一部白色豐田廂型車，把車資遞給司機。經過鬧哄哄的兩個半小時，他們終於抵達索維托。中央商業區的巴士轉運站一片混亂，幾乎到了肢體攻擊的程度。等巴士的排隊隊伍一點也不像普通的計程車隊伍。如果一條隊伍額滿了，你就得找一條新隊伍，並且希望巴士不會在你上車前就客滿。情況完全無法預測，很煩人。這種精疲力盡的通勤有很大的出錯機率。有人偶而遲到 15 分鐘不足為奇。

這種體驗不僅讓彼得了解到一個重大管理問題，同時深化他與員工的聯繫。當天晚上，他們邀請他一同跳舞。彼得回想：「與人同行的力量令人感到謙卑，而且非常實用……你願意把自己交給別人，敞開心胸，說你自己希望了解，然後被了解，對經理人而言是無比強力。」

設身處地著想是藉由深入了解他人，以加深社會連結的強力方法。自我揭露（self-disclosure）亦有助於強化關係，讓別人看見你通常隱藏的層面。自我揭露的力量在 2015 年初變得爆紅，因為《紐約時報》刊載一篇文章，題為「想和任何人墜入愛河，就這麼做」。[100]

那篇文章爆紅，沒幾天紐約各處談戀愛的人都在問彼此文章裡 36 個循序漸進的私人問題：[101]

第 3 題：在打電話之前，你會排練你要講的話嗎？為什麼？
第 13 題：如果水晶球可以讓你看到自己的真相，好比你的生活或未來之類的，你想要知道什麼？

第 36 題：分享一個私人問題，詢問對方會如何處理。同時，請對方猜想你對自己提出的私人問題有什麼感想。

在回答完那 36 個問題後，該篇文章作者曼蒂．連恩．卡特倫（Mandy Len Catron）和她的對象決定凝視彼此眼睛 4 分鐘，作為加分題。他們墜入愛河了。在亞瑟．亞倫（Arthur Aron）進行的原創實驗室研究，兩名受試者亦相戀了。

這項活動能否製造持久的愛情，還有待商榷。可是這項研究證實，自我揭露促進人際間親密。[102] 在實驗的 50 對情侶，完成 36 道問題的人回報親密度大幅提高，勝過只是閒聊的對照組情侶。根據該項研究：「與同儕培養親密關係的一個關鍵模式，是持續、逐步升級、互惠、人格的自我揭露。」

揭露你的價值觀、目標、信念、過去的錯誤和恐懼，可以加速深刻的親密感。一項結合 90 多項不同研究統合分析發現，自我揭露確實可以促進連結。[103] 而且其效果有因果關係——我們越是流露自我，便越受到喜愛。而不是當人們喜愛我們時，我們才會流露自我。

可是，自我揭露也會有後遺症。根據 514 名專業人士回答市調機構 SurveyMonkey Audience 的一份問卷，五分之三以上的員工表示，他們有同事每週至少一次過度分享資訊。

愛咪莉亞．布蘭奎納（Amelia Blanquera）曾經是辦公室過度分享者的受害者。[104] 那名同事會走到她的辦公桌不停地抱怨他不存在的愛情生活、他的家人，詳細描述他新練習的瑜珈體式。她戴上耳機，換辦公桌，企圖躲避。當他掏出一本譚崔瑜珈（Tantra Yoga）的書籍，她抵制了。「他需要一名治療師或摯友或伴侶，最後他有找到。」但不是她。

正面的自我揭露與過度分享的界線在哪裡？揭露對於進行中的關係或是跨性別伴侶之間，才有比較正面的作用。[105] 揭露自己深沉的事實比較可能創造親密感，而不只是揭露大量的資訊。最後也是最重要的，揭露自我是用彼此、互惠方式進行時，才能建立最佳的人際親密。[106] 必須是輪流，以及自然地深入。突然對你的老闆揭露你脆弱的一面，或許不是個好主意。這可以解釋為何那 36 道問題發揮作用，而愛咪莉亞的同事令人反感。有深度、互惠的自我揭露，可以迅速加強我們依附的力量。對太多人揭露太多，可能讓你失去朋友，甚至你的工作。

召集酷人脈

安娜．溫圖舉辦 Met Gala。傑佛瑞．桑能菲爾德主辦執行長峰會。琳妮雅．范瓦格納舉行每月聚餐。只要舉辦社交活動，讓朋友有機會變成朋友，你便可以成為召集人。召集人的特色在於其連結的深度與強度。

設身處地與自我揭露可以建立深度。其他標誌包括召集人的所有朋友亦彼此互為朋友。不斷把朋友聚集在一起便形成小團體。尤其是對於社會排斥格外敏感或焦慮的人，召集可以作為強大的建立人脈工具。但也可能成為分裂的工具。如同溫圖所說：「整體而言，人們對我們的世界說了不少壞話，我認為那很普通，因為他們覺得好像受到排斥，不屬於酷團體，所以就加以嘲諷。」[107]

無論成員是酷小孩、班上小丑或同事，召集人的小團體具有無比的信任與堅韌。召集人也很擅長傳達及接收複雜資訊，因為他們的網絡有高頻寬與空白的地方。壞處是這種人脈缺乏多元性，內部的資訊往往缺乏新意。在召集型網絡裡，很少出現異議，也不會有新觀念進來。很多人類似住在回聲室（echo chamber），只不過召集人可能住在一個更吵的回聲室。[108]這種折衷——用多元性交換頻寬——是這種社交網絡的核心。召集人偏愛頻寬與空白，仲介人則熱愛多元性。

第四章

仲介人

泡沫瑪格麗特自雪塊堆傾瀉而下，液態碗豆猶如魔法墨水般迴旋、最後凝結成固態的義大利餃，家樂氏米香（Rice Krispies）做成的西班牙海鮮飯。這些料理出自巨匠費朗・亞德里亞（Ferran Adrià），法國名廚喬埃・侯布雄（Joël Robuchon）稱他為「地球上最佳主廚」。[1]他是分子料理之父，驚奇的口味是他的招牌。[2]人們經常把他與威利・旺卡（Willy Wonka，編註：美國童書與奇幻電影《巧克力冒險工廠》裡的天才巧克力製作者）及超現實主義大師達利（Salvador Dalí）相提並論。

亞德里亞的鬥牛犬餐廳（El Bulli）所散發的情感與魅力為它奪得米其林三星，締造五度被封為全球最佳餐廳的紀錄。[3]但是，鬥牛犬餐廳不只是一家餐廳而已。它是充滿喜悅的瘋狂創新之家，在那裡，湯是固體的，食物經常會炸開。

就食物的平常性來看，亞德里亞進行料理革命的能力著實驚人。我們每天都在吃東西。知名廚師及電視節目主持人安東尼・波登（Anthony Bourdain）曾說明這種技藝：「人們說到烹飪時，指的都是料理，可是太陽底下沒有新鮮事。你無法重新發明輪胎，所以你基本上是一而再、再而三在改造同一樣東西。或許這裡加個輪輻、那裡加個輪輻……但是當你提到費朗·亞德里亞以及他的鬥牛犬餐廳，人們往往變得混亂。」[4]

混亂與對比是亞德里亞一部分的天才。他結合冷熱、軟硬、液體與固體，熟悉與驚奇。這麼做的時候，他試圖召喚他所謂的「第六感」──將諷刺、幽默和懷舊引進料理當中。亞德里亞的才華大多來自相當簡單之處──仲介。聚集來自世界各地的概念、想法和人們。

在亞德里亞的工作室（曾是哥德時代的一座宮殿），背光照射著陳列的瓶子、電腦；充滿素描、照片和圖解的筆記本、模樣奇特的器材與怪異的容器。食物卻異常地少。按照器材來推斷，亞德里亞的天才大多可以歸結為將化學應用於食物。

仲介與重新結合是創新的核心。以印刷機為例。古騰堡的發明推動了科學革命與宗教改革，不過它僅是結合硬幣沖壓機與榨酒機。其他無數發明，從福特 T 型車、愛迪生的集團在蒙洛公園申請的數百項專利，到 DNA 的發現與解讀，均是因為仲介而產生。[5]

亞德里亞的仲介能力，類似愛迪生與許多前人，需要專業知識深厚的專家網絡。在說明他的團隊的重要性時，亞德里亞強調：「很重要的一件事是團隊。一般來說，廚師是廚房宇宙的中心。我或許是媒體明星……但是，他們是鬥牛犬餐廳歷史的一部分。他們投入的創意程度跟我一樣……這是鬥牛犬與其他創意餐廳之間很大的不同。他們絕對不會說『我』、『我做了』。而是

『我們』……而是團隊。」[6]

亞德里亞的團隊和他的工作室同樣的獨特。他們聚集了鹹、甜世界的巨頭。他的弟弟亞伯特、瑞士工業設計師路基・胡伯（Luki Huber）、有機化學家皮耶・卡斯特（Pere Castells）、合夥人奧里歐・卡斯托（Oriol Castro）。在近期的人物重組當中，他欣然引進一名屠夫、一名美國航太總署科學家，和一位諾貝爾經濟學獎得主。[7]

在說明仲介的邏輯時，亞德里亞表示：「我們不能只跟其他廚師往來；近親交配是不好的……重要的是與其他領域連結——藝術、設計、科學、歷史界。[8] 建築師在設計一棟建築時，他必須與工程師和新科技產業的人士合作。料理也是相同的。我們需要其他領域的專家。比如，我們借用科學來解釋『為什麼』。」

孤島

仲介之所以寶貴，在於其稀有性。人們往往封鎖在緊密召集的小圈子——他們自己的小世界。化學家認識其他化學家。廚師認識其他廚師。但化學家與廚師合作便相對罕見。

為了解仲介何以罕見，我們不妨想像一種新社交情境，比如開始讀大學。你覺得誰可能成為你的朋友？

顯然，最可能決定你是否跟某人互動的因素是你們是否有著共同的好朋友。一項針對 2 萬多名大學生寄出的數百萬封電子郵件的研究發現，具有共同的強連結，使得兩人互動的機率升高至兩倍。[9] 擁有共同的親密連結是關係形成的最有力預測指標，勝過在同一班級、年齡相同，和有 3 個共同的點頭之交。

如果我們把社會結構想成週期表的元素，朋友的朋友變成朋友的這種傾向，稱為三角閉合（triadic closure），具有氧氣的元素重要性。[10] 如同氧氣讓生命存在，三角讓社交生活得以存在。唯有三人成行才能籌組聯盟，形成社群，以及從事社會排斥的暗黑藝術。

想像你的人脈是一連串的三角形。隨便找兩位朋友，姑且稱他們為史蒂芬與瑪雅。如果史蒂芬與瑪雅彼此認識，那麼你、史蒂芬與瑪雅組成的三角形便是閉合的。假如你把自己人脈裡可能的組合都畫出來，你便可看到自己的人脈裡有多少個三角形。

自從知名社會學家齊美爾（Georg Simmel）在 100 多年前率先提出三角閉合的觀念以來，各種人脈類型的研究，例如核心討論團體、臉書社交圈、電郵往返和科學合作，結果均發現一半以上的三角形是閉合的。我們的朋友往往也互為朋友。

這種閉合的傾向有部分是環境造成。假如你和史蒂芬與瑪雅是朋友，並且經常和他們見面，他們兩人便有可能相遇，或許是在你舉辦的派對、生日或烤肉場合。他們可能不只一次遇到，便更有可能培養出他們自己的關係。弱連結及點頭之交就不會這樣。

另一個影響因素是我們需要心理平衡。俗語說得好：「朋友的朋友就是朋友」，以及「敵人的敵人就是朋友」。如果不是這樣的話，關係便會變得不穩定。假如我們的兩個朋友討厭彼此，氣氛便會尷尬，某人形同多餘。我們可能試圖幫他們和好，不然就會跟其中一人不再往來。

想當然，社會相似性會增強這種閉合傾向。[11] 如果你的朋友們來自相同的社交領域，也是如此。相較於不是同事，大家都是同事的話，你的朋友也是朋友的機率是 4 倍高；相較於不是鄰居，大家都是鄰居的話，你的朋友也是朋友的機率是 3.5 倍高；如果大家都是相同種族，機率高出 52%；如果有著相同宗教，機率高出 45%；如果教育水準相近，則機率高出 35%。

三角閉合創造了一個由相似人們組成島嶼的社交世界，它創造出召集人。在相似與熟悉的團體裡，我們的對話總是一樣（只有少數變化），新資訊與觀念鮮少出現，相反的，人們往往聚合為相同意見及看法。他們不願發表異議或質疑假設。這些召集型島嶼變成了回聲室，抑制創意及創新，但不是所有人都被困在一個島上。人們經常在兩、三個小島之間漂流，仲介人是小島之間的橋梁。

創意的科學

如同大多數人類，科學家總是不斷和同一群人合作。一連串分析 6 百多萬份發表報告的研究發現，研究者之間三角閉合的情形很多。[12] 在物理學與神經科學，超過一半的合作三角都是閉合的。[13]

哈佛大學經濟學家理查・佛利曼（Richard Freeman）研究科

學實驗室的時候，他注意到他們也像是同質性的島嶼。實驗室由類似種族背景的人組成的比率出奇的高。

理查和共同研究者黃煒（Wei Huang）分析 250 萬篇研究文章，發現理查的觀察是正確的。研究團隊存在大量的同質性。[14] 歐系姓氏的作者往往與其他歐系姓氏的作者合作。韓國姓氏的科學家時常和也是韓國姓氏的人合作。這種模式見於 9 個種族團體，而且效果很顯著。在這 9 個種族團體之中的 7 個，同種族合作的機率是偶然合作的兩倍以上。

不過，佛利曼和黃煒發現，多元化團隊撰寫的報告更可能產生新穎與重要的省思。[15] 這些報告刊登在更加權威的科學刊物，並且更可能被其他科學家引述。

更為多元化的團隊之所以被視為更具創意，是因為他們讓團隊可以取得更為廣泛的資訊及觀點。但是，哥倫比亞大學、麻省理工與卡內基美隆大學的學者們分析 1,518 個專案團隊，他們發現真正影響表現的是人脈，而不是團隊成員的人口組成。[16]

仲介人的人脈往往更為多元化、更具創意，因為他們跨越芝加哥大學社會學家朗．伯特所說的結構洞（structural holes）。[17] 伯特認為，我們不必專注在島嶼與島上的人是什麼類型，而是需要注意誰創造了他們之間的連結。群體之間的空間便是他所稱的結構洞。

在檢視電子、金融服務等產業的中階經理人與高階主管人際網絡的各種研究之中，能夠跨越結構洞的員工更可能獲得正面成果，例如有利的工作評估、加薪、更多獎金與早期晉升。

為了理解仲介人為何成功，伯特研究一家大型電子公司供應鏈的 673 名經理人。藉由詢問他們經常跟誰討論供應鏈問題，他畫出這些經理人的人脈圖。他蒐集薪資、升職與績效評估等資料。最後，他請這些經理人寫下如何改善供應鏈的建議，並請高階主管來評審這些建議。

最好的意見來自於占據結構洞的經理人。他們獲得早期升職與加薪都是創造力的成果。如同伯特所說：「人們對創意的一般印象是某種天賦，某種英雄行徑。可是，創意是一種輸入－輸出的遊戲。而不是創造的遊戲。」[18] 因為仲介人位於數個社交界的十字路口，他們接觸到新觀點與新想法。這使得他們擅長輸入、輸出，及重新結合想法。

仲介與觀念發想之間的關聯是人脈科學最強大的發現之一。伯特的發現已被複製在數十種環境之下，由發明者的專利申請到知名設計公司 IDEO 的產品開發。[19] 一項針對 35,000 多名發明者的專利所進行的分析發現，合作性的仲介在創新發揮了作用。[20] 在研究 IDEO 時，亦即開發出蘋果公司第一部滑鼠和重新設計嬰兒食品的公司，安德魯・哈加登（Andrew Hargadon）與鮑伯・蘇登（Bob Sutton）發現，科技仲介是該公司創新成功的核心。[21] IDEO 的天才是創造出「原創結合不同產業的既有知識而誕生的新產品。」

儘管仲介可能創造價值，大多數人都不去做，主要是因為他們短視地專注在自己的小島。[22]「人們往往像是吃草的羊隻，」伯特表示，「他們太過集中於眼前，而看不到全景。」

邊緣

古典音樂大師馬友友環顧四周，他注意到「最有趣的事都發生在邊緣。那裡的交集可能顯示出意想不到的連結。」在生態系統，這稱為邊緣效應（edge effect）。[23] 兩種生態系統的邊緣交界時，便會產生最大的生物多樣性。

馬友友的邊緣效應實驗就是絲路合奏團（Silk Road Ensemble）。這個音樂團體集合了中國琵琶，韓國鼓，波斯卡曼賈琴，以及亞塞拜然的民謠歌手。它好比佛利曼與黃煒研究的多元化實驗室。而這項實驗極其成功。他們的專輯《絲路．鄉愁》（*Sing Me Home*）贏得葛萊美獎。[24]

可是，絲路沒有家鄉。它是一條旅程。如同加利西亞風笛演奏家克莉絲提娜．帕托（Cristina Pato）所說：「在絲路，你必須不斷前進，遇到新的陌生人，遇到新的社群，遇到你永遠想不到會一起合作的人們。」[25]

不同於生態系統邊緣會自然出現生物多樣性，仲介人必須努力主動創造連結。三角閉合的傾向，使得仲介的位置天生不穩定。絲路得以持續仲介與創新，因為不斷改變的人員會形成各式各樣的配置。

一些仲介人，像是亞德里亞與馬友友，是刻意創造出他們的位置。如同馬友友，亞德里亞設法持續創造出仲介的機會。如同他所寫：「我們非常明白必須避免陷入單調。因此，我們一直改變時刻表、行事曆，以及團隊成員。」[26] 若無這種努力，他們創造出的結構洞將會消失。

其他人是藉由走上非典型生涯路途而成為仲介人，並不是因為邊緣效應。在許多組織內，職業生涯依循著相當傳統的進展。律師升為合夥人，再升到管理合夥人。投資銀行家努力由分析師升為副理，再升副總、董事、執行董事。雖然這種順序在其他產業或許不是那麼直接，某些路徑還是十分明顯。

達特茅斯大學塔克商學院的亞當・克萊伯恩（Adam M. Kleinbaum）研究指出，當職涯徘徊不前時，專業人士比較可能變成仲介人。[27] 克萊伯恩以兩名員工凱莉與雪瑞兒為例，她們在一家假名為「大公司」的大型科技公司上班。

凱莉在這家公司工作了將近 20 年。她擔任中階管理職，是路易斯安那州的一名顧問。久而久之，她的工作變得更為專業化，集中在金融服務業的客戶。在克萊伯恩開始研究時，雪瑞兒在大公司的職位和凱莉差不多。她也在該公司工作了 20 年以上，是個職階相似的顧問。但在 2002 年，她們的生涯分道揚鑣了。雪瑞兒晉升到科技顧問部門的高階管理職位。她在那裡待了一年，之後調到同一部門的行銷職位。2006 年，她調到公司總部，任職於供應鏈事業群。

利用 30,328 名員工收發的電子郵件，以及人資紀錄顯示的職涯歷史，克萊伯恩發現，雪瑞兒之類的員工更可能是仲介人。與同儕相較之下，凱莉（始終是越來越專業化的顧問職）是仲介程度最低的第 6 級。雪瑞兒則屬於最高的第 94 級。克萊伯恩稱雪瑞兒這樣的職涯歷史為「組織不適配」（organizational misfit）。這類研究的一個潛在問題是，更可能是組織不適配的人同樣更可能成為仲介人。即便克萊伯恩將這點列入考量，比較先前生涯軌跡、薪資、工作職務、辦公室地點等等都很類似的人，組織不適配仍然更有可能成為仲介人。不適配的人在他們經歷不熟悉的組織部門形成多角化連結，使他們最適合擔任仲介人。

可是，某人能夠成為仲介人，並不表示他們可以做得好。你可以讓很多人與波斯卡曼賈琴演奏家、大提琴家共處一室，但除了雞同鴨講之外，什麼成果都不會有。那麼，要如何成為好的仲介人？

語碼轉換

仲介人是適應力很好的翻譯家。你可以融入任何地方嗎？你會根據所在之處而改變你說的話或穿著嗎？你是在隨機拼湊的婚禮餐桌上也很適應的那種朋友，或者被你的朋友邀請一起去參加可能尷尬的募款餐會，因為他們知道你很能融入各個地方？舉辦派對，並且邀請所有的朋友參加，會不會釀成災難，因為他們所認識的你都略為不同？

或者，無論你遇到誰或者去到哪裡，你都是始終如一的人？你心口如一，不會口是心非。

依據你的答案，你會被心理學家分類為高自我監控或是低自我監控（self-monitor）。明尼蘇達大學心理學教授馬克·史耐德

（Mark Snyder）設計一種量表，以判斷高或低自我監控。[28] 根據他的說法：「自我監控是存在於人們的基本差異，取決於你是否認為在社交場合是要融入環境及扮演角色，抑或你認為要設法做自己想做的事，表明你的為人，向他人呈現真正的內在自我。」

高自我監控者十分在意他們投射到他人身上的形象。根據史耐德數十年間涉及數萬人的研究，高自我監控者覺得很容易模仿他人，可以就他們一知半解或者一無所知的主題發表「即興演說」，時常聽從朋友對音樂與電影的選擇，跟朋友一起看電影時會笑得更大聲。[29]

不妨考慮史耐德設定的下列情境：9 月一個晴朗的星期日下午，你想要找人一起打網球。接著想像你希望好好打一場網球。「假設你有一位朋友打網球打得很好，但是你其實不是很喜歡他——不是你所認識最討人喜愛的人……另一個人很討人喜歡——你們之間有著許多共同點，不過他不太會打網球。」史耐德說。你喜歡的朋友很搞笑，但他熱烈卻有些瘋狂的打法可能在無意間引來一些笑聲。不過，你明白打得好的人會有中規中矩的表現，並且可能改善你的球技。你會找誰一起打球？[30]

「高自我監控的人會跟網球打得很好的人打球，即便他們不是最喜歡的人，」史耐德說，「低自我監控的人會跟他們喜歡做伴的人打球，即便他們不擅長打球。」

高自我監控的人很能適應情境暗示與社交常規。旅行時，他們很快便明白公然擁抱在卡達是不恰當的。[31] 哥倫比亞的文化是一個吻很恰當，義大利可接受兩個吻，斯洛伐尼亞則是三個吻。

他們很少因為不當地傾身想要再吻一次而引起難堪。

假設你想要判斷某人是否屬於這類。高自我監控者往往在對話時首先開口，打破沉默。[32] 他們會用幽默來緩和氣氛[33]，願意自我揭露[34]，不會那麼輕易評斷別人。[35]

高自我監控者會是很好的仲介人。在被研究過能否預測人脈類型的所有性格特質之中，高自我監控與仲介人的關聯最為強烈。[36]

如果有人想要成為更好的仲介人，他們是否可以學習高自我監控者的行為？[37] 史耐德教授的第一個回應是，大多數人不會想要這麼做。他們覺得自己的表現方式更好。高自我監控的人認為自己的行為更為協調，更加靈活，更有適應力。反之，低自我監控的人討厭這種方法，覺得不真實、做作。

高自我監控者做得好的話，他們的行為將協助他們成為仲介人。可是，萬一他們的行為被認為是預謀，他們就可能被視為「不擇手段地想要在特定情況下增強他們的社交表現。」[38] 視情況與詮釋而定，高自我監控者可能被視為與人為善，或者是愛出鋒頭。會出問題的是後者。

最後，高／低自我監控者的自我觀念不同。像變色龍的高自我監控者沒有統一的自我意識。他們藉由自己扮演的角色來看待自己——「我是一名父親、我是一名媒體分析師、我是主人。」低自我監控者比較會有統一及本質主義的自我觀念。他們認為有一個真正的自我。這兩種觀念沒有所謂對錯。可是，高／低自我監控者的自我觀念差異，使得他們很難基本改變他們的做法。每個人都可以變得更會研判社會暗示與情況，但不是每個人都願意改變。

韓國延世大學吳洪碩（譯音，Hongseok Oh）與倫敦大學學院馬丁・基爾杜夫（Martin Kilduff）發現仲介與自我監控之間的關係。他們提出另一項建議：「有一種仲介方法，可以不需要試圖改變自己的性格：他們可以培養許多點頭之交。」[39]

權力的弔詭

雖然高自我監控者更可能成為有效率的仲介人，掌握權力的人往往認為他們可以穿針引線。心理學家通常將權力定義為對於一項關係裡的貴重物資享有更大的控制權，而權力對於仲介具有一種矛盾的效應。[40] 權力讓人更難發掘仲介機會，但在同時增加人們仲介的意願。也讓人們願意依照不正確的地圖去行動。[41]

有權力的人往往在內心覺得與他人距離遙遠。當人們經過調整、覺得沒有那麼有權力，他們便更能移情，感受別人的情感。[42]

權力亦可增進抽象思考。潘蜜拉・史密斯（Pamela Smith）和雅科夫・特羅普（Yaacov Trope）在一系列研究之中證明，這些傾向會讓有權力的人用比較冷漠及啟發性的方式來看待他們的朋友與同僚。[43] 舉例來說，一名中階經理人說明她新擔任研究員主管的感受：「我好像必須有不同思考，運用大腦不同部位，如今我是個主管了……我會思考部門的 5 年計畫，而不只是我這個星期要做什麼。可是，我對辦公室裡發生的事情覺得很冷漠。」

相反的，覺得自己沒什麼力量的人會更加注重人際關係，對於社交關係的感受也更為正確。[44]

總的來說，人們對於自己人際圈的感受錯得很離譜。[45] 在猜想自己的人脈是何種樣貌時，人們最常見的偏誤是高估人際關係的三角閉合。他們假設，如果兩個人是朋友的話，他們的朋友也會成為朋友。預期人際關係存在三角閉合，使讓人們錯過仲介的機會。[46]

大多數人都不太會挖掘成為仲介人的機會，又以有權力的人最為糟糕。倫敦大學學院研究者對一家媒體公司的 160 名員工進行調查，員工們要回答權力感量表的一連串問題。問題包括測量是否擁有強大權力，例如「我可以叫他們聽從我的話」，而「即使我努力嘗試，也無法稱心如意」之類的說法則代表沒有權力。布雷恩．蘭迪斯（Blaine Landis）和他的同事們接著畫出這個組織的人脈圖，讓他們可以得知何處存在仲介的機會。第二項實驗亦出現相同作用，330 名參與者被隨機指派高權力或低權力的角色，然後要在虛構的人脈找出仲介機會。即使人們只是隨機被指派到高權力角色，也會減弱他們挖掘仲介的能力。權力讓人們更能填補實際存在的社交空白，但無法讓他們察覺對於人脈的其他錯誤認知。也就是說，人們感覺掌握權力時所產生的認知短路，亦即憑藉抽象理解而非同理心，使他們看不見仲介機會。或許這便是會遭到權力腐蝕的常識根源。

儘管他們的觀感有誤，當人們覺得權力強大時，會更想去控制資訊，無論人們是否真的彼此不認識。想像下列情境：一名新上任的經理人由娜歐咪口中得知，研究部門完成了一項新產品的測試，看起來潛力無窮。這名經理人立即明白這項產品對凱文深具價值。但是，被少許權力給弄昏了頭，他沒有叫凱文直接聯絡娜歐咪，而是想要自己說明新產品，還說他可以幫凱文搞清楚。他不知道凱文和娜歐咪經常碰面喝咖啡，數個月來一直在談論新產品。他把自己的弄得顏面無光。

即使在早已認識、因此不需要仲介在團體之中，比起低權力者，高權力者想要控制資訊的機率高出兩成。這些自以為是的仲介不但浪費時間，而且還會造成名聲的風險。企圖為不需要的人擔任中間人，只會被視為自私地居中做梗。

費朗・亞德里亞十分明白權力對於仲介機會的破壞力。他在哈佛大學就料理與科學開講，一開始他拿出一顆橘子。他說大家都知道這是橘子，接著便問說：「這是什麼品種的橘子呢？」大家都洩氣了，因為沒有人能夠由外觀辨識出來，即便滿堂都是廚師。世界上有 2,500 多種柑橘。

亞德里亞說明：「想要認識橘子，你或許得活上好幾輩子。你不可能知道所有事情。」[47] 亞德里亞指出，你「需要非常謙卑，否則你就死了。」不謙卑，你就死了，因為「想要創作的話，你必須有接受挑戰、學習的意願及渴望。」

權力與政治

安東尼・波登與美國總統歐巴馬在河內一家小店吃米線的桌

上，唯一的柑橘類可能是烤豬肉米線醬料裡的檸檬。波登在推特發了他們吃飯的照片，標題寫著：「塑膠矮凳，便宜但美味的米線，冰河內啤酒。」《滾石》（*Rolling Stone*）雜誌報導：「歐巴馬和波登像是店裡唯一的西方人，但他們自然地融入。」[48]

可以自然融入是高自我監控者的標誌。兼具仲介與適應力，攸關政治成功。[49] 歐巴馬在紐約的募款餐會上流露教授氣息；在本氏辣醬熱狗店（Ben's Chili Bowl）用餐後，收銀員問他是否要找零錢時，他用黑人用語回答「不用，沒關係」（Nah, We Straight）；在《艾倫狄珍妮秀》（*The Ellen DeGeneres Show*）的一群白人女性觀眾前跳舞。比爾．柯林頓和以前的詹森總統一樣，到梅森—狄克森線（Mason-Dixon Line，譯註：美國馬里蘭州和賓州之間的分界線，美國內戰間成為自由州與蓄奴州的界線）以南地區時，便會講南方口音。在臺灣和加拿大，政治人物面對不同群眾，便會講不同方言。政治人物經常因為語碼轉換（code-switching）而被批評，亦即面對不同群眾便改變講話方式。

不只是說話的方式，還有說話的內容。南加州大學、史丹佛商學研究所、加州大學柏克萊分校的研究者進行的一項實地實驗發現，美國參議員會根據選民寫來的信所支持的議題立場而調整回信。那些調整回信的參議員更被看好，尤其是那些反對他們立場的議員。[50]

對不同群眾調整訊息及傳達訊息的這種政治能力，並不是什麼新鮮事。由文藝復興城邦誕生時，科西莫．德．麥地奇

（Cosimo de' Medici）掌握大權到英國國民保健署（NHS）成功改革等政治事蹟的研究再再發現，仲介人成為巨大變革的代理人，因為他們的行動與話語被群眾就不同議題做出不同詮釋。

麥地奇家族是現代政治人物的先鋒。科西莫結束統治數十年後，馬基維利仍然「敬畏他們——近代佛羅倫斯歷史所有的善與惡都歸諸於科西莫深沉與殘酷的詭計。」針對佛羅倫斯權貴家族之間婚姻、政治、家庭與貿易網絡的一項知名研究顯示，科西莫・德・麥地奇在這些交疊網絡的中心占據著曖昧不明的仲介地位，是他權力崛起的原因。[51] 科西莫很少公開談話，他有很長一段時間並未擔任正式官職。反之，他的權力來自於他能夠運用仲介地位去執行分而治之（divide et impera）的原則，亦即馬基維利日後所書寫的。[52] 芝加哥大學教授約翰・佩吉特（John Padgett），與加州大學柏克萊分校教授克里斯多佛・安塞爾（Christopher Ansell），分析佛羅倫斯網絡之後認為，除了網絡地位以外，科西莫神祕莫測的性格也是他得以統合權力、建立文藝復興城邦的關鍵。佩吉特和安塞爾將這種神祕莫測的性格稱為多語性（multivocality），或者是「單一行動可以同時用多種觀點加以和諧地詮釋。」

在其極端形式，如果沒有同理心或道德，而且被作為私利之用，這種形式的仲介將造成馬基維利主義的同名性格特徵。舉例來說，馬基維利主義的一個經典特色是「絕對不告訴任何人你做某件事的真正理由，除非這麼做有其用處。」[53] 那麼，較為良善的適應力形式是什麼？

由於仲介人位在未交疊社交世界的交界處，他們可以對不同群眾改變說詞，而不必擔心冒犯看法不同的人。歐巴馬可以向紐約募款群眾強調政策的某個面向，在《艾倫秀》凸顯另一個面向，而不必擔心群眾重疊並且注意到矛盾之處。

這種策略同樣適用於家庭。孩子們經常對父母這麼做。在學校家長會（PTA）適應成功的家長們，往往善於運用多語性。就很多方面而言，學校家長會體現了地方政治。而且這種組織時常招徠政客才會遭受的鄙視。甚至連一名社交手腕超高的母親都哀嘆：「我有家長會創傷後壓力症候群（PTA PTSD）。」泰瑞．哈沃（Terry Haward）說明她想要迎合家長會卻失敗的經驗：「那裡也是裝模作樣、封閉的圈子，充滿『我們是圈內人，而你不是』的態度。他們知道我永遠不得而知的事情，我無從分辨那些是不是我需要知道的事情。她們是學校裡的權力媽媽，而且她們把權力握得牢牢的。」

然而，當我訪談美國最成功學區的幾名家長會主席，大多數都自認是仲介人。「權力媽媽」或許認為她們統治哈沃的學校，但那是因為她們活在自己的島上。[54] 喬丹．羅森菲德（Jordan Rosenfeld）參與當地的家長會，以為將面對刻板印象的「完美A型」（Perfect Type A，縮寫亦為 PTA），卻「發現父母類型多過我的預期：一名媽媽必須帶著學步的幼兒前來，頭髮披散在餵母乳專用的襯衫上。一名母親在本地一家雜貨店工作，趁著午休時間趕來。一名前任學校教師希望持續參與。這些母親（和幾名父親）比我原先預期的更為多元化。」[55]

多元化使得仲介成為順利策動與創造改變的關鍵，尤其是在改變具爭議性的時候。

舉例來說，一個小鎮推行運動，以實施單純對中學生有好處的改變——延後上學時間。然而，非但不單純，整個小鎮為此大戰，還持續了數年。小兒睡眠專家克雷格．卡那帕里（Craig Canapari）說明：「我搬到鎮上後，看到我住的街上，中學生在清晨 6 點 20 分搭上校車，讓我嚇了一跳。身為睡眠醫師，我知道有強烈證據證明，上學時間過早有害青少年，因為會造成慢性睡眠不足。美國小兒科學會、疾病管制中心（CDC）及眾多其他機構建議，國中與高中的上學時間不要早於早晨 8 點 30 分……我向本地教育局提出我的憂慮，他們很能接收資訊，同時表達有意進行改變。那是 5 年前的事了，我們仍未實施重大改革。科學證據確鑿，我以為這件事很容易，但我錯了。」[56]

想要順利渡過家長會的政治險惡，所需要的政治敏銳和創造職場改變與國會通過法案是相同的。改變到校時間引發政治憂慮，因為對家庭而言，這是個人問題。有人需要孩子上學時間早一點，他們才能準時上班。其他人反對改變，因為那表示孩子們運動結束回家時，都已經很晚了。單憑證據無法創造改變。

在鎮上往南 65 分鐘車程處，中學校長和倡導者討論過晚點到校的問題。他也傾聽反對者的考量。聽取了雙方意見之後，他投書給鎮上的報紙，呼籲做出小幅改變。雖然他「平常不會透過媒體去表達我對一個正在進行檢討的議題的看法」，他還是這麼做了。但在仔細思考過後，他認為應該要公開仲介一項折衷方案，藉由「調整常識，好讓我們可以由晚點到校得到好處，同時解決一些改變的不良影響。」[57] 因為他沒有堅持站在哪一方，他可以跟雙方陣營對話。他必須拉攏那些堅持孩子運動最重要的父母們，同時安撫其他父母覺得不便之處。以往看似零和遊戲的局面，如今得到了妥協。

茱莉·巴蒂拉娜（Julie Battilana）與提吉安娜·卡賽洛（Tiziana Casciaro）進行的一項研究中，參與的一名護理師說明她如何有效仲介一項可能危險的職場改變。她說明自己是如何設法爭取醫院管理人員的支持。她「認為由護理師主導病患出院的決定，可縮短病患等候住院的時間，而這是政府設定的重要目標之一。我接著專注在護理師身上。我希望他們了解在醫院裡增加自己的發言非常重要，以及證明他們可以對組織議題提供意見。我得到他們的全力支持後，便去找醫師們。」預期會遭遇頑強抵抗，她說明新的出院流程將減少他們的工作量，同時讓他們更能控制治療病患的時間。逐一的，這名護士對不同團體提出不同訴求。當巴蒂拉娜與卡賽洛調查英國國民保健署實施的 60 餘項改變措施時，哈佛與多倫多大學的研究者一再發現，仲介人更能成功實施破壞性改變。[58] 他們可以利用仲介與調整訊息來取得優勢。

無論是家長會、職場或是政壇，仲介人可以藉由調整訊息、控制誰可以知道訊息、選擇他們參與的一貫順序、謹慎決定何時讓不同陣營相聚何時分開，來推動具爭議性的改變。這不會是召集人的選項，因為召集人的朋友早已互為朋友，而且通常立場堅定不移。

套利或合作

仲介人面臨一個抉擇：要把不認識的人聚集起來，給他們彼此介紹，或者玩套利遊戲？

為了區分合作型及套利型仲介人[59]，博科尼大學管理學院教授朱塞佩．蘇達（Giuseppe Soda）和他的團隊，請一家大型全球消費品公司人資部門的 460 餘名員工思考下列情境：

> 假設你被指派去完成**一項重要的組織任務**。這項任務需要具備你並不熟悉的特定知識，可是你的兩位友人（姑且稱他們為麥可與珍妮）熟悉。麥可與珍妮彼此並不認識，或者，即便他們認識，通常也沒有合作；然而，由於你的可信度，你可以請麥可與珍妮幫忙，借用他們的知識與長才。

接著，研究團隊請參與者回答他們要如何進行該項任務。詢問他們會選擇：

A：讓麥可與珍妮彼此聯絡，約定一個大家可以合作的時間；

B：覺得同時與麥可與珍妮合作沒有效率，應該單獨跟他們碰面，再總結他們的意見。

A 選項是合作方式。85% 的受訪者都贊成這個方式。B 選項則是套利方法，11.5% 受訪者選擇。其餘的人選擇中間立場。

蘇達與他的團隊同時蒐集員工人脈、主管對員工工作績效的評鑑、工作資歷、教育、職等和從事何種類型工作等資訊。與先前的研究雷同，仲介人的工作績效更好。

套利型仲介人儘管屬於少數，工作績效優於合作型仲介人。採取套利方式的仲介人多出 14% 的機率可能工作績效高於平均水準。反之，合作型仲介人，能夠達到高於工作績效平均水準的機率低了 16%。套利型仲介人控制資訊流動，有能力利用資訊缺口，並且可能扭曲資訊。無論是科西莫・德・麥地奇，或家長會的父母，仲介都具有政治上的優勢。

不過，它亦可能具有道德上的危險。四分之一個世紀前，朗・伯特便預示著這點，當時他提出結構洞的概念——亦即你所認識的人、講話的人之間存在著未連結的地方。他寫道：「結構洞的資訊好處或許是消極的人可以享有的，但想要享有控制的好處，則需要積極的人去分配資訊。」[60] 套利型仲介人「按字面上的意思來說是個創業家——藉由介於他人之間來創造利潤的人。」

雖然套利方式可為**個別**仲介人帶來權利與控制的好處，合作方式則比較可能帶來創新，而嘉惠團體。經由研究一家底特律車商設計一款新車的 5 年期間所誕生的 73 項創新，大衛・歐伯斯費爾德發現，不認為有必要控制資訊流動、反而想要合作的人，更可能參與重大產品與製程創新。一名員工向他的老闆艾德說明他對合作型仲介的直覺了解。[61] 他說：「艾德，我建立起這些脈絡……戰役就完成一半了。一半的戰役是建立網絡。我在功能專家和我的人員之間建立起網絡。我建立起傳動系統與底盤（連結）。」而這些連結對於成功設計車輛至關重要。

藉由將不認識的人串連起來，而替每個人創造價值，並不是什麼新鮮事。人力招聘、經紀人和媒人的存在，都是為了創造互惠互利。

媒婆在古早的阿茲特克文明、希臘與中國便已存在。即便是在滑一下手機便能找到約會的時代，做媒的市場依然不斷成長。媒人專門找尋合適的人，而不是創造無止境的可能性。在難以評估某人是美化潤飾或是胡說八道的領域裡，他們亦提供品質保證。差不多每個在線上約會過的人都知道，他們約會的對象其實比照片顯示的老一點，或醜一點。

雖然合作型仲介可能產生充滿愛意的幸福婚姻，或者最起碼對一些人有好處，套利型仲介則可能激怒人們，讓他們感覺受到操縱、被占便宜。套利型仲介人或許不是可以做好朋友的人。

被折磨的仲介人

大多數人都有過難以忍受的同事，或是亦敵亦友的人。人際關係遭遇逆境，有著各式各樣的理由。以同事來說，爭奪資源或是做事方法基本上不同，可能引發辦公室保衛戰。無能招致憤怒。人生境遇分歧。嫉妒滲入到友誼之中。偶而，同事甚至朋友有著性格上的缺陷。有些人則像個混蛋。

仲介人可能被貼上混蛋的標籤。一項針對 700 名中國企業家的研究發現，當被要求列出「讓日子不好過的人」，受訪者認為難相處的同事，有極高比例是仲介人。[62] 伯特和清華大學教授羅家德對此感到好奇，於是探究人們認為某個同事難相處的原因。理由往往是他們「講壞話以煽動員工」、「私底下煽動反政府」，或者是偷竊東西。與能力相關的理由卻很少被提及。讓仲介人不討人喜歡的是他們奸詐、狡滑、欺騙的性格。

由於他們在人際網絡占據的位置，仲介人比召集人或擴張者有更高的風險遭到誤解及利益衝突。不過，一種特定類型的仲介人 —— 在召集型人際網絡裡有弱連結（以虛線表示）的人 —— 是伯特和羅家德發現尤其容易遭到「人格暗殺」（character assassination）。在召集型網絡之中，一旦有想要表達同情的人發表意見，仲介人性格所引發的負面情緒便會被放大。

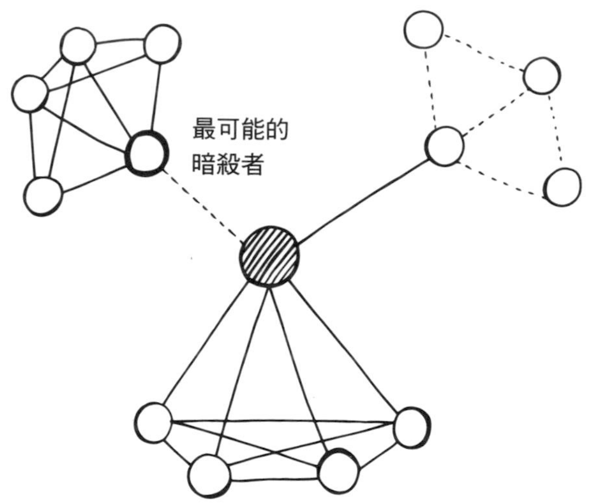

伯特和羅家德提出一個案例，在一個十分緊密的召集型人際網絡邊緣，有一名喝醉酒的夜間警衛：

> 一名受訪者跟朋友說起這個警衛的事情，他在值班時喝醉酒，結果發生一起重大竊案，朋友們分享了這種不負責任員工的故事。「我有一名員工就是這個樣子。我當場把他開除了，至今我尚未由當時的損失恢復過來。」這些故事的作用是要展現同理心，讓那名受訪者知道他不是唯一遭遇過這種事的人。為了加深他們的社會支持，召集型網絡裡的友人誇大這類喝醉酒的故事，將模稜兩可的行為灌入惡劣的意圖。久而久之，一再被轉述的故事造成一種共同情緒，人們感受到的體驗超出他們實際有過的，因而增強了對於那名喝酒員工的惡評，讓人覺得嘲諷那名員工人格的憤怒言詞是合理的。

如果那個群體裡沒有其他人出面打斷這種循環，那名喝醉的夜間警衛便會變成社交賤民。位在兩群召集人之間的仲介人，可能面對同樣困難的處境；人脈研究者稱這種關係為「折磨人的關係」。[63] 這種位置上的仲介人（畫斜線的圓圈）經常被分裂的忠誠者折磨，而且被認為是漠不關心。

在兩項分別對 MBA 學生及醫院員工進行的調查，史塔芬諾・塔塞里（Stefano Tasselli）與基爾杜夫詢問每一位學生及員工受訪者是否十分同意下列說法「如果我把自己的問題跟這個人說，我知道他（她）會積極與關心地回應」。被折磨的仲介人被認為是缺乏同理心。[64]

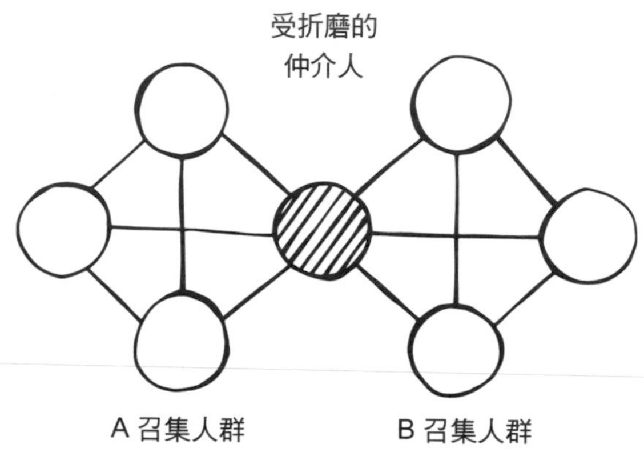

被折磨的仲介人之中最不值得信任的是 BLIRT 型的人。[65] BLIRT 是短暫健談及人際回應測試（Brief Loquaciousness and Interpersonal Responsiveness Test）的縮寫。它是用來評量一個人說話有多少節制。這種人同意下列說法，例如「如果我有什麼話要說，便毫不猶豫說出來」及「我總是有話直說」。一般來說，這類型的人被認為聰明、討人喜歡、更有吸引力、更有趣。儘管健談與反應快可能是好事一件，卻為被折磨的仲介人造成問題。如同召集型網絡，這種測試是人類特質的放大器。由於其占據的位置，仲介人通常受到懷疑，萬一你屬於 BLIRT，情況便雪上加霜。就被折磨的仲介人而言，在 7 分的信任量表上，上述研究的醫院員工，BLIRT 型比非 BLIRT 型低了整整 1 分。BLIRT 型的商學院學生所受衝擊更大。人們不信任 BLIRT 型的人可以審慎行動，而這正是仲介人橫跨派系所需要的特性。

反過來說，變色龍似的高自我監控者就不會因為擔任仲介角色而遭到不信任。根據塔塞里與基爾杜夫的研究，他們甚至比非仲介人更得到信任。[66] 他們靈活的自我呈現和外交官風格，讓他們能夠符合橫跨派系的預期，又能夠避免不信任。

莫高窟

各種類的仲介人，由投資銀行家到線上遊戲角色到媒人婆，證據一再顯示，仲介可以贏得名聲。坐在一個網絡的兩個團體之間，很容易被人視為「兩面人」。倒不是說仲介人缺乏同理心或外交手腕。不過，他們的網絡位置自然讓他們面對一個選擇：要不合作要不套利。

馬友友的絲路便是合作型仲介的象徵。誠如馬友友所說：「在絲路，我們建立起橋梁。面對改變與差異時，我們設法整合與綜合，培養關係，創造歡樂與意義。」

傑佛瑞・比徹（Jeffrey Beecher）站在一座莫高窟佛寺的真實尺寸複製品前，他的低音提琴頂端與一尊佛像的肩部同高，這尊佛像手掌張開，兩側立著兩隻獅子。這座複製石窟有著數千尊上了色彩的大地色系佛像與菩薩，許多都在演奏樂器。絲路合奏團的塔布拉手鼓（編註：一種印度傳統樂器）演奏家桑迪普・達斯（Sandeep Das）談到石窟的圖像跨越宗教傳統：「當然，這些石窟有著許多我從小長大熟悉的許多事情。285 號石窟的主要圖像之一是濕婆與象神，另一側則是毗濕奴。對我來說，佛教與印度教的分界線模糊了。看到他們都在一起，讓人覺得神奇——名稱相同，只是樣貌不同。」[67]

真正的石窟，亦稱為千佛洞，是絲路上的一個樞紐。馬友友寫到絲路合奏團在蓋提中心（Getty Center）設立的複製佛寺演奏：「壁畫與佛像之所以存在，是因為人們聽從最好的人類直覺——接受未知事物，想要相遇、聯繫及創造。這些價值觀可以塑造一個不被恐懼支配的世界，是同理心與堅持積極合作的成果。」[68] 壁畫之所以存在要感謝合作型仲介人。

第五章

擴張者

在洛帕德里諾斯少年觀護所（Los Padrinos Juvenile Hall）工作第一天便因為超級不順利而離職之後，謝普・戈登（Shep Gordon）躲到洛杉磯一家偏僻的小旅館。謝普不知道的是，那家地標汽車旅館（Landmark Motor Hotel）是搖滾明星在洛杉磯想要隱匿時常去之處。來自長島、成長時「從來沒有朋友」的猶太小孩[1]謝普喜歡到旅館泳池跟房客閒聊，包括吉米・罕醉克斯（Jimi Hendrix）、珍妮絲・賈普林（Janis Joplin）和吉姆・莫里森（Jim Morrison）。

他入行是因為罕醉克斯問他說：「你真正的工作是什麼？」（他沒有工作。）「你是猶太人？」謝普說，他「不知道那是我一生中最幸運的時刻。」[2]罕醉克斯告訴他：「你是猶太人，應該去做經紀人。」

震撼搖滾（Shock rock）歌手艾利斯・庫柏（Alice Cooper）成為謝普的第一名客戶。他旗下的藝人還包括喜劇演員格魯喬・馬克思（Groucho Marx）、搖滾樂團金髮美女（Blondie）、歌手肯尼・羅根斯（Kenny Loggins），藍調和靈魂歌手路德・范德魯斯（Luther Vandross）。演員席維斯·史特龍（Sylvester Stallone）、湯姆·阿諾（Tom Arnold）、威利·尼爾森（Willie Nelson）、麥克·邁爾斯（Mike Myers）和達賴喇嘛都是他的熟朋友。他並且跟影星卡萊·葛倫（Cary Grant）共同行使一隻貓的監護權。

他的另一名客戶，名廚艾默利·拉加西（Emeril Lagasse）認為是他創造了名人廚師的身分。電視名人與知名廚師安東尼·波登表示：「謝普存在於文化史上的眾多歷史性重要時刻（而且在很多案例，他都是主要原因），諸如戲劇性震撼搖滾的誕生、壓榨性『黑人娛樂劇場』（Chitlin' Circuit）的沒落、名人廚師熱潮、一些很棒的獨立電影等等。沒有人跟他一樣。他知道所有事情，認識所有人。他可以穿牆走壁。他是我認識最受愛戴的人。」[3]

謝普的成功有部分源自於他對流行動能的深入了解。他明白流行是一則自我實現的預言。他經常僱用攝影師尾隨客戶，瘋狂按快門，但其實相機沒裝底片。他亦明白創造吸睛奇觀的價值。為了推動庫柏的演藝生涯，謝普為他預定在溫布利球場開演唱會，那個場地可容納上萬人。在開演前幾天，他們「只售出 50 張票。」[4] 由於沒有時間也沒有經費進行傳統行銷，謝普需要媒體報導。他需要引起人們談論。人們在倫敦最常聊的話題是交通。於是，謝普僱用一輛卡車展示一幀看板，照片上的庫柏全裸，只有一條蛇遮住重要部位。接著，他安排卡車「意外」在皮卡迪里圓環拋錨，那是倫敦主要十字街口。媒體形容那個時刻是

「大英帝國沒落的一個里程碑」，那場表演座無虛席。艾利斯的歌曲〈學校放假了〉（School's Out）成為英國排行榜，接著流行全世界。

蛇把戲不過是謝普如此成功的部分原因而已。回顧他的生涯，謝普「尋找一些串連我的意外人生的共同主軸。人們反應最為強烈的一件事……（是）我在音樂電影事業的割喉世界成功了，同時保持做個好人，顯然也是個快樂的人。這不是我們習以為常的事。」[5] 謝普之所以能夠辦到，是因他經營「慈悲事業」。他設法讓交易對大家都有好處。他追求雙贏。其中一環是禮券制度。「有人施恩於我的話，我覺得我必須報恩。我告訴他們，他們有我的一張禮券。他們可以隨時兌換，用任何方式，我都會兌現。那也是雙贏。」

謝普的原則與人格讓他獲得「超人」（Supermensch）的稱號。[6] 他的好友邁爾斯，電影《反斗智多星》（*Wayne's World*）主角，製作了一部讚美他的紀錄片。邁爾斯簡潔地說：「謝普・戈登是我見過最好的人了，毫無疑問。」

雖然名人朋友眾多，在他重病瀕危之際，只有他的長期助理陪伴他。[7]「手術後，我坐在病床邊，握著他的手，」南西・米歐拉（Nancy Meola）回憶說，「等他終於睜開眼睛，我可以看到他迷濛的眼神在尋找是否還有別人在場……我真的為他感到難過，坐在那裡的是我，他的支薪助理。經歷那些之後，你會希望在那裡的是你的終身伴侶，但卻是我。我真的覺得他好孤單。」

平凡人與超級連結

謝普是一股力量，是一種啟發。他體現擴張者的許多最好特質：慷慨、了解他人的特異功能，與社交能力。他既受歡迎又討人喜愛。這兩種特質結合之後，變得強大。可是，你未必要受歡迎才會討人喜愛，反之亦然。

雖然大多數凡人的人際網絡符合鄧巴數字，亦即我們認知能力所能負荷的交友人數限制，少數異常的人擁有超級連結。[8] 謝普便是其中之一。

擴張者的力量來自於他們認識的人是普通人的好多倍。一般人認識大約 600 人，[9] 超級連結者可能認識 6,000 人以上。這種難以想像的龐大社交圈大致遵循冪次分布（power-law distribution）。意思是說，雖然大多數人認識數百人（高頭），卻有少數人認識好多倍的人（低長尾）。

這個世界上許多我們熟悉的事物則是依循常態分布，即鐘形曲線。[10] 以身高為例：大多數人認識幾個身高不滿 5 呎（152.4 公分）及一、兩個身高 6 呎半以上（198.12 公分）的人。可是，我們見過的人大多介於 5 呎半到 6 呎的區間，位於分布的中間。如果身高依循冪次定律，地球上至少有一人身高會超過 8,000 呎（243,840 公分）。

受歡迎的程度亦遵循類似的分布。我們無從得知有多少人聽說過歐巴馬總統，可是他的推特粉絲人數將近 1 億 8 百萬。[11] 甚至有 8 頭羊認得出他的臉。[12] 在社群媒體之前的時代，小羅斯福總統（Franklin D. Roosevelt）累積了 2 萬 2 千 5 百名以上的熟人。[13] 儘管社群媒體讓人們比羅斯福時代更易收藏熟人與粉絲，只有 1% 的領英（LinkedIn）用戶有超過 1 萬人的連結。[14] 這些極端異常位於人際網絡分布的最尾端，相當於身高 8,000 呎的那個人。

擴張者活在人際網絡分布的尾部。這個位置與受歡迎、地位與力量有關。擴張者可以啟發人心。

受人歡迎具有許多好處。相較於遭到社交排擠的同儕，人氣高的青少年在高中畢業近 40 年後獲得更好的薪資。[15] 一項針對 1957 年自威斯康辛高中畢業的 4,330 位男性所做的研究發現，更常被同儕提到是朋友的男性，數十年後的薪資更高。這種效應無法用智商或社會背景來加以解釋。由人氣度的最低 20 百分位數，升到最高的 80 百分位數，將可使收入增加 10%。

即使到了成年，人氣仍占有優勢。在辦公室，受歡迎的成人表現更好，更為成功。針對逾 130 項研究的統合分析證實，一個人的人脈越廣大，由工作獲得的報酬越多。[16] 擴張者亦擁有更為愉快的辦公室體驗。高人氣的員工──不只是那些受人喜愛的人──更可能獲得協助及受歡迎。[17] 他們比較不會受到貶抑、被無禮對待或忽視。

在某些領域，例如公關、行銷或娛樂業，擁有廣大人脈不僅很好，而且可說是至關重要。

好運，好看與好基因

擴張者是有什麼不同之處，讓他們走上發展異常龐大人脈之路？謝普·戈登是否有什麼命中註定之處？或許是他的慷慨？他的討人喜愛？常識認為，性格與外貌或許是因素之一。或者說，那只是偶然？

科學家不可能在小孩入學時隨機指派受歡迎的優勢，或者在人們生涯初期給他人們助力、俾以觀察運氣能否讓一個人受歡迎。普林斯頓社會學家與人脈科學家馬修·薩爾甘尼克用無名藝人的歌曲進行一項線上實驗，藉以判斷他能否讓**某件事物**流行起來。

馬修和他的同僚鄧肯·瓦茲（Duncan Watts），後者目前任教於賓州大學，找來 12,000 多名參與者，請他們聽歌並下載他們感興趣的。數週之後，歌曲排行榜自然浮現，他們再把排行榜提供給參與者。

接著，他們把同一批歌曲提供給新的參與者，但修改了排行榜。最受歡迎的歌曲《她說》（She Said）變成最不受歡迎的。而最不受歡迎的歌曲《佛羅倫斯》（Florence），在新參與者的榜單上顯示是下載最多次的歌曲。其餘大部分歌曲都沒有更改其排行榜名次。[18] 這成為一則自我實現的預言。告知人們某些歌曲受歡迎，結果那些歌曲真的流行起來。人或許也是一樣。

歌和人共同的一個特點是，受歡迎度有著極大差異。

這些差異是由稱為「馬太效應」的現象所造成。[19] 這個名稱來自於馬太福音 25 章 29 節：「因為凡是有的，還要賜給他，使他豐足有餘；那沒有的，連他有的也將從他那裡被拿走。」用白話來說，就是富者更富（而貧者更貧）。用出現在聖經來推斷，千年以來人們直覺地了解，所謂馬太效應的累積優勢過程。

知名社會學家羅伯特・默頓（Robert Merton）在 1960 年代為這種現象取了這個名稱。可是，統計學、政治科學等領域的科學家都另外驗證過了。英國統計學家烏德尼・尤爾（Udny Yule）在 1925 年發現；[20] 美國社會科學家司馬賀（Herbert Simon）在 1955 年發現；[21] 英國科學計量學家德瑞克・普萊斯（Derek Price）在 1976 年以另一種名稱又再發現。[22] 不過，卻是物理學家艾伯特－拉斯洛・巴拉巴西（Albert-László Barabási）與蕾卡・艾伯特（Réka Albert）解釋了我們所觀察到的網絡成功極端差異。

他們製作的模型證實，如果在一個人際網絡裡，一個人的連結數量是另一個人的兩倍，那麼他們有兩倍機率跟新進入網絡的人做朋友。[23] 簡單來說，你的連結越多，就越容易拓展你的網絡。

這個優先依附（preferential attachment）過程意味著，即使是初期在人氣度的小小差異，也能對後來的名聲造成很大的不公平。[24] 這是戈登的公關天才發揮作用之處。他的驚人之舉經常是借用友人的名聲來讓新客戶出名，為他的客戶們開創大量的可見度與人氣度。

想要開創一個龐大人際網絡並不容易，但過了某個程度，拓展網絡便毫不費力。你需要做的事是設法加以管理，而不是拓展。

人們想要了解成功時，往往低估運氣的成分。相反的，他們時常回顧成果，再歸功於事後看來很明顯的特點：那是一首好歌，註定要大賣；她當然會獲勝，她顯然更有才華；他必然會有大量朋友，他是那麼有魅力；她一定會出名的，看看她便知道了。

這個趨勢時常被稱為後見之明偏誤或是「一直都知道」效應，在事件無可預測時，這個趨勢尤其強烈。[25] 長尾事件尤其無法預測，因為剛開始的時候很難知道什麼會流行。可是，早期發生的事情，藉由累積優勢會奠定巨大成功。這些動能使得我們幾乎不可能知道什麼內容會爆紅或者誰會走紅，儘管廣告主花費數十億美元想要找出有影響力的網紅，以及開發接下來暢銷的歌曲、鞋子及藥物。[26]

這不是說擴張者沒什麼特別。數十項研究發現，早在 3 歲的年齡便可明確預測人氣度。[27] 一個人 3 歲時有多受歡迎，可以相當準確地預測小學以後到成年時的人氣度。即使人們搬遷到不同地方，情況仍是如此。不過，一些人在學校並不是那麼受歡迎，成年後卻人氣暴增。如同萊爾．拉維特（Lyle Lovett）所唱的：「嗯，我上高中時並不受歡迎／如今我年紀大了便無所謂。」[28] 不只是拉維特，泰勒絲（Taylor Swift）、女神卡卡（Lady Gaga）和樂團魔力紅主唱亞當．李維（Adam Levine）在學校時都沒有人氣。[29]

究竟擴張者不過是優先依附的幸運獲益者，抑或是社交本領高強，取決於你對幸運的定義。

遺傳是運氣嗎？根據格羅寧根大學的學者所做的研究，中遺傳樂透會讓你受人歡迎，他們找到 5-HT2A 血清素受體的一個基因多態性，並認為那是「人氣度的祕密成分」。[30]

為了發掘遺傳與人氣的關係，詹姆士．富勒（James Fowler）、克里斯多福．道維斯（Christopher Dawes）和尼可拉斯．克里斯塔吉斯（Nicholas Christakis）研究了 1,110 對雙胞胎。雙胞胎研究的目的是為了了解特性能否遺傳，他們比較同性同卵雙胞胎和同性異卵雙胞胎。[31] 同卵雙胞胎的遺傳物質接近 100% 相同。異卵雙胞胎則接近 50% 相同。藉由比較同卵與異卵雙胞胎屬於擴張者的頻率，研究者可以粗略估計擴張者特性的遺傳性。在檢視雙胞胎的人際網絡時，富勒等 3 人找到強力證據，證實擴張與仲介的特質都可遺傳。基因因素占人脈規模變異大約一半，約 46%。

基因或許無法說明人氣度，卻可說明遺傳的其他事物（例如容貌？）。我們明白，生理特徵是可以遺傳的。或許相似的外貌讓雙胞胎擁有相似的人脈、共同遺傳的性格特色，或者行為？

形貌吸引人的孩童，其受歡迎的機率是不吸引人的孩童的兩倍。[32] 成年人存在相似的效應，惟效力較小。為了檢視美貌的力量，學者使用各種方式，包括請程式工程式評比照片，以及由電腦合成代表完美的臉龐。後面這種方法尤其有趣，因為它顯示美的兩個主要層面——對稱與平均。德州大學奧斯汀分校教授朱蒂絲．朗洛伊絲（Judith Langlois），和同僚蘿蕊．羅格曼（Lori

Roggman）的研究發現，由多人的照片合成的面孔、再不斷變形成為數學上的「平均」臉，卻一點也不平凡，它們被視為美麗。[33] 美對於個人體驗具有強大影響，並且對於一個人的正面、負面社交互動次數及其社交地位有著強烈關聯。

孩童對於美貌的注意力顯示，我們對美的重視或許源於天生，而不是社交形成的。在研究中，父母們戴上眼罩後抱著嬰兒，再給嬰兒看兩張臉孔，嬰兒更加注意較為吸引人的臉。[34] 當美貌的圖像從一個螢幕換到另一個螢幕，嬰兒的目光也隨之轉動。在另一項研究，一名專業女演員戴著劇場面具，面具是按照她的五官塑造出來的，另一副面具則是小幅調整 —— 眼睛變窄一點，眉毛下垂一點，鼻子變長一點 —— 看起來較不具吸引力，但仍在正常範圍內。面具的構造由內部感覺起來都一樣，戴上面具後，鏡子或其他信號都被隱藏起來，確保女演員的行為不會受到影響。當她戴上更有吸引力的面具，一歲大的嬰兒有很高機率發出更為親近的聲調，跟這個女演員玩。

美貌為我們吸引到注意力。人氣與地位也是。

人類與猴子都是同樣道理。在一項實驗中，如果猴子看往某些方向，就可以喝到果汁，雄性恆河猴願意犧牲果汁，也要看群體中受歡迎的個體的臉。[35]（牠們亦寧可不喝果汁也要看母猴的臀部。）可是，牠們需要更多果汁才願意看著地位低的猴子的臉。

一項追蹤托兒所小孩 9 個月的研究發現，朋友最多的小孩更可能被班上其他小孩注視。[36] 青少年也是一樣。在看到受歡迎與不受歡迎同學的照片時，青少年比較會先看受歡迎小孩的照片，而且看的時間更久。[37] 因此，成人往往把目光固定在受歡迎的成人，或許不令人意外。即便考量外貌吸引力，仍然如此。雖然人氣與美麗明顯相關，單是美麗並無法解釋人氣。

第一反應，亦即最先去看受歡迎的臉，顯示人氣引發的部分反應是無意識的。可是，小孩會持續看著，便意味著即便人腦較有意識的部位被啟動後，人氣仍然發揮作用。

感知地位

雖然我們經由演化而會去注意人氣度，擴張者對地位訊號尤其敏感。看到受歡迎的人，他們腦部更可能亮起來。

為了追蹤人氣的神經過程，哥倫比亞大學的諾姆．澤魯巴維爾（Noam Zerubavel）和彼得．貝爾曼（Peter Bearman）進行一項研究，比較受歡迎與不受歡迎團體成員的功能性磁振造影（fMRI）掃描。[38] 研究團隊評估人氣的方法是詢問兩個俱樂部的會員，他們對每個會員的喜愛程度。加總每個人的分數之後，他們便得出一份人氣排行榜。接著，他們讓俱樂部會員去做 fMRI 掃描，觀察他們看到不同社會位階的成員時有何腦部反應。

當團體成員看到受歡迎成員的照片時，兩個大腦部位被啟動：第一是神經評估系統，接著是社會認知系統。神經評估系統在先前猴子實驗已證實被用來評比靈長類。[39] 社會認知系統則涉及判斷他人的心理狀態與意圖。這項突破性研究證實，人類大腦會比較及評估社會地位。這種地位評估會指引我們的行為。我們天生便會判讀人際網絡。

受歡迎的人更擅長偵測地位的差異。在神經層面，擴張者更會認知及評估地位。這使他們居於優勢。

能夠辨識誰受歡迎是很有價值的，因為未若高中時期很容易看出誰受歡迎（他們經常被冠上舞會皇后及舞會國王），各種心理偏誤經常導致人們誤判他們的人氣度。

難以正確評估人氣度的一個原因是，你的朋友幾乎總是比你更受歡迎。這不是什麼扭曲的社會現實的結果，而是出於一種稱為「友誼悖論」（friendship paradox）的現象。[40] 1990 年代初期，社會學家史考特・費爾德（Scott Feld）利用 60 年代青少年學校友誼的資料，發現此一現象。在超逾 7 億臉書用戶與近 6 百萬推特用戶的研究中均證實了友誼悖論。[41] 它亦適用於各種人際網絡，例如性伴侶——你的性伴侶通常有著比你還多的性伴侶。[42] 另外，科學合作者亦是如此。[43]

以臉書朋友為例。你可以花很多空閒時間去發文、追蹤和交友，可是平均而言，你的朋友仍可能有比你還多的朋友。一個由臉書、康乃爾與密西根大學的研究者組成的團隊，研究所有活躍臉書用戶的網絡，這相當於研究當時全球人口的 10%。接著他們比較每名用戶的人氣度及其網絡內其他人的朋友數。超過 90% 以上的用戶，朋友人數都少於他們的朋友。[44]

怎麼會這樣呢？這又要說回到冪次分布。在社交網絡裡，許多人有一些朋友，可是一些人有著非常大量的朋友。位於分布長尾上的朋友，亦即極端的擴張者，是創造出這個悖論的原因。有大量朋友的人比較可能首先進入你的交友圈。他們對於你的朋友所擁有的朋友數量發揮了不成比例的作用。

擴張者正確評估人氣度的能力，或許可以解釋為何他們一開始便受歡迎。如果你知道誰受歡迎、誰不受歡迎，你便可以設法混入這群受歡迎的人。這將產生光環作用。

戈登稱之為「關聯謬誤」（guilt by association）。[45] 按照他的說明：「如果你找一個很有名的人跟另外一個人在一起，那個人便會沾染到名聲。」他用這招來造就加拿大民謠歌手安．瑪莉（Anne Murray）的生涯。新面孔瑪莉剛到洛杉磯時，迎合白人口味，幾乎無人認識。她登台時甚至扮成紅髮安妮（Raggedy Ann，編註：美國知名童書中的角色，一個有一頭紅捲髮的布偶）。為了替這名民謠歌手打知名度，謝普真的是跪地乞求艾利斯．庫柏、約翰．藍儂和好萊塢吸血鬼樂團（Hollywood Vampires）的其他成員跟她一起拍照。好萊塢吸血鬼的成員默許了。瑪莉表示：「那張照片比我生涯裡所拍的任何其他照片都更管用……突然間，我爆紅了。」[46]

判讀與誤判他人

擴張者相當擅長判讀別人。他們擅於一對一互動，並且了解如何做出立即連結。或許這讓他們更令人喜歡？

數十年的心理學研究發現，人類透過言語暗示及非言語行為。藉由非常短暫的觀察互動，稱為「薄片擷取」（thin slicing），可以確準預測薪資談判結果及學期末教師評鑑等各種事情。[47]

在針對 900 多次快速約會的一項研究，史丹佛大學教授丹．麥法蘭和任韶堂（Dan Jurafsky）發現，一些行為可以預測能否成功約到後續約會的可能性。[48] 人際間吸引力的最佳預測指標為何？男性利用笑聲表現出有興趣。女性則是在對可能的男伴感興趣時，會大聲講話，並且談論她們自己。

在爭取另一個全然不同事物的案例，麻省理工教授艾力克斯．山迪．潘特蘭（Alex "Sandy" Pentland）發現，新員工薪資談判的差異，有三分之一可用兩個人談判前幾刻互相模仿的程度來解釋。我們自嬰兒時期便開始會模仿我們信任的人。[49]

「鏡像模仿」（mirroring）是社交互動進行得是否順利的 4 項指標之一。根據潘特蘭，一致、活動和影響力是另外 3 項。人的聲音是單調或音調高低變化的程度，亦即一致，可以很好地顯示人們的心理專注。一致性越高，表示越專注。人們身體與語言活動的整體程度，是興致及興奮程度的良好指標。活動越多，表示越有興趣。最後，一個人能否經常誘使他人模仿他們講話方式，則顯示出他們的影響力。

在麻省理工一項企業主管推銷事業計畫的競賽，潘特蘭和他的同僚請參賽者配戴社交測量儀，這種手機大小的感測器可以辨識臉對臉互動、抽樣檢查演說，和測量身體活動。他們亦請這些有著 10 年以上工作經驗的主管為彼此評鑑。整體來說，在評估推銷說服力的時候，一致、模仿和影響力占了將近三分之一的差異。在另一項調查，他們發現這些因素亦可用來解釋工作面談的差異。

擴張者十分擅長判讀身體活動，詮釋交談時的「嗯—」與「啊—」，以及跟上會話節奏。他們亦具有明確的社交印記（social signature）。為了解擴張者建立超大型交友圈的談話暗示與行為特點，我和同僚研究 13 個不同辦公室數百名專業人士之間的互動，結果顯示擴張者講話段落較長，較常與同事講話，也比較不會打斷別人講話。[50] 我們這種語言表現，相當於黑猩猩直立起來、聳起肩膀及扔石塊。

健談與說話的重要性有助於解釋一個令人費解的發現，亦即性格無法判斷誰可能成為擴張者。[51] 正如你或許預期到的，更為社交、開朗及自信的外向者更可能成為擴張者。不過，其效應十分微小。例如，在一項數百名 MBA 學生的研究之中，極端外向者的朋友只比極端內向者多出 12 人。[52]

倒不是說外向的特質極為重要。外向的人與內向的人溝通方式不同。外向者的聲音更有力，講話更快速。當陌生人看著某個人講話的短片時，他們可以準確猜測出他們外向的程度。[53]

外向者的語言流暢似乎是後天培養，而不是先天具有。赫爾辛基大學的研究人員進行一項實驗，請 750 多名 7 歲與 8 歲孩童的父母，評估自己子女的外向程度。父母對自己子女是否外向的觀感，預言著未來一年子女的人氣度。不過，這種效應主要是因為教師對孩童語言能力的評比。他們能否好好表達與是否容易表達自己的想法，而不只是性格，才是他們能否有人氣的因素。

再一次，這成為自我實現的預言。童年時期語言與社交技能的細微初期差異，對於孩童社交互動的次數與他們的人氣度具有正面影響。這讓他們有機會更常練習及培養社交信心，進而創造他們的社交才能。[54]

大聲比正確更加重要？

不只是才能而已，信心也讓人們更受歡迎。[55] 加州大學柏克萊分校哈斯商學院的心理學家卡麥隆・安德森（Cameron Anderson）證實了這點，他給 243 位 MBA 學生一份名詞的清單，在學期開始時問他們熟悉哪些名詞。在真實的姓名、事件和觀念之中，包含一些虛構的名詞，像是溫德米爾・王爾德和沙達克皇后。安德森和他的同僚藉此評估 MBA 學生高估自己學問的程度。學期結束後，他們評估學生們的人氣度。那些表示自己知道更多虛構名詞的學生，在學期結束時更受歡迎。

這種情況不單是出現在 MBA 課堂（我們或許預期過度自信在那個場合會受到重視）。商學院是早已經歷傑出成功的年輕專業人士的競技場，他們一決高下以登上未來領袖的最高峰。許多人從未失敗過，可是突然間他們要彼此較量，爭奪麥肯錫和高盛的幾個精選職位。在每個人都多才多藝的世界，有時信心必然會有回報。電視名嘴也是如此。

吉姆・克瑞莫（Jim Cramer）即為自以為是的典型。[56] 2008

年 3 月 11 日，這名 CNBC 電視台財經節目《瘋狂錢潮》（*Mad Money*）主持人回答一名自稱彼得的觀眾的問題，彼得問說要不要把資金從貝爾斯登撤出。克瑞莫幾乎是尖叫著說：「不，不，不。貝爾斯登沒事。」

6 天以後，貝爾斯登股價狂洩 90%。[57] 好笑的是，在名嘴世界，講得對不對並不重要。在克瑞莫災難性的貝爾斯登預測之後，《瘋狂錢潮》的收視觀眾仍大幅增加。[58]

大聲比正確來得重要，至少以名嘴而言。內布拉斯加大學奧馬哈分校與賓州州立大學的兩名經濟學家，分析 2012 年籃球季後賽的逾十億則推文。在過濾掉沒有發表預測的推文之後，每則推文按照其信心程度來給分。「滅絕」及「摧毀」等字眼的分數高於「打敗」。使用流露信心的字眼可讓名嘴的粉絲數量增加 17% —— 遠高於正確預測所增加的人數。[59] 相較之下，如果一位名嘴正確預測到每項比賽的結果，他們的粉絲數也僅增加3.5%。

展示過度自信 —— 狂妄的表達、大動作的姿勢、鎮定自若的態度、侃侃而談及自信的語調 —— 都會讓人們變得更受歡迎。我們往往可以在開學第一週便知道，在 MBA 學生之中，誰會得到令人稱羨的工作，以及誰會成為班級代表。重要的通常都不是他們的技能或智能。過度自信時常被誤以為是能力。因此它會造就更高地位 [60]，因為群體總是酬庸過度自信，即便他們被揭穿、暴露真正的能力。[61] 這加劇了過度自信與人氣度之間的關係。

好人先生

擴張者不僅有自信，他們還異常慷慨。

在擔任創業育成中心 Y Combinator 執行長時，麥可・西貝爾（Michael Seibel）大多時間都在幫助別人。該創業加速計畫協助逾 2,000 家新創公司成立，總計價值超過 1,000 億美元，包括度假租屋平台 Airbnb 和雲端儲存平台 Dropbox。[62]「企業創辦人們總是對我回覆他們的電郵，以及我在推特自我介紹寫上電郵信箱感到訝異。互相幫忙是科技新創世界的核心價值。大家都應該這麼做。新創社群是一個大家庭，我們應當彼此照顧。」[63]

西貝爾並不是唯一秉持回覆陌生人電郵來幫助他們的人。亞當・瑞夫金（Adam Rifkin）也有相同理念。他稱之為「5 分鐘的恩惠」。[64] 這個概念很簡單：「你應該要願意為任何人做只會花你不到 5 分鐘的事情。」瑞夫金表示。

瑞夫金與西貝爾或許不符合你對擴張者的想像。瑞夫金經常被比喻為害羞的貓熊。他喜歡《星艦迷航記》（*Star Trek*）、玩字謎和科技。然而，他被《財富》雜誌評選為最佳人脈建立者[65]，亞當・格蘭特的《給予》（*Give and Take*）一書亦提到他經由慷慨助人建立起超凡成功的人脈。[66]

啟斯・法拉利（Keith Ferrazzi）或許比較接近擴張者的刻版印象。他寫了一本有關人脈的暢銷書《別自個兒用餐》（*Never Eat Alone*）。[67] 當他走進一個房間時，臉上總是掛著大大的微笑，立即展開滔滔不絕的交談，釋放大量能量，單是看著他便令人覺得消耗體力。儘管性格不同於西貝爾及瑞夫金，法拉利有一句類似的話：「最好在你獲得之前便給予。絕對不要記帳。如果你的互動是出於慷慨，回報將隨之而來。」

戈登說得更加簡潔：「今天就為某人做件好事。」[68] 雖然庫柏有首暢銷曲《不再做好人》，戈登仍信守這個座右銘。

戈登、西貝爾、瑞夫金與法拉利的建議都是有研究根據的。路加福音 6 章 38 節也是這麼勸告世人：「你們要給人，就必有給你們的。」給予者擁有更大的人脈。[69]

給予的方式有許多種。你可以非正式地為人提供意見或情感支持。抑或你可以較為正式地捐贈給機構、擔任志工或捐血。人們很少做到這兩方面，擴張者則是例外。

一項分析近千人的人脈與利社會行為（prosocial behavior）的研究發現，具有強連結密集網絡的召集人，經常提供社會支持。[70] 可是他們鮮少參與組織型利社會行為。然而，擴張者比較可能照顧他們認識的人，也可能為志工團體付出他們的時間、金錢及捐血。

或許不令人意外的是，擴張者更可能公開進行給予，而不在私下給予。在 200 多名兒童人氣度與給予行為的研究之中，受歡迎的兒童是否會把 4 條彩色手環的其中一條以上送人，取決於他們是在私下或公開做出決定。[71] 唯有在被公開要求時，受歡迎的兒童才比較願意分享手環。不受歡迎的兒童，無論在公開或私下都不會明顯改變他們的行為。或許，了解公開展現利社會行為的價值，是擴張者得以建立龐大人脈的原因之一。

擴張者人脈的本質，亦使得給予相對簡單。廣泛的網絡讓你比較容易獲悉提供社會支持與建議的可能機會。廣大的人脈亦使得擴張者成為志工召募的可能對象。[72] 大約三分之二做志工的人不是主動開始，而是被別人找去的。擴張者不僅更可能被召募，他們的人脈亦使得他們成為重要的召募者。慈善捐贈也有相似動能。大多數慈善捐贈是出於被直接要求。[73] 當人們被問到他們最近一次捐贈的原因時，大約 80% 回答「因為有人要求我這麼做」。因為擴張者認識更多人，他們更可能被要求捐贈。而他們越常捐贈，人脈變得越大，慷慨的名聲也更加響亮。

這亦使他們面臨慷慨倦怠的風險。格蘭特的書強調了一個有關慷慨的謎團。[74] 戈登、瑞夫金和西貝爾等不求回報的給予者，比較可能出人頭地。不過，他們也更可能面臨失敗及淪為受害者。相較於喜歡獲得甚於付出的接受者，給予者的收入減少 14%，有兩倍機率淪為犯罪的目標，亦被認為力量薄弱。然而，針對涉及數千事業單位的數十項研究的統合分析一致發現，給予是財務成功、效率、客戶滿意與低流動率的原因之一。能夠避免倦怠與被占便宜的給予者，便會成功。無法避免的人則會比自私者淪落到更糟的下場。

成功的給予需要自我保護。為了有效地給予，擴張者尤其需要小心地避免倦怠。

擴張者只要仔細設定界線，便能避免給予倦怠。瑞夫金做的是 5 分鐘的恩惠，而不是 5 小時的恩惠。戈登想要每天做些對某人有幫助的事，而不是每天去幫助每個人。

格蘭特表示，第二種可能的策略是大塊給予（chunk giving）。假如你挪出一大塊時間，專門用於給予，就會更為專心、有效率，而且給予產生的心理報酬也會被放大。

最後，有些弔詭的是，加州大學洛杉磯分校安德森管理學院的凱西・莫吉納・霍姆斯（Cassie Mogilner Holmes）所主持的一項研究發現，付出你的時間反而讓你覺得有更多時間。[75] 被指定把時間用於幫助別人、而不是浪費時間或者為自己做些事情的人，主觀認為自己有更多空閒時間。

創造更多時間

不過，改變你有多少可用時間的觀感，與實際創造更多時間是兩回事。如同我們看到，時間與認知能力是限制一個人社交圈規模的兩大因素。擴張者通常擅長建立社交連結，卻不善於培養與維持連結。由於他們難以培養深刻的社交關係，他們亦難以由人脈獲取價值。

有效率的擴張者自有一套系統。維儂・喬登有好幾排的三環活頁夾，裡頭寫著住宅電話、手機號碼及聯絡人的家庭資訊。大衛・洛克斐勒有記事卡片，記載以前會面的細節。雷根總統則在記事卡片上寫著名言與笑話。[76]

在辦公室工作的人平均一天收到 200 封電子郵件，一星期花 12.5 小時以上在電子郵件。[77] 2018 年，人們平均一天花 142 分鐘，或者一星期 16 小時以上在社群媒體。[78] 擴張者的網路流量更是高出許多。

擴張者制定系統，把無法管理的變得可以管理。他們使用客戶關係管理工具，那通常是銷售人員用來儲存聯絡資訊、留存來電紀錄、撰寫任務清單、設定提醒器以求達陣、記錄以前會面的詳細筆記與個人資訊。這些大部分用簡單的 Excel 試算表便可以做好，但是，假如你維持一個龐大網絡，便需要嚴謹與一致的管理。

處理電子郵件收信匣也是相同道理。通常會有一套系統（及一名助理）。西貝爾往往在回覆電子郵件時只寫一兩個句子，拒絕幾乎所有的公開演講邀約，使用日程安排工具，讓人預約在每週限定電話次數的時段來電。他撰寫部落格貼文來回答最常被提出的問題，再通知人們來看。「我這才明白，90% 的價值來自於人們的回覆。」[79]

法拉利不只記錄他認識的人，還有一份「渴望聯繫」名單，也就是他想要認識的人。[80]「我經常從雜誌撕下名單……我已經撕下好幾年 40 位 40 歲以下人士名單，現在也繼續這麼做。那些人是人們花了足夠時間去認定為後起之秀、發起人、知識分子，而這些是我希望交際往來的人。我撕下卓越執行長名單、最受景仰執行長名單、地區名單。」接著，法拉利或者他的助理將名單輸入資料庫，加上每個人的背景研究。然後，法拉利按照地區製作拜訪清單。

製作拜訪清單並不是什麼新近的發展。至少從 1887 年以來，美國菁英人士便有社交界名人錄。路易士・凱勒（Louis

Keller）率先編纂社交界名人錄，列有美國名門望族的姓名與地址。[81] 凱勒死後的訃文表示他是「認識最多國內外人士的紐約市居民。凱勒當時記載了 2,000 個家族 [82]，如今則有約 2 萬 5 千項條目，包括的資訊有他們的主要住所、避暑住處、遊艇名稱及其會員身分的代碼（Sfg 代表舊金山高球俱樂部，BtP 代表棕櫚灘水療與網球俱樂部）。數十年來，「如果某人沒有被列進去，你根本不會認識他們。」布魯克．艾斯特（Brooke Astor）表示。[83]

難以承受

在簽下新藝人時，戈登會警告他的客戶：「如果我的工作做得好極了，我可能會害死你。」[84] 人氣及名聲的陷阱很多。隨便翻一本名人八卦雜誌便可證實戈登的警告是認真的。

人際關係存在難以承受的危險。克莉絲汀娜．法奇（Christina Falci）與克莉．麥克尼利（Clea McNeely）的研究發現，「朋友」太多會增加憂鬱的風險。（朋友太少也有相同作用。）人際關係伴隨著一套期望及義務。隨著關係數量增加，期望與義務也增加。最終導致「角色緊張」（role strain）的現象，擴張者根本無法履行他們多重角色的要求。因而造成憂鬱及倦怠。[85]

朋友太多也會增加憂鬱及孤單的風險，因為我們在關係強度與關係數量之間必須做出取捨。達特茅斯衛生政策和臨床實踐研究所的詹姆士．歐馬利（James O'Malley）與薩繆爾．亞貝斯曼

（Samuel Arbesman）進行的一項研究發現，一個人的關係數量與人脈親近感之間存在逆相關。[86] 另一項使用完全不同資料集的研究也證實了這點。社交圈小的人認為，大約 6% 的非家庭關係「非常密切」。對於社交圈較大的擴張者來說，這個數值還不到前者的一半。

這可能形成一種情況，擴張者認識許多人，卻覺得他們沒有朋友。如同歌手與演員賽琳娜・戈梅茲（Selena Gomez）所說：「我認識所有人，卻沒有朋友。」[87]

在工作上，人氣亦可能導致合作超載與倦怠。使用 300 多個機構進行的研究，亞當・格蘭特、瑞伯・瑞伯爾（Reb Rebele）和羅伯・克羅斯（Rob Cross）發現，3 到 5% 員工提供 20 到 35% 的合作附加價值。[88] 這些員工當然是十分搶手與受歡迎的合作者。可是，他們對工作沒有投入感，滿足度最低。

擁有超大人際網絡並不是沒有壞處，北卡大學教授米契・普林斯坦（Mitch Prinstein）在他的著作《人氣》（*Popular*）表示，人氣有兩種。我們所說的那一種，普林斯坦稱為「地位」（status），是破壞力最強的。它反映出我們的「可見度，力量與影響力」。[89] 這正是為何戴爾・卡內基（Dale Carnegie）令人不寒而慄。它亦解釋了為何咄咄逼人的 MBA 學生不會受邀去參加同學的婚禮。

不過，另一種人氣，稱為「討人喜歡」（likability），則更為正面。[90] 普林斯坦認為，大多數人終其一生都在追逐錯誤的人氣。

一個人在孩童時討人喜歡的因素，也是他們在數十年後受人歡迎的原因。[91] 討人喜歡的持久時間長到令人不可置信。普林斯坦表示，討人喜歡的人不好鬥。他們聆聽。他們不會總是第一個插入談話的人。他們讓他人感覺受到重視及歡迎。他們不會盛氣凌人。

一項追蹤 14,000 多名瑞典青少年長達 40 年的研究發現，最討人喜歡的兒童之後成為最成功的成人。即便考量到認知能力、社會經濟地位、父母心理健康、行為不當和一系列人們認為攸關長期成功的其他因素，討人喜歡的兒童比較可能讀完高中與大學，在職場上成功。他們比較不會面對經濟困境，因憂鬱、焦慮與藥癮而受苦。

大多時候，討人喜歡與人氣度或人脈規模並不相關。僅大約 30% 擁有高社交圈地位的人是討人喜歡的。在孩子還小的時候，這兩者相互連結。可是青春期帶來神經改變之後，追求地位的心理生根，這兩者逐漸分道揚鑣。隨著累積優勢開始發揮作用，討人喜歡的潛在人類特質以及受人歡迎之間分歧的機率便增加了。

最有效率及持久的擴張者，例如謝普．戈登，在難以想像的出名之際仍能保持討人喜歡。不過，即便是戈登也無法避免人氣的陷阱。

當戈登躺在醫院病床上，他的孤獨激發了他的自尊。他表示：「我猜想，我的自尊或許說，因為我自憐自艾，我說：『是啊，是啊，或許那是擺脫這種事的好方法。如果我活下去，我們就拍這部電影。』」[92] 在拒絕了 12 年之後，他終於同意讓貝絲．

艾拉（Beth Aala）與麥克・邁爾斯拍攝他的紀錄片。如果沒有拍那部電影，戈登可能仍是相對低調。

雖然一開始或許是出於為了膨脹自我而決定拍攝影片，電影仍呈現出戈登的慷慨、願意幫助他人。那部影片在中西部放映之後，有一對夫妻跟他說：「我們非常感謝你。我們想要跟你講。我們剛從聖托馬斯島搬到這裡，我們的子女都已長大，進入空巢期。我們便搬回來，明白自己受了很大的福報。我們做的好事不夠多。看了電影，我們領悟到我們必須在生活中改變這點。」[93]

給予、服務與感恩，可以抵禦孤獨。透過名廚羅傑・韋爾熱（RogerVergé）與達賴喇嘛，戈登學會「如何服務人們而過著快樂充實的生活。」[94] 他學會如何討人喜歡又有人氣。

第六章

介於其中

「每個人都渴望歸屬……在人類心靈深處有一股對於歸屬的渴求。所以，單獨囚禁才會是最嚴厲的懲罰。我們是為了人際關係而生……人們因而加入各式各樣愚蠢的運動，只因為他們想要有所屬。」華理克牧師（Rick Warren）布道時說。馬鞍峰教會（Saddleback Church）的會眾稱他為「理克老爸」。

華理克被召喚到加州橘郡，為不喜歡教會的人成立一個教會。他和妻子帶著 4 個月大的嬰兒，由德州乘著搬家卡車抵達後，他挨家挨戶去敲門，詢問他們為何不上教會。一部分的答案是出於社會學。[1] 如他所說：「如果一對年輕夫妻走進教會，他們會問的第一個問題是：『這裡有其他的年輕夫妻嗎？』假如他們只看到老人家，他們不會待下來。」

他想要成立一個大家都找得到社群的教會，既能敬拜又能娛樂的場所。[2] 馬鞍峰教會沒有風琴或唱詩班，而是有一支搖滾樂團。還有一頂「讚美」帳篷，播放福音音樂，一個「傳統」區播放老式讚美詩，「超速行駛」區大聲播放基督教重搖滾以及西班牙語禮拜。人們穿著牛仔褲進來，有地方供子女玩耍。在海灘上的受洗儀式之後，通常接著烤肉大會。

青少年時，理克老爸蓄著長髮，渴望成為搖滾明星。一次改宗體驗指引他擔任牧職。馬鞍峰教會剛開始是在理克與妻子凱伊的家中讀經。為了召募新會眾，華理克寫了一封信。他和凱伊與少少的會眾親手在信封寫上地址，寄給 15,000 多名社區居民。[3] 1980 年復活節，教會在拉古納丘高中（Laguna Hills High School）劇場舉行的第一次禮拜吸引 205 人。

今日，華理克已成為福音巨型教會界的搖滾明星。他的禮拜吸引每週近 22,000 人。[4] 該地區有九分之一人口視該教會為其宗教歸屬。馬鞍峰「是分布在許多地點的教會」，包括遙遠的布宜諾斯艾利斯與柏林。[5] 華理克的著作《標竿人生》（*The Purpose-Driven Life*），已銷售逾 3,400 萬本。[6,7]

「如同大型志工機構，教會的核心存在矛盾。為了吸引新人，他們必須降低進入的門檻。他們必須不令人畏怯、友善，與他們所處的文化相容。然而，為了挽留會員，他們需要跟那種文化做出身分區隔。他們需要讓會員有一種社群感。」麥爾坎・葛拉威爾（Malcolm Gladwell）在撰寫有關馬鞍峰教會的文章中表示。[8] 華理克藉由小型祈禱團體克服了這種緊張，而這也是擴張者與召集人面臨的局面。

小型團體由 3 人以上組成，一同社交與禮拜。[9] 他們形成緊密的召集型網絡。在洛杉磯的普通星期三，有 100 多個小型團體聚會。聚會的人員包括軍方人員、五年級生、講西班牙語的人、媽媽與幼兒，和「巴德的海灘死黨」、「惡名罪人」與「祈禱酸黃瓜」等團體。

小型團體正是華理克成為美國最成功「牧師企業家」（pastorpreneur）的原因。[10] 他的成功是人脈的傑作。葛拉威爾稱這種模式為「蜂巢式教會」。這些小型祈禱團體不會給教會帶來額外成本。參加禮拜者可以自由選擇他們感到最自在的團體。葛拉威爾認為，現在屬於這些小型宗教團體的 4,000 萬美國人，為美國宗教體驗的本質帶來巨大轉變。

蜂巢式網絡，亦即網絡的網絡，克服召集人、仲介人與擴張者固有的許多限制，藉由混合這 3 種結構的元素。它既可推動無比的網絡成長，又能保持社群感。[11] 它兼顧人們喜歡結交跟自己相似者的傾向，以及包容非常多元化的網絡，接受「惡名罪人」與「祈禱酸黃瓜」等人。

這種模式亦支撐了戒酒無名會（Alcoholics Anonymous），80 多年來，該組織的最大原則是「應該永遠保持非專業性」。[12] 共產黨也是類似結構。

少數特異的個人，比如華理克、維儂・喬登和海蒂・羅伊森（Heidi Roizen），能夠建立擴大仲介、召集與擴張的好處，同時縮小其壞處的人際網絡。儘管大多數人不需要能夠召募巨型教會的人際網絡，了解結合與混合不同人脈風格的潛在價值，可以幫助你充分利用你的人脈。

沒有所謂最好或正確的人際網絡。根據我分析近千人的網絡，我發現三分之一的人沒有明確設定的風格。另外 20% 到 25% 具有混合風格——他們兼具仲介人與擴張者，召集人與擴張者等等。我們將看到，模糊或混合風格可能是一項資產。

最適當的網絡是符合你的個人目標、生涯階段和需求的網絡。擴張者享有的可見度、人氣與權力好處，往往在生涯初期最為重要或是對於需要認識人與被看見的專業人士最有幫助。仲介人所享有的創新好處，對於創新產業或是看重獨特性的領域至為重要。召集人的信任與名聲好處，有助於確保情感福祉、防範孤獨和倦怠，在充滿人際間不確定的領域具有優勢。不同的時刻與挑戰需要不同人際網絡。正如同你的情感、社會與工作需求隨著時間改變，你的人際網絡也在改變。

動亂時刻

馬文．鮑爾（Marvin Powell）每天早晨 5 點 30 分離開家，前往密西根州龐帝克，他在龐帝克（Pontiac）組裝中心工作，負責的組裝線是雪佛蘭 Silverados 與 GMC Sierra 皮卡。馬文是名高大結實的非裔美國人，年近 40，追隨父親腳步進入汽車組裝產業。「至少可以說，這不是什麼華麗的工作，」鮑爾回想。[13] 但讓他可以在金斯利莊園（Kingsley Estates）的種族融合中產階級社區買下一棟房子，帶子女去迪士尼樂園，週末時還能叫外賣食物。

鮑爾是 6 號廠的最後 600 名員工之一。2003 年該廠有將近 3,000 名員工每天製造 1,300 輛卡車。可是，2009 年的一個星期一，鮑爾上工兩小時後，生產線便停止，舉行公司全體會議。工廠要關閉了。

鮑爾是個樂觀者，也是個有信仰的人。「時間久了之後，我想我會沒事，」他說。他計畫去鄰近的另一座汽車組裝線找工作。可是，《紐約時報雜誌》（*The New York Times Magazine*）的報導撰寫者強納森・馬勒（Jonathan Mahler）表示，鮑爾「經常感到煎熬，一方面崇敬他的信仰、頑固地相信一切都會迎刃而解；另一方面又迫切想要去尋找辦法、每天翻報紙、眼見火車朝他和許多其他人筆直駛來，努力想在為時太晚之前做出可行計畫。」[14]

哈佛商學院畢業的惠普公司（HP）前任副總裁馬克・葛漢（Mark Gorham），跟鮑爾差不多同時被裁員。但是，葛漢採取不同方法。[15] 在他的私人職業教練傑佛瑞・瑞蒙德（Jeffrey Redmond）建議下，他著手去理解如何建立人脈。他一天聯絡 3 人。他的目標是一個月接觸 60 人。他的第一通推銷電話是打給他將近 10 年沒有講過話的一名同事。他跟職業教練花了數週排練講電話，然後又預演了至少 5 遍才拿起電話。

「我害怕的部分是說出我失業了。我從來不曾失業，」葛漢回想。「但是我明白，我不是要打電話說：『嘿，你可以僱用我嗎？』基本上我是要讓他知道情況，聽他對我的計畫有何意見。他相當投入，提出許多主意。他說：『我們來聚一下。』事後我不懂自己幹嘛那麼擔心。」

奈德・畢紹普・史密斯（Ned Bishop Smith）、譚雅・梅儂（Tanya Menon）和莉・湯普森（Leigh Thompson）等研究者，

援引鮑爾與葛漢的故事來說明，人們在面對失業時的不同認知回應。[16] 鮑爾將專注力放在朋友與家人，葛漢則開始擴大人脈。

研究者想要知道鮑爾與葛漢經歷的人脈篩選與擴大是否可以概括歸納。他們亦好奇，如果人們的社會經濟地位不同，他們人脈回應是否也不同。大量的社會心理學研究已證明，有權力的人在面對危險時更可能是樂觀、有信心。相反的，欠缺資源的人比較不會尋求協助，因為這加強了他們的無力感。這或許讓權力相對低落的人更可能在他們人脈裡較小的緊密召集部分尋找安全感。

他們首先檢視調查資料來證實他們的直覺。在考量到資源更多的人擁有更大、延伸更遠的人脈之後，他們研究 806 名面臨失業的受訪者的人脈規模與召集傾向。預期明年可能被裁員時，權力較大的受訪者感覺他們的人際網絡更大、更寬廣。可能失業與網絡擴大有關係。同樣面對可能遭到裁員時，沒有權力的人反而覺得他們的網絡縮窄了。他們的網絡變小，而且召集傾向變得更為強烈。

研究者希望了解這種關係是否有因果關係，失業的威脅是否確實導致人們對自己社交圈的觀感改變。他們召募了 108 名即將畢業與開始新工作的人來到實驗室。接著隨機指派半數參與者想像他們在工作一年後，被通知公司將要裁員。在想像失業的高度威脅之後，參與者被要求寫下假如他們面對這種不幸情況，有何感想。另一半參與者則只是想像他們將獲得理想工作，以及他們的感受，並沒有提及他們可能失業。這兩個群組接著要寫下來他們跟誰談論重要事情，以及他們聯絡的人之間有何關係。

再一次，這 3 人發現，地位較低的參與者更可能在面臨失業時，覺得人際網絡更小且更傾向召集型。但在面對相同失業威脅時，地位較高的參與者認為他們的網絡更大更廣。在心理層面，資源更多、財務安全的人會覺得他們的人脈更有利於找工作。

在不確定的時刻，感覺人脈縮小尤其不利。緊密召集型網絡可以在不確定的時刻提供重要心理支撐，然而，更大、更多元化的網絡比較可能帶來求職情報。

不只是失業威脅會導致人們感覺人脈縮小。困難、不確定和負面性，都會讓人們感覺他們的網絡比實際來得更小、更傾向召集型。在被要求回想負面、正面與中性的人生體驗時，被隨機指派到回想最糟時刻的人，感覺他們的人脈更像是召集型。因為他們是隨機被指派去回想不同的人生體驗，所以這不表示他們基本的人脈或體驗就不同。他們未必一開始就屬於召集人。可是，負面情感體驗致使他們回想起人際網絡裡較為緊密的部分。這也是他們可能尋求支援的人。隨著不同時刻，我們的人際網絡隨著我們的情感狀態而改變。[17]

在某些困難環境下，例如面對配偶生病或憂鬱，專注在人際網絡最緊密召集型的部分，或許有幫助。召集型網絡的安全感可提供必需的情感支援。但在不確定或威脅情況下，仲介型網絡因其資訊豐富，更可能產生解決方案。員工在面臨裁員時、公司機構突然面臨新競爭時、執法官員搜索恐怖分子時、股價崩跌時，或是醫師想要找出疫情源頭時，人際網絡便會「龜縮」。[18] 人們專注在最緊密、最強烈的連結，他們內縮，但他們應該做的卻是正好相反的事。

如果說缺乏力量是問題之一，合理的解決方案或許是培養有權力的感受。或許回想你感覺強大的時候，可以建立信心、跳脫網絡最緊密召集型的部分？不過，這一招反而可能適得其反。

梅儂與史密斯請受訪者「回想你的權力大過另一人或一群人的特定事件」，他們發現，權力感讓那些通常沒有很大權力的人覺得網絡變小了，而那些人最需要擴大網絡。[19] 因為那與他們的身分認同及體驗相互矛盾。以往沒有權力的人在被告知他們擁有權力後，令他們感到更大的威脅與不確定。

確定身分認同已被證明是更成功的策略，而不是鼓動權力感。研究者指出：「身分認同確定的情感表徵是感覺自在、有控制力。」[20] 控制比權力更為重要。權力只是創造一種控制的假象。專注在你所能改變的情況層面，是在面對不確定時克服召集傾向的好方法。

動盪與恐懼可能造成人們浪費他們的人脈資源。並不是說人們的網絡在困難時刻真的變小了，或者更傾向召集型，只不過是人們如此認為罷了。你不必在困難時刻努力建立新關係，而是應該去接觸人際網絡裡更為多元、幅員廣大的部分——向外接觸，而不要內縮。

忠於年齡

在我們人生的不同時刻與我們職業生涯的不同階段，龜縮是合理的。首先發現仲介價值的芝加哥大學教授朗・伯特，著手調查在一生之中的仲介回報，結果顯現一個明確的模式。[21] 研究近2,200 名服務於電腦製造、人資、金融服務、銀行、供應鏈管理和軟體工程的經理人社交網絡，伯特發現，仲介最常見於在職涯中期。30 多歲及 40 歲出頭的經理人，最可能是仲介人。

仲介的最大回報亦由中年經理人獲得。想要成功的話，仲介人需要發想出好主意，同時需要足夠聲望或尊重，才能施行那些主意。即使新員工有突破性創意，很可能難以推行。他們不具備政治勢力將創意付諸實施。伯特發現，在某些部門與產業，專注於人資與電腦製造的部門，仲介的好處會晚一點才出現。可是，年輕員工絕對不會是仲介的最大受益者。

以年輕人來說，十分龐大的人際網絡可望創造最大的好處。想像你剛從大學畢業。你進入公司時可能沒有什麼經驗，接近組織位階的最底層。你或許無從取得許多資源，也不太可能掌握許多力量。你所遇見的人可能都比你更有力量。他們可能有更好的資訊與更多的資源。因此，你遇見越多人越好。

久而久之，情況便會改變。假設你表現良好，你和同事會有更多資源。擁有你所需資源與資訊的人越來越少。你逐漸往金字塔上層晉升。情況反轉，現在是別人想要爭取你的時間與注意力，看你能否幫助他們。隨著你在社交金字塔上升，你需要資源同樣多或更多的人來幫你。但他們已為數不多。因此，作為擴張者就沒那麼有價值了。[22]

而在同時，仲介型網絡可能變得很笨重。我們可以想像在 3 或 4 個社交領域之間進行仲介還算輕鬆，5 或 6 個也或許有可能。但超過一定程度，無論再怎麼擅長，都沒有人可以持續橫跨眾多社交圈去扮演仲介人。到那個時候，你需要可以信任的人來擔任聯絡人。你需要一個網絡的網絡。

不這樣的話，你可能落入一種常見的網絡陷阱，這是百森商學院（Babson College）的教授羅伯・克羅斯在研究數千名中階經理人與高階主管的人脈時所發現的。[23] 經理人成功起步的許多特質——聰明、容易親近、願意助人與回應迅速——最終可能導致合作超負荷。這尤其是因為現有的許多合作工具，方便即時聯絡經理人。如果中階經理人與高階主管無法往下建立網絡——在他們的部屬之間建立起連結——他們最終會被淹沒。

海蒂・羅伊森在她的職涯中間便遭遇這個問題，當時她擔任蘋果公司開發商關係全球主管。她一天開會時間達 8 到 10 小時，數百封電子郵件不斷堆積。即使有兩名助理，她還是忙不過來。[24] 如同她的大學朋友洛伊・法洛斯（Royal Farros）所說：「從海蒂寄給我的電子郵件，我便看得出來蘋果的工作令人喘不過氣來。她剛在那裡工作時，她寄給我的郵件至少有一段。幾個月後，她的郵件變成短句。等到年底，她只寫些不完整的詞組。」

羅伊森是矽谷人脈最大的人士之一。哈佛商學院針對她的人脈本領寫過個案研究。在她的生涯之中，她擔任過創業家、蘋果科技主管和創投資本家。無論是刻意或意外，羅伊森成為人脈在整個職業生涯成功進化的教科書案例。

從史丹佛大學畢業後，羅伊森最初的工作是撰寫一份公司通訊刊物。這好像是有些奇怪的選擇。她解釋說：「沒有互動理由的話，你很難跟誰發展專業關係，更別說資深主管了。因此，你很難在開始到一家公司工作的時候，就說：『嗯，我想我要去認識執行長。』除非執行長有某個理由與你互動，不然那是不可能的。作為公司內部刊物主編，就有很好理由讓執行長跟我講話——我是他跟員工的主要通訊管道之一。現在，你可以面對機會卻不把握，或者你可以把握機會，說：『這個罕見機會是我證明自己表現與一致性，履行承諾，跨出自信一步……建立我的名聲。』我選擇了後者。」[25]

羅伊森的前幾份工作——天騰電腦（Tandem Computers）公關部門，創立最初銷售試算表軟體的公司之一，以及蘋果全球開發商關係副總——令她得以深入科技界人脈圈。她早期接觸的許多人，包括比爾·蓋茲，都成為家喻戶曉的人士。「建立人脈花了我很久的時間。我不認為你可以預期自己突然間便建立起重量級人物的人脈……那些人在我剛認識他們的時候，不是各個都是那麼重要。他們現在或許很重要，可是當時不是那麼重要。我也是。」[26]

作為創投資本家，羅伊森得以利用那些關係。好的創投資本家在企業創辦人與他們需要認識才能成功的人士之間擔任仲介人，無論是科技或產業專家、其他投資人、顧問、潛在高價值員工或是客戶。

可是，情況變得叫人難以承受。她每天收到數百封電子郵件和十餘份事業計畫，是來自她認識的人或是認識的人介紹過來的。為了管理這種複雜局面，她必須更有效率才行。

羅伊森以前的同事布萊恩・詹泰爾（Brian Gentile）說明這種轉變：「許多不同人際網絡形成一個星座……僅有少數人成為網絡的核心。海蒂是其中一人。作為她自己網絡的核心，海蒂會與她浩瀚星座裡其他網絡的核心形成深入關係，讓她與其他網絡的所有人維持聯繫。我難以想像海蒂到底接觸了多少網絡。」[27]

軌道與擺盪

人際網絡隨著時間而進化，時而自然，時而刻意。新關係形成，舊關係消逝。一些人的網絡地位不斷提升。其他人則聲譽受損、喪失地位。仲介機會消失，先前是仲介人的人變成了召集人。職位調動或由一個部門轉移到另一個部門，可能把召集人變成仲介人。羅伊森由擴張者轉為仲介人，又轉變為召集核心。

朗・伯特與共同研究者珍妮佛・梅魯齊（Jennifer Merluzzi）研究 346 名銀行家，並記錄共同的人脈軌道。在 4 年間，大多數銀行家的人脈經歷大幅變動，他們建立起新連結，其他關係則消失。將近 20% 的銀行家不斷提升地位，13% 則在這 4 年間沒落，40% 則是一年一年的地位都在變動。同樣的，大約 10% 的仲介機會增加，13% 喪失仲介的能力，45% 經歷仲介能力的起起伏伏。

這些軌道的最大優勢是在仲介與召集之間擺盪。[28] 深入召集關係數個月，再專注於仲介關係數個月，再轉回到召集，以此類推，便能獲得更高報酬。

擺盪有助於克服純正仲介人總會面對的信任問題。事實上，仲介人最能由擺盪得到好處。擺盪有其優勢的另一個可能理由是，它增進了身分認同的流動性與彈性。舉例來說，在數個國家成長的孩童更容易在語言與文化之間轉換。公司員工也是這樣。如同伯特與梅魯齊所寫：「改變的經驗為改變做好了準備。」[29] 這種彈性或許在工作社交圈發生環境改變時，可以讓人迅速適應。

改變你的處境或你的行為，便可能轉換人脈風格。在不同專案小組之間轉移，或者參與一個輪調計畫，可以促成工作上的擺盪。加入季節性運動隊伍或志工專案，也能在工作之外創造相同效果。儘管在互動空間之間移動是促使擺盪的最簡單方法，你可以藉由修改行為來改變人脈。自我揭露、採取觀點和脆弱性，可以增進召集。設法在不同群體之間轉譯，可以讓人成為更好的仲介人。另一個方法是利用你的人脈來改變你的人脈，也就是說，借用他人的協助。

結交新朋友但保持老朋友

還記得曾和你住在同一條街上的那個人嗎？他或許比你最信任的顧問更能提供好意見。丹尼爾・列文（Daniel Levin）、喬治・華特（Jorge Walter）和凱斯・穆尼漢（J. Keith Murnighan），請他們高階管理碩士班（EMBA）的數百名經理人跟至少 3 年沒有說過話的前同事聯絡。研究者稱這些人為「休眠關係」（dormant ties）。[30]

或者碰面或者通電話，經理人們要向休眠關係請教一件進行中的專案。你或許想像得到，這些經理們對於重新聯絡的任務並不感到開心。[31] 一個人便說：「如果有休眠關係，休眠是有理由的，對吧？為什麼我要聯絡他們？」另一人說明可能的難堪：「我想到重新聯絡時……我發現自己感到十分緊張。腦海裡閃過的念頭是：如何才能在進行第一次聯絡時，把遭到拒絕的機率降到最低？萬一他們不回我的電話呢？他們會不會對於這麼久以後重新聯絡感到不自在？我如何展開對話？萬一對話之際出現尷尬時刻呢？萬一他們不想幫忙我的這件專案呢？」[32]

可是，重新聯絡值回票價。相較於目前的強連結與弱連結，休眠關係提供更多實用及新穎知識。

舊連結提供更多有價值的意見，因為他們具有的新穎觀點，比較不可能位在你的回聲室。他們提供與仲介相同的好處。更重要的是，你曾有過強連結的前朋友和同事，你們之間的信任與共同觀點並不因時間而消失。強勁的休眠關係提供仲介所帶來的新穎看法，又有召集的信任好處。

聯絡休眠關係是在你現有人脈之內融合人脈風格的方法。

大多數人有數千個不再聯絡的點頭之交、甚或以前的親近朋友。擴張者甚至更多。你應該聯絡誰呢？或許是真的很優秀、目前已是其領域翹楚的那個人？另一個方法是聯絡你覺得最可能願意幫忙的人。或者是你認識最久或以前最常互動的人。

為了解人們最可能聯絡的休眠關係，以及誰確實可以豐富一個人的人生，這 3 名研究者進行第二項研究。[33] 他們再一次召募 EMBA 班的主管，這次有 156 名。經理人被要求寫下及排列 10 個他們可能重新聯絡的休眠關係。在這 10 人之中，他們被要求聯絡其中兩人 —— 其中一人是他們的首選，另一人則是研究者在名單上剩餘 9 人隨機挑選出來的。

他們有機會可以自己挑選時，主管們聯絡他們認識最久或者以前最常互動的人。可是，那些前同事證實並不是最有價值的。最實用的知識來自於地位最高、被視為最值得信任、最願意幫忙的前同事。不過，基本上，你想得到的休眠關係都是有價值的。

如果消褪的關係存在這麼多未開發的價值，為什麼人們對重新聯絡如此遲疑？原因之一是要找時間重新聯絡。對於沒有維持聯絡感到難堪，是另一個常見障礙。其他人則是不想要強迫或不敢詢問。不過，主要理由是人們害怕尷尬。[34]

如同先前表達遲疑的那位主管表示：「以個人觀點來說，我相信我完全低估了他們對協助我的專案的反應，所以我的憂慮毫無理由……雖然一開始很緊張，我現在期待維持這兩種關係，因為我認為這對我們大家都有好處，就事業與個人層面而言。」一年後，他仍保持聯繫。

現在就拿起電話吧。或者撰寫一封電子郵件，假如你膽怯的話。它不會如你所想的那麼尷尬。如果一位你視為朋友的老同事聯絡你，你不會很開心聽到他們的音訊嗎？

找尋網絡合夥人

一名點頭之交要求借款時，金融家巴倫．德．羅斯柴爾德（Baron de Rothschild）據傳表示：「我本人不會借你錢；可是我會牽著你的手走過證交所大廳，不久便會有多到有剩的放貸者願意借你錢。」[35] 羅斯柴爾德了解交際的價值。別人對我們的觀感深深受到我們相關的人事物影響，即使我們對於他們的成功甚少或毫無貢獻。

相較於跟平庸女子在一起的男人，被隨機與一位美麗「女朋友」配對的男人，受到更多好評。[36] 如果他們能夠找到這麼漂亮的約會對象，他們必然更加聰明或成功，不是嗎？再不濟也有一些可取之處？

你必然曾經在和朋友或點頭之交講話時，他們提到自己認識某個名人或還算有名的人。或者談到他們曾經去一家餐廳用餐時，一位名人就坐在附近。為了沾運動隊伍的光，在學校美式足球隊獲勝後，大學生更可能穿印有校名或吉祥物的毛衣及T恤。[37] 他們亦更可能在談論到校隊的勝利時使用「我們」這個字眼，而不會在球隊打輸時這麼做。選舉過後，勝選的候選人看板會保留得比較久，落選的候選人則不會。[38]

許多研究證實了我們因身邊的人而受到評判的看法。一項1950年代晚期到1960年代初期在英國村莊溫斯頓帕瓦（Winston

Parva）進行的研究，名為《先占者和局外人》（*The Established and the Outsiders*），證明了這種評斷的真實性。[39]「定居到村裡『好街道』上的新來者，總是受到懷疑，除非他們是顯而易見的『好人』。需要一段試用期才能說服既有的『好家庭』，讓後者相信跟立場與標準尚不確定的鄰居往來，不會損及他們的地位。」文化社會學家諾伯特．伊利亞斯（Norbert Elias）寫道。「這個個案裡被排斥的『黑羊』是一位女性，她新近搬到社區，在被問到與鄰居關係時，她做出以下回答：『他們非常含蓄。他們在街上講話，僅此而已。』她接著談到，她到鎮上沒多久，『一個寒冷日子，她請收垃圾工人進來喝杯茶，……他們看見了。當場把他們驚呆了。』」

邀請收垃圾工人進來喝杯茶可能毀了一個人的名聲，跟顯貴人士往來則可能提升身分。舉例來說，老闆具有足夠影響力的員工，更可能開發龐大人脈。[40]

社會網絡研究者馬丁．基爾杜夫與戴維．克拉克哈特（David Krackhardt），他們分別是倫敦大學學院及卡內基美隆大學教授，想要研究同事及工作上朋友的地位是否會影響到公司員工工作表現的觀感。基爾杜夫與克拉克哈特尤其感興趣的是，人際網絡的觀感如何影響工作表現的觀感。他們收集員工朋友與他們尋求意見的人士的資料。他們同時詢問公司每個人，他們猜想同事會跟誰尋求意見，還有他們會把誰當成朋友。舉例來說，他們會問史提夫，他有哪些朋友。他們另外問史提夫，他覺得瑪莉亞會把哪些人當成朋友。他們因而建構出公司內部的實際友誼與意見網絡，並根據關係的觀感建立起一個網絡。

觀感遠比公司內部實際友誼來得重要。[41] 一想到瑪莉亞的朋友很夠力，讓瑪莉亞也變得很夠力。她跟那些人實際上不是朋友，但這不重要。因此，羅斯柴爾德是對的。觀感很重要，甚至可能比事實來得重要。

基爾杜夫與克拉克哈特觀察到的光環效應，在人們彼此不是很熟悉的大型公司或社區，效果尤為強烈。他們的研究在一個員工約 35 人的機構進行。同事或可能的朋友資訊不多的時候，便可能產生光環。若是你經常被人看到與受歡迎的人在一起，在這種情況下，你也會變得更有力量。

除了地位之外，跟合適的同事建立關係，可能讓你更值得信任。[42] 博得同事信任（而不是努力爭取）的最簡易方法，是讓團隊的正式領導人信任你。有關信任的研究發現，同事對你有多信任的理由，你有沒有幫助他們占了 7% 以上。相較之下，團隊領導人是否信任你可以產生 6% 的信任。有趣的是，團隊是否信任領導人並沒有關係，總之，得到領導人信任就是一種贊同。假如你的團隊表現不好，獲得團隊領導人信任尤其重要。如果一切順利，而且你的團隊表現良好，你的團隊成員便比較可能信任同事的評語。但是，萬一情況動盪或不確定，他們會尋求團隊領導人的看法。

依賴擁護者，亦可能為你爭取信任。而最好的擁護者便是人脈與你不重疊的召集人。你的擁護者的人脈越是緊密，就越有影響力。在研究一家提供緊急回應服務的超大型公司的經理人時，南洋理工大學黃詩詩（Wong Sze-Sze，譯音）主持的研究發現，最好的支持者經常提供建議給一般不會來問你意見的人。這有助於拓展你的名聲領域，藉由增加可能聽聞你的善行與強力性格的人的數量。人脈跨越公司裡你未能觸及之處的擁護者，具有巨大的價值。[43] 相較於擁護者的人脈龐大惟侷限在和你相同的部門，如果你的擁護者的人脈龐大且跨越公司數個部門，那麼你的同事對你的信任將多出 70%。

然而，黃詩詩與共同撰寫者提醒說：「經理人不可將擁護者視為提供支援的替補來源。相反的，擁護者可以補足他們自己建立名聲的努力。」協助的舉動比主管的支持來得重要。未若地位或人氣，信任必須努力去爭取。無法單憑光環便得到。不過，精心培養擁護者便能增強及擴展信任。

借用仲介則較為複雜。我們已談過，仲介人往往面臨名聲的挑戰。他們橫跨不同社交圈，這種處境的性質令他們容易受到懷疑，有時理由充足。仲介人可能刻意保留資訊。即使他們共享資訊，他們的朋友也未必得到好處。仲介所能獲得的創新好處，大多來自於重新組合專業知識。可是，仲介人未必是專家，或許難以轉譯與分享資訊給他們的同儕。在轉譯之間便流失了可能的好處。即便仲介人分享及有效轉譯了資訊，仍可能被無視，因為研究證實，人們在對話時往往專注在共享或共同的知識。

由人才招聘者到發明家等各個領域的研究發現，仲介人存在一個黑暗面。[44] 由 37 家製藥公司的 18,000 多名發明家所組成的網絡，明尼蘇達大學教授羅素．方克（Russell Funk）發現，與仲介人建立關係的科學家之後提出專利或發明新藥的機率較低。在人才招聘行業，仲介亦須付出代價。[45] 倫敦商學院教授伊莎貝兒．費南德斯－馬特歐發現，仲介人時常偏袒一方，優惠他們。另一方因此吃虧。在其他領域，仲介似乎沒有給被介紹的對象造成問題。可是也沒有創造優勢。只有仲介人本身獲利而已。[46]

唯一的例外是，這個仲介人是你的老闆。認識高階仲介人可以讓你能夠幫助同事。[47] 根據歐洲工商管理學院（INSEAD）與新加坡管理大學研究者對 2,200 多名銀行家的研究，若仲介人的地位與你相同或者是你的部屬，你便無法為尋求你意見的人提供更多價值。可是，如果你的老闆或高階主管是一名仲介人，你便能為身邊的人增加更多價值。

老闆比較可能是有益的仲介人，因為他們更有動機去合作及分享資訊。與你競爭的同儕，在成為仲介人之後，可能保留資訊，但你的老闆想要成功的話，至少有一部分取決於你的成功。

換個方式來說，仲介若是加上合作動機，最有可能創造好處。創造這種結合的安排是，仲介人是你的老闆或公司裡位階較高的人，比較不可能因為你的成功而受到威脅。根據相同邏輯，另一種有益的結合是仲介人的朋友是召集人。

除了商業之外，類似的仲介與召集結合也可能有好處。仲介可能形成的許多心理緊張，例如角色壓力與不合法，可由召集人關係而消除，因為後者可能提供情感與社會支持。一個很好的例子是擔任中間轉譯的兒童，為移民的父母傳達醫師、學校與其他機構的訊息。[48] 邱安妮（Anne Chiew）的父母由中國移民到澳洲，她回憶陪父母去銀行開帳戶：「我記得我踮起腳尖，想看到櫃台上方，當時我還很小……我的壓力很大，因為我什麼都不懂，我不知道該找誰幫忙。」[49] 源於仲介的一些潛在壓力，可以經由家庭關係及學校或其他外部機構的協助來消弭。研究發現，大多數擔任中間人的兒童並未因壓力而崩潰，一直對家庭有很強的向心力。

在合適的情況下，仲介人與召集人結盟是互利互惠的。不過，其基礎是合作與信任。

6 種必需合夥人

在研究經理人的社交網絡時，羅伯・克羅斯與羅伯・湯馬斯（Robert Thomas）發現，持續位於公司滿意與績效頂尖 20% 的高階主管，他們的人脈有一組十分明確的特點。他們通常有一個 12 人至 18 人的核心網絡，並且具有 6 種關鍵連結。

他們的核心圈至少有一人提供：

1. 取得資訊
2. 正式權力
3. 建設性回饋
4. 個人支持
5. 使命感
6. 工作與生活平衡的協助

他們核心圈的某個人可能扮演多重角色。關鍵在於他們不會嘗試扮演全部角色。

前 3 種角色是專業成功的關鍵。導師與保證人，我們稍後將在第九章談到，可以提供取得資訊及正式權力，還有建設性回饋。除了成功之外，最滿意的主管在其核心圈亦有人可以吐苦水，願意傾聽及提供支持 —— 幫助他們找到工作意義及指引他們朝向重要目的的部屬、老闆、客戶、朋友或家人。最後，他們亦有支持者，提醒他們本身的價值，勉勵他們在工作之外過自己的生活。無論是支持心理、生理或精神健康的活動，若無人鼓勵你去報名藝術或音樂課程、上健身房或做志工，工作很可能便吞噬你的生活。

除了這些角色，克羅斯與湯馬斯表示：「結構十分重要，核心連結必須串接較小、較多元的群體，橫越階級、組織、功能與地理界線。」[50] 你的召集核心圈內必須有仲介人。

網絡的流動性使他們得以隨著我們的生活、情感與工作需求改變而轉變。最適合銷售人員職涯初期的網絡結構，等到他們擔任高階管理職之後，或許就不再符合他們的工作需求。20 幾歲交際花的擴張者網絡，無法提供社交支持以陪伴她渡過喪偶的痛苦。搬遷、裁員與生小孩都需要適應。

儘管人際網絡不斷進化，仍有一些永恆不變的：我們人生中需要即便短暫相遇也可能提供情感回報的人。在下一章，我們將由檢視更為持久的網絡結構，轉移到我們各種互動的品質。

第七章
活在當下

坐在距離 3 英尺遠的地方。注視兩眉之間。保持直接目光接觸。不要接觸。沉默地坐著。靜止不動，呼吸慢下來，「直到幾乎注意不到」。[1] 至少一小時無間斷的凝視是最理想的，瑪莉娜·阿布拉莫維奇（Marina Abramovic）表示。她一天 8 小時，一週 6 天，將近 3 個月的時間在紐約現代藝術博物館（MoMA）凝視 1,500 餘名陌生人的眼睛，這是她的行為藝術「藝術家在場」的環節。

「沒有人想得到……有人會花時間坐著與我互相凝視，」阿布拉莫維奇回想。[2] 人們在 53 街露宿，只為了有機會坐在這名驚人的塞爾維亞行為藝術家對面。許多人哭了。一些人笑了。一些人將手捧在胸前。一名男子用刺青紀念他與瑪莉娜凝望 21 次。[3]

「那麼多的痛苦與孤獨。當你凝望人們的雙眼，裡頭有那麼多驚人的東西。因為在和陌生人凝視時，你一語不發——卻像是千言萬語。」[4] 阿布拉莫維奇認為，缺乏眼神接觸造成社交癱瘓。[5] 我們應該在飯店大廳與購物中心設立「凝視站」。「人類迫切需要實際接觸……完全令人訝異。」[6]

人類極為需要感到被人看見、被人聽聞、被人了解。但是，我們並不是經常被賦予這種特權。「MoMA 行為藝術表演的美妙之處在於，」該博物館前策展人克勞斯．比森巴赫（Klaus Biesenbach）表示，「她以相同的關注與尊敬，去對待她所遇到的每個人。這十分驚人。一些人受到震撼。一些人認為他們值得獲得這種關注，他們終於找到自己應有的位置。其他人則是愛上了她。」[7]

怎麼可能未曾交談就愛上一個人？北卡羅來納大學教堂山分校心理學教授芭芭拉．佛列德里克森（Barbara Fredrickson）說，愛是一種情感。[8] 如同所有的情感，它是短暫互動所產生的。

短暫時刻，例如阿布拉莫維奇試圖創造的，決定我們互動的品質。密西根大學榮譽教授珍．達頓（Jane E. Dutton）稱這些互動是「高品質連結」（high-quality connections）。[9] 根據達頓、約翰．保羅．史蒂芬（John Paul Stephens）和艾蜜莉．希菲（Emily Heaphy），那些時刻激起或增加能量、正向關懷或相互性。如同治療師麗莎．威雷恩（Lisa Uihlein）所說：「這種活著，存在、在場的感受。在我的體驗中，和別人在一起、與人的關係是極為豐富的體驗。此時此刻活著的這種驚奇性。」[10] 不同與愛，這些互動未必是正向，未必是快樂的。不過，它們具有攜帶情緒的超高能力。[11] 因此可以比一般互動承載更多情感，包括正面與負面的。它們因而持久，並且可以反彈。

當處於高品質互動時，我們的身體會做出反應：血壓下降，心跳變慢，催產素分泌。[12] 你可以親身感受到高品質連結。這或許可以解釋為何有 50 多萬人聚集觀看阿布拉莫維奇與陌生人的連結。

在電梯裡的邂逅可以產生與摯愛在額頭上親吻的相同作用，這種短暫連結的潛力可以解釋社會生活一項令人不解的特徵。即便是萍水相逢也可能對我們生活與幸福感造成轉變作用。雖然我們的人脈是不斷互動所累積形成，短暫時刻卻是我們情感體驗的中心。

想像你去買一杯咖啡。你靠近咖啡師，問他今天過得好嗎，進行眼神接觸，然後笑著遞過你的信用卡。現在，想像去買一杯咖啡，但是你在趕時間。你盡可能有效率地點餐與付款。英屬哥倫比亞大學姬蓮．桑德斯卓姆（Gillian Sandstrom）和伊莉莎白．鄧恩（Elizabeth Dunn）的一項研究，隨機指定人們進行這兩種情境。與咖啡師短暫社交互動讓人們快樂，主要是因為他們感受到強烈的歸屬感。[13]

當你走在街上，某個人看了你一眼、一個微笑，都有相同效果。在一所中西部大學，一名研究助理走過 282 名陌生人身旁，或者看著他們的眼睛微笑，或者看著他們的眼睛但不笑，或者看著他們的方向，但擦身而過。德語對最後那種行為有一種說法：「視若無睹」（wie Luft behandeln）。第二名研究人員接著趨前。研究人員不提剛才的對望或沒有對望，而詢問沒有起疑的路人：「剛才，你對別人感受到多少失聯感？」一個微笑的認同，即便是陌生人給的，也能增強社會連結感，但是只有那些注意到微笑的人才感受到。沒有注意到微笑與對望的人，其中 55% 所感受到的社會連結感與被視若無睹的人並無二致。[14]

花兩分鐘與陌生人或咖啡師隨意互動，我們所感受到的快樂跟我們花同樣時間與愛人相處是一樣的。英屬哥倫比亞大學研究人員的一項研究發現，與陌生人講話跟愛人聊天同樣愉快，因為我們在與陌生人互動時，往往努力展現最好的一面。[15] 企圖看起來愉快，確實可以讓我們感到愉快。

我們天生便有能力並且知道如何創造轉變性的連結，即使是和陌生人，假如我們嘗試的話。我們日常所做的事情，是強力社會連結的核心。可是，我們很少花時間去思考。實際看見、聽見和聆聽他人，才能創造連結。然而，很多時候，我們若不是太忙便是害怕與人深入連結。

好撒瑪利亞人，小丑與其他干擾

路加福音 10 章 25 到 37 節，耶穌講了一個寓言：[16] 有一個人從耶路撒冷去耶利哥，半路中遇到了強盜。他們剝去他的衣裳，把他打個半死，丟下他走了。兩個人走過那個受傷的人身邊，第一個是祭司，另一個是利未人，他們都未伸出援手。最後來了個撒瑪利亞人，包紮他的傷處，扶他騎上自己的牲口，帶他到旅店，同時拿錢給店主，請店主照應他。

1970 年代，兩名心理學家在普林斯頓大學綠廳重演這則寓言。他們想要知道為何祭司與利未人走過那個受傷的人，卻不幫忙。或許那名祭司只是信奉宗教價值，並不是真心相信？抑或撒瑪利亞人的價值觀讓他更願意助人？

約翰・達利（John Darley）和丹尼爾・巴森（Daniel Batson）找來在普林斯頓神學院培訓的 47 名牧師，幫助他們解開助人行為的謎題。偽稱是要研究神學院學生臨時就職的機會，這兩名教授請半數參與者準備就業機會的講道，另一半準備講好撒瑪利亞人的寓言。準備好他們要講的內容以後，這些參與者被指示到隔壁大樓去錄製他們的講道。

在半路上，他們在門口遇到一名男子拱背趴在地上。男子低垂著頭，雙眼緊閉。神學院學生經過時，他咳了兩聲，發出呻吟。

誰停下了腳步？[17] 被要求準備好撒瑪利亞人講道的牧師們，並沒有比較可能停下來。研究者指出：「事實上，有好幾次，要講好撒瑪利亞人寓言的神學院學生在趕路當中，甚至由那名受傷者身上跨過去！」

那些牧師有沒有被告知他們已經遲了、必須趕時間才行，是一個很大的差異。那些被告知他們已經遲了、必須趕時間才行的神學院學生，只有 10% 停下腳步去關心地上的那名男子。如果沒有被告知時間緊急的話，63% 會停下來。將近四分之一的美國人總覺得自己很匆忙。[18]「世界現在快速運作。人們根本沒有多餘的注意力。」惠特尼美國藝術博物館策展人克莉絲・伊萊斯（Chrissie Iles），在說明阿布拉莫維奇的作品時表示。「她讓每個人的腦子慢了下來。她要我們停下來一段時間，那是我們不習慣的事。她因而轉變了我們。」[19]

我們在匆忙之間，與人連結的能力便減弱，無論是朋友、家人、同事，或陌生人。行色匆匆削弱我們解讀與理會他人情感表達的能力，包括他們的注視及語調。[20] 當人們分神、有壓力、時間急迫時，比較可能專注於自己、自我中心。[21] 他們沒有能力去好好解讀他人。

現在想像上述研究的神學院學生手上拿著手機。他們甚至可能完全沒注意到那名需要協助的男子。手機的使用造成研究者所稱的「不注意視盲」（inattentional blindness）。[22] 除非人們將全部注意力放在身邊人事物，他們往往未能注意到一眼便能看到的意外刺激。舉例來說，你很難想像自己會沒注意到騎獨輪車的小丑由你身旁經過。但在不注意視盲的一項研究，僅四分之一的手機使用者注意到小丑騎著獨輪車經過。與他人交談的人，則超過三分之二以上注意到小丑。

即便我們與別人在一起，我們常常心不在焉。近九成的智慧手機使用者坦承，在最近的聚會上使用手機。[23] 十分之一成人甚至在性愛之際還在查看手機。[24]

我們的注意力遭到切割，使得我們難以注意到周遭情況，減弱我們解讀他人情緒的能力，最後讓我們與社會失聯。[25] 即使我們撥出時間和我們親近的人相處，手機也會損及我們與人連結的能力。[26] 在溫哥華一家博物館裡，研究者請父母們參與一項研究，他們被隨機指派儘量使用手機，或者避免使用手機。在參觀完博物館之後，被要求使用手機的父母們感受到的社會連結，比那些收起手機的父母們少了 23%。

單是手機的存在便可能嚴重影響你的人際關係。[27] 一項研究隨機指定 300 名朋友和家人在聚餐時將手機留在桌上，或是把手機收起來，結果發現只是把手機放在桌上就讓聚餐變得不那麼愉快。[28] 雖然這種作用並不巨大，卻是可測量及明顯。一旦把人們聊天內容列入考量，就會發現作用更加強大。舉例來說，一項研究請半數參與者隨意聊著塑膠耶誕樹，另一半則被指示談論過去一年自己人生中最重大的事件。隨意聊天的人，手機的存在沒有太大影響。然而，在談論重要事情時，手機的存在降低了談話的品質。信任與共鳴減少。如果手機存在的話，即使你沒有使用，你不如閒聊塑膠耶誕樹，而不必進行有意義的對話。

儘管看似細瑣，手機造成的冷落所累積的影響，甚至連成人所擁有的最持久關係也會不保，亦即他們的婚姻。一項名為「我的人生受到我的手機重大干擾」的研究發現，在用餐時頻頻查看手機，或者兩人在一起時總把手機握在手上，伴侶們的整體關係品質便會低落。[29] 因為手機使用而引發的爭執，導致婚姻滿意度下降，進而造成生活滿意度下降，和憂鬱感升高。僅是拿起手機便形成如此巨大影響令人難以相信，可是一項對 243 名中國成人所進行的後續研究亦發現，使用手機衝擊婚姻滿意度，最終導致憂鬱感。[30]

當然，婚姻不幸的人或者不幸的人，本來就可能利用手機作為麻痺及分散注意力。比起獲准在治療時發簡訊給陌生人的病患，接受醫治療程中不使用手機的病患需要吩坦尼止痛藥（fentanyl）以減輕疼痛的機率高出 6 倍。[31]

但不只是手機的麻痺效果或是它們引發的衝突可能導致社會連結欠佳，還有它造成的分心干擾。檢視「為何父母們在科博館使用手機」或者「晚餐時用手機的夫妻覺得他們的社會互動較不愉快」的這兩項研究，研究者發現，人們感覺缺少社會連結，是因為他們分心了，就像那些牧師一樣。[32]

凝視陌生人

想像一個秋高氣爽的日子，你離開咖啡店後走在人行道上。在沒什麼人的人行道上，有一名迎面走來的陌生人距離你大約 12 英尺。這個人沒有在用手機、抽菸或吃東西。他就是在走路。你盯著自己的鞋子，沒有看著他。他有在看你嗎？阿布拉莫維奇或許會猜說他沒在看你。

陌生人有在看你的機率不到五成。那麼，如果你看著他們呢？他們有看你的機率升高到 55%。如果你看著他們並微笑，他們進行眼神接觸的機率是你盯著自己鞋子時的 2.75 倍。[33]

如果你是在日本，而不是聖路易，你的注視引來微笑的機率陡降。[34] 在日本只有 2% 機率。大致來說，眼神接觸是否受到歡迎因文化而異。然而，一項分析全球 306 種文化的民族誌，被視為跨文化研究的「黃金標準」，該項分析發現，眼神接觸是最常被提及的吸引暗示。[35] 由羅馬帝國人到伊朗人，由爪哇人到黑瓦洛人，由土耳其人到特羅布里恩群島人（Trobriand Islands），眼神接觸被正面聯想為喜歡。唯有一例（祖魯人），眼神接觸被賦予負面意義。

眼神接觸最合適的時間是多久？人們在購物中心、飯店大廳或者人行道上偶遇陌生人，互看了一眼，時間通常很短。人們最感舒適的眼神接觸大約是 3 秒鐘。[36] 超過這個時間，你可能被視為過度親暱或盛氣凌人。人們在聆聽時做出眼神接觸的機率是講話時的兩到三倍。人們在討論親密事情時，往往比較少眼神接觸。人們在合作時彼此對視的時間亦多於競爭時。[37]

有人直視你的時候，你很難忽視他們。打從出生起，嬰兒便喜歡直接互相凝望，而不喜歡眼神迴避。[38] 直接對視會更快被偵測到，創造更多生理覺醒，造成心跳加速。當我們彼此直視，會增加共享式注意力（joint attention）、同理心與回憶。相比於眼神迴避的人，進行眼神接觸的人（在合理限制內）被視為比較討人喜歡、聰慧、可信、吸引人及有力量。

根據哈佛大學心理學家齊克．魯賓（Zick Rubin）的經典研究，深愛對方的情侶交談時凝望的時間比沒那麼相愛的人多出 26%。[39]

在題為「凝視與愛戀」（Looking and Loving）的後續研究，研究者想要知道，他們能否藉由讓陌生人彼此凝視而讓他們產生愛意。[40] 96 名陌生人被隨機與異性配對，被指定看著對象的手、眼睛，或者計算他們的對象在兩分鐘內眨眼了幾次。這些其實都是詭計，讓他們進行各種凝視的練習，為稍後展開的真正實驗預做準備。被指示直視彼此眼睛的兩名參與者，均感受到高出很多的尊重與親切感，多過一名參與者看著對方的手或是計算眨眼的那一組。我們不光是喜歡看著我們喜愛的人，單是凝視便可讓你墜入愛河。

無論是情感、歡樂、傲慢或者惱怒，眼睛流露我們的感受。能夠解讀別人的眼神，是一個人社會智商的最佳預測指標。西蒙・巴倫－柯恩（Simon Baron-Cohen）在1990年代後期首創「閱讀心理的眼睛測試」（Reading the Mind in the Eyes）以診斷自閉症。[41]（你可以到下列連結進行這項測試 http://socialintelligence.labinthewild.org）。這項測試展示36張男女眼睛的黑白照片，傳達不同的情緒狀態。每一張照片都有4個可能的情緒狀態選項。皺起眉頭的男人是不高興或惱怒？挑起濃眉的男人是不安或友善？你越能藉由看著眼睛來解讀別人的心理狀態，便越可能是親社會的，在群體之中表現良好，能做出有同理心的回應。

因此，請看著別人的眼睛，但不要看太久。心理學家喬凡尼・卡布托（Giovanni Caputo）發現，在昏暗燈光下，彼此對望10分鐘會令人與現實脫節，[42] 並且會造成怪異的感受。被找來參加這項實驗的人，經常表示他們看到變形的人臉與「陌生人臉幻影的幻覺現象」。表示時間變慢的人也很常見，或許這值得一試？

最有力的問題

你走進一個雞尾酒會。手上端著飲料，你走近一張高腳桌，向一位剛吃完蝴蝶脆餅的陌生人自我介紹。你的手機放在包包裡，你還做了完美的眼神接觸——不太長，也不太短。現在，你要說些什麼？

在其經典著作《人性的弱點：卡內基教你贏得友誼並影響他人》（*How to Win Friends & Influence People*），戴爾．卡內基建議：「問對方樂於回答的問題。」[43] 80 多年之後，哈佛一支研究團隊證實了卡內基這項建議十分睿智。提出問題可以創造連結。

為了測試卡內基的主張，凱倫．黃（Karen Huang）、麥可．葉曼斯（Michael Yeomans）、朱麗亞．明森（Julia Minson）與法蘭西絲卡．吉諾調查一個人的發問數量與談話對象有多喜歡他們之間的關係。在一項實驗，400 名參與者被找來在研究者的行為實驗室進行 15 分鐘的線上聊天。在兩兩配對之後，其中一人被隨機指定提出 4 個以下的問題，或者至少 9 個問題。（這些標準係依據先前的一項實驗。）隨機收到很多問題的人喜歡對方的程度，比那些只收到很少問題的人高出大約 9%。

凱倫．黃和同僚們把這項研究在實驗室之外進行，檢視 110 對快速約會者之間的提問。快速約會者每人進行大約 15 次約會，每次歷時 4 分鐘。快速約會的談話用麥克風收音。他們再次發現，問更多問題的人更有可能與陌生人建立起連結。問更多問題亦更可能有第 2 次約會。

不過，並不是所有問題都具有相同效果。心理學家檢視 6 種不同問題：介紹式問題、完全轉換、部分轉換、後續、反射和修辭問題。介紹式問題的範例是敷衍的「你好嗎？」完全轉換及部分轉換是指改變話題。舉例來說，吃脆餅的陌生人告訴你，她是個會計師，而你插嘴問她有什麼嗜好。這是完全轉換。後續問題則是詢問你的對話者剛才談論的事情。反射問題是與你剛才被問的問題類似，現在反問提問者。如果有人問你有幾個小孩，而你回答：「我有 3 個孩子。你呢？」那麼你便是提出一個反射問題。反射問題不同於後續問題之處，在於它們是接著一個問題之後提出，而不是接著一項聲明。

後續問題是萬靈丹。[44] 提出問題的好處幾乎全部可以用它們來解釋。

雖然後續問題有著強大力量，人們往往未能理解到它們的力量。在被問到剛才談話中問了多少個問題，人們意外地記得很清楚。可是，他們不會把問問題跟討人喜歡連結在一起。

人們往往在對話中談論並推銷自己，而不是問問題。就業面試、第一次約會和新社交情況尤其如此。這麼做的話，他們反而讓自己滯銷了。問題，特別是後續問題，有助於藉由專注在他人身上及引發自我揭露而建立起關係。以他人為焦點的對話行為——提到他們的名字，配合他們的語言風格，確認他們的聲明——均已被證明可以增加受人喜愛。[45]

人們因為能夠談論自己而感受到與生俱來的快樂。在實驗裡，人們甚至願意犧牲金錢來回答有關自己的問題，並且願意犧牲更多金錢來將那些答案揭露給另一個人。[46] 我們先前在討論召集人時，已看到自我揭露的力量。在進行亞瑟．亞倫的 36 個問題後 [47]，再凝視眼睛 4 分鐘 [48]，奠定了問題力量的基礎。可是，亞倫錯過了後續問題的魔力。

首要任務就是傾聽

後續問題的一部分魔力來自於，它證明了你有在傾聽。我們的時間有將近 44% 用於傾聽。[49] 可是人們很少真正被聽見。

被人聽見是一項禮物。越南釋一行禪師寫說：「我們能給所愛的人最好的禮物就是我們真正在場，真正傾聽。」神學家與哲學家保羅．田立克（Paul Tillich）也說過類似的話：「愛的首要任務就是傾聽。」

卡蜜琳．西亞尼（Carmelene Siani）回想她與一名友人的一次蛻變性談話，促使她堅持深入傾聽。[50] 卡蜜琳的朋友因童年一場意外留下嚴重傷疤。這名友人談起她為何決定不再進一步治療。每一次植皮都讓她重回童年時的創傷，而她已經歷 15 次植皮。每次植皮都讓她感到更孤單，彷彿自己掉落在「一口深井的底部。我抬頭看到母親與家人圍在井邊，探頭往下看著我，」她跟卡蜜琳說。「我們來支持妳……我們愛妳，」他們會不斷跟她說。「可是他們從未離開井邊。沒有人下到井裡來陪我。」她低聲接著說：「我希望他們聽見我的話……我希望他們接受我；我害怕又痛苦。我希望他們沒有跟我說痛苦總會消失，總有一日我會好起來。我希望他們讓我談談我的感受，即使我還是個小孩子，而不是否定我的體驗。」

有時，人們並不想要忠告或保證。

傾聽真的可以解除疼痛。多項臨床實驗發現，傾聽可減輕病人的生理疼痛。[51] 有效的傾聽能增進領導能力、銷售業績、學校成績、婚姻、更好面對青少年與哭泣的孩童，與進行人質協商等等。[52] 當員工覺得老闆有在傾聽時，他們比較不會情緒衰竭，比較不會辭職。[53] 當人們感覺你有在聽他們講話，他們會更加信任你、喜歡你與感到有動力。[54]

然而，傾聽意外地困難。臨床心理學家理查・舒斯特（Richard Schuster）寫道：「雖然這項要求看似極易達成，事實上總是無法做到。我們似乎都知道如何傾聽，但許多人（即使是受訓過的心理治療師）都沒有正確傾聽。」[55] 只因為腦袋有兩個洞可讓聲音進入，人們便以為自己明白如何傾聽。[56]

而且，幾乎所有人都自認擅長傾聽。管理顧問公司埃森哲（Accenture）向 30 國逾 3,600 名專業人士進行的調查顯示，96% 受訪者自認是很好的傾聽者。[57] 在辦公室待上一天的人都明白不是這樣。受訪者自己都承認，他們很容易分神及一心多用。

這種心理現象稱為「正向錯覺」（positive illusion），意指人們對自我有著不切實際的正向評估。

剛看完晚間新聞的人，只能記住不到四分之一的內容。[58] 所以說，傾聽是極為困難的。典型的對話以每分鐘 150 個英文字進行，而一般人能以更高的速度理解言語。[59] 因此，我們在對談之際有很多時間心不在焉。馬修・基林斯沃斯（Matt Killingsworth）與丹尼爾・吉伯特（Daniel Gilbert ）利用手機科技，來探測受試者分心走神的頻率。[60] 根據他們的研究，我們醒著的時間有 47% 想著的事情都與正在做的事情無關。

誰才是好的傾聽者？明尼蘇達大學授雷夫．尼可斯（Ralph Nichols）覺得他的學生在課堂上都沒在聽講，便著手尋找這個問題的答案。他找來小學一年級到高中的教師幫忙。每位教師被要求偶而中斷上課，詢問學生：「我剛才說了什麼？」

在與李奧納．史蒂芬（Leonard Stevens）合著的書籍《你在聆聽嗎？》（*Are You Listening?*），他寫道：「如果我們將好的聆聽者定義為全心注意講話者，」那麼「一年級的孩童是最佳聆聽者。」[61] 這或許很難相信，因為你自己也曾是小孩子，但研究顯示一年級生與二年級生有 90% 的時間都在聽課。到了中年級，不到半數學生有在聽課。到了高中，僅不到十分之三聽課。

為何孩童比起成人更善於聆聽？專注力持續的時間隨著年級升高而增加，通常直到多年之後才開始衰退。[62] 因此，那並不是因為小學學童更加專注。

被稱為「聆聽界之父」[63] 的尼可斯開始調查明尼亞波利斯課堂的多年以後，另一項研究則是檢測一個人一生中對聆聽能力的自我觀感。[64] 在所有年齡群，由小學到老年，大多數人覺得自己是「傑出的聆聽者」。但是，孩童有一項特質被視為有效聆聽的單一最重要標準 —— 開放心胸。加州大學柏克萊分校的艾莉森．高普尼克（Alison Gopnik）研究指出，小孩子心靈更為開放，天生靈活，且喜好探索。[65] 孩童們亦「比較不會因既有知識而偏誤。」或許這是小學生更善於聆聽的原因？

在聆聽時，心胸開放是一項資產，因為人們通常只聽到他們想聽的。根據尼可斯和史蒂芬，這構成有效傾聽的最大障礙之一。[66]「傾聽能力受到我們情感的影響，」他寫道。「用比喻來說，我們在心中關閉我們不想聽的。或者，反過來說，有人說了我們特別想聽的，我們便張開耳朵，接受一切——事實、半事實或虛構。那麼，我們可以說，情感充當了我們的聽覺過濾器。有時，情感實際上造成我們耳聾，其他時候，則讓聆聽變得非常容易。」

這又引發一個問題，何謂有效率的傾聽者？在傾聽的研究領域，至少有 65 種不同方法來評量傾聽。[67] 不過，這些可以濃縮成幾個主要層面。[68] 其中一個是認知因素：你真的聽見聲音，並且記得你聽到的？（「我了解。」）行為因素：你是否參與及傳達通常被視為良好傾聽者的行為，例如進行眼神接觸、微笑及點頭？（「我有。」）還有情感元素：你是否掌握對話的意義與情感？（「我重視。」）另外有被稱為「道德」的層面——你是否不帶批判地傾聽。

據估計不到 2% 的人曾接受過有組織的聆聽訓練。[69] 在那 2% 之中，絕大多數受訓的風格是主動傾聽，亦即專注於認知與行為元素。許多人以為有效傾聽是點頭、微笑、提出開放式與探索式問題，以及重述。以為那就是理解及實行。

不過，傾聽不只是了解字眼而已，而是中止評判。明尼蘇達大學一支團隊稱這種傾聽形式為深度傾聽（deep listening），意指「傾聽以了解的程序」。[70]

專注在做一個「良好傾聽者」的動作——確定你在應該微笑

時微笑，同時思索後續問題——可能妨礙你的實際傾聽。相較於點頭、微笑及嗯啊回應，沉默可以讓我們了解同樣多的事情。一項對 167 名學生進行的研究比較強制 12 小時沉默的效果，以及短時間傾聽的效果，聽取的資訊包括傾聽的種類與傾聽的常見障礙。這兩組學生在傾聽評估的表現差不多。不過，強制沉默的學生對他們行為的表述發人深省。[71] 一名參與者表示：「我很難傾聽，因為沉浸在自己的想法之中。」另一人了解到，「我越是沉默，就越多身邊的人想要吐露心聲。」而且他說得很對，「人們想要講話多過他們想要傾聽。」

其實不用 12 小時便能達到相同效果。不到 12 分鐘便可得出相同感想。找個朋友或同事，花個兩分鐘聽他們回答這個簡單問題「你今天過得如何？」而不要有任何形式的打斷。不要問問題或提供建議或確認；只要傾聽。

這種體驗通常在一開始時非常令人不安。留意自己想要打岔的各種衝動。什麼時間點產生這些衝動？為什麼？在說話者講完話之前，你想到什麼想要講的話嗎？你想要插嘴講自己的體驗嗎？

了解自己的談話習慣是成為更好的聆聽者的基本。俗話說得好：重述，承認，平撫。（Name it. Claim it. Tame it.）

對說話者而言，以這種方式被人聆聽具有淨化作用。不止一次，我看到企業高層主管因這項簡單練習而潸然淚下。人們並不經常獲得說話與被聽見的空間。陌生人時常說，他們在 240 秒間對彼此的了解，勝過在其他情境下花兩週時間。

如同釋一行禪師所說：「深度傾聽這種傾聽可以幫助人們解脫苦難。你可以說它是憐憫傾聽。你聽的時候只有一個目的：幫忙人們清空內心……即使他們說的話充斥錯誤觀點，充滿怨恨，你還是能夠懷著憐憫繼續傾聽。因為你知道那樣的傾聽，懷著憐憫，讓他們有機會減輕痛苦。如果你想要幫他們矯正看法，那麼就等待其他時間。可是現在，你只要懷著憐憫傾聽，幫忙他們減輕痛苦……那樣的一小時，可以帶來蛻變及療癒。」[72]

我們在深度傾聽時，我們的腦子會和我們傾聽的人同步化。在一項開創性研究，普林斯頓大學研究人員發現，有一種神經舞蹈搭配著會話流動。一名女士未經預演，講述她畢業舞會舞伴出糗的故事，烏里・哈森（Uri Hasson）和同僚使用功能性磁振造影機器檢查她在講故事的時候，哪些大腦部位被啟動了。然後他們找來 11 人，在機器上聽著這個故事的錄音。傾聽者與說故事者的腦部影像並列。講話者與傾聽者的相同大腦部位在故事中類似重點被啟發了。若是用俄語講這個故事（受試者不會講俄語），就沒有同步。當講話者說另一個故事，而不是受試者聽過的那一個，也同樣不會有同步。互相了解創造了神經協調。[73]當傾聽者更加深入聆聽時，大腦同步的程度更加強烈。他們的腦部活動甚至有時超前說話者。甚至在說話者還沒講到時，他們便已經心有同感了。

深度傾聽讓人可以經由語言及音調來揭露自己。就像雷夫・尼可斯寫道：「最基本的人類需求是了解與被了解。了解人們的最佳方法是傾聽他們。」

觸動人心

我最近計算了工作時被刻意碰觸的次數。3 天之內兩次。而且是同一人。碰觸是我們最被忽略的感官。在科學與生活中都是如此。「過去 50 年，在科學文獻之中，或許 100 份有關視覺的論文，才有一份有關觸覺的論文，」約翰霍普金大學神經科學教授大衛・林登（David Linden）表示。[74] 他著有《觸感》（*Touch*）一書。在科學之外，觸感沒有專屬的藝術。所有的其他感官都有專屬的藝術：眼睛有繪畫和雕塑；耳朵有音樂；舌頭有美食。甚至連被忽視的鼻子都有香水。[75] 觸感卻沒有。不像聲音及視覺可以用錄音及錄影來傳達，我們沒有人工方法來傳遞觸覺。[76]

可是，觸感卻是我們最先發展的感官。據估計，觸覺早在妊娠前 3 個月便已經產生。一般成年人的皮膚達到 22 平方英尺。[77] 皮膚是我們存在的生理邊緣。加州大學柏克萊分析教授達契爾・克特納（Dacher Keltner）表示：「觸覺是『主要道德體驗』。」[78] 他說明，「皮膚對皮膚，父母對子女，觸覺是我們社會生活的社會語言。它奠定體現情緒的基礎。」

馬修・赫坦斯登（Matthew Hertenstein）與克特納等同僚，想要研究是否有可能單獨藉由觸覺來傳達情感。在略顯詭異的設置下，研究團隊在兩名陌生者之間豎立起一道屏障。一個人將手臂穿過屏障。另一人則拿到一份情緒清單，只能藉由觸感傳達給另一端的陌生人。研究人員原先假設，接收觸覺的人有 25% 機率可以碰巧猜對情緒。驚人的是，受試者在五成以上時間都能經由簡單碰觸而辨識出感謝、憤怒、愛與同情。同情的傳達方式是撫摸與輕拍，恐懼是顫抖，憤怒是擊打與捏壓。

另外，愛與感謝可經由觸覺分辨出來，而這卻是人們通常在臉部表情與語音溝通時做不好的事。[79] 在試圖透過短暫語音片段來猜測愛與感謝的情感時，人們正確的機率不及 20%。觸覺則更能顯露內心。人們無法利用觸覺表現的情感，同樣揭露人們的內心。難堪、訝異、羨慕、驕傲與其他自我集中的情感，無法經由觸覺來辨認。觸覺似乎是社會表達的媒介，而不是自我表達。

如果你想要某個人去做某件事，在合適時刻碰觸他們，亦可提高他們配合你的要求的可能性。無論你是要人透露個人資訊、去夜總會跳舞 [80]、借你一些零錢 [81]、參加一項訪調 [82]、給一大筆小費 [83]、或品嚐披薩 [84]，碰觸他們會讓他們更可能同意。

若他們對碰觸者有著正面評價，人們比較可能默許要求。[85] 無論那個人是教師、圖書館員或侍者，在對碰觸友善與碰觸迴避文化同時進行的多項研究發現，對於碰觸者的正面觀感解釋了為何接受者比較可能同意。針對一名中古車推銷員的實驗，也證實了這點，而這種職業通常會遭到懷疑，人們會以為碰觸不會受到歡迎。相較於沒有碰觸的男人，被他碰觸前臂一秒鐘的男人們認為推銷員友善的程度高出 2%，誠懇高出 38%，誠實高出 34%。

碰觸的好處聽起來像是現代的萬靈丹：可以減輕壓力，降低血壓，放慢心跳。在進行有壓力的活動之前，像是外科手術、公開演講、握著別人的手或者得到一個擁抱，可以減少焦慮、降低血壓和降低皮質醇濃度，後者正是壓力的生物標記。[86]

一個擁抱或握手可以增進你的免疫系統，幫助抵抗普通感冒。卡內基美隆大學、維吉尼亞大學衛生科學中心和匹茲堡大學的研究人員，請 400 多位成人記錄每一次社交互動，包括爭吵和擁抱。然後他們被隔離到單獨的旅館樓層，暴露於感冒病毒。（他們在接觸病毒之前還抽血，確定他們不是早已免疫。）接著，研究人員等著看誰會感冒。略高於 30% 的受試者身體不適的程度符合生病的臨床標準。可是，那些得到較多社會支持的人比較不會感冒。而擁抱占有近三分之一的社會支持效用。雖然我們時常以為擁抱會傳染感冒，其實卻意外有效能夠預防感冒。[87]

合適的碰觸令人感覺良好，無論是撫摸、摟抱或緊握著手，可以與我們身邊的人產生同步，並且減輕痛苦。

在注意到妻子生女兒時，握著她的手似乎幫忙減輕了一些痛苦之後，帕維爾・高德斯登（Pavel Goldstein）進行了一項調查，證實人類碰觸具有強大效用，並且開始說明它何以擁有如此強大的社交力量。[88]

高德斯登與他的研究團隊找來 22 對同居至少一年的情侶，觀察他們的腦波、心跳與呼吸。情侶們被分為 3 種情況：坐在不同房間，坐在一起但不碰觸，或是握著手坐在一起。只要彼此在一起，無論有沒有碰觸，均可增加 Alpha 波 mu 節律的同步化（這種腦波與疼痛的觀感與共情相關），以及他們的呼吸與心跳。[89]

女性的前臂被施加熱度以造成疼痛時，沒有彼此碰觸的情侶，腦波、心跳與呼吸都變得不同步了。但是握著手的情侶們，同步程度增加了，女性的疼痛減少了。情侶們腦波同步越是強烈，女性越能緩解疼痛。

而男性越有同理心，他們的腦波越能同步。認同「我認為自己是個溫柔的人」這種說詞的男性，更可能與伴侶同步。[90] 有關觸感、同理心與疼痛的科學仍在起步階段，因此很難明白為何與有同理心的伴侶大腦同步可以減少疼痛。但是，高德斯登與同僚提出一個可能的解釋：「一種可能性是觀察者的碰觸增強了同步，進而促使受試對象感到被了解。」[91] 之前的研究發現，同理心與感到被人了解，能減少疼痛的感覺及增加愉悅感。「你或許對伴侶的疼痛表達出共情，」高德斯登表示，「但是，沒有碰觸的話，便無法充分傳達。」[92]

正確的碰觸，即便是為了表達同理心，就生物與神經學觀點而來都是意外地複雜。唯有正確的速度加上正確的壓力，才能讓溫柔的撫摸感覺像是溫柔的摸。太慢的話，像是有蟲子在爬。太快的話，就顯得膚淺。

以神經科學來說，完美碰觸是怎樣？[93]「溫暖的皮膚，適度的壓力，（以及）每秒移動一英寸。」

觸感不是單一感官。大衛・林登表示，觸感是多重感測器平行運作所造成。神經纖維感測冷、痛、癢、震動與壓力。[94] 不同身體部位的神經密度不同，對於某些碰觸的感測也會或多或少有差。手指對於壓力格外敏感，這也是手部按摩感覺舒服的原因之一。在大腿或眼窩同樣按摩就沒有相同效果。

神經末稍特別適應人際碰觸，這是哈根．歐勞森（Håkan Olausson）和瑞典哥德堡大學同僚發現的。這些感測撫摸的纖維，被稱為 CT 纖維，相當緩慢。感測撫摸的纖維將所感受到訊號，以每小時 2 英里的悠閒速度傳送到大腦。其他感測器，例如感測震動與壓力的，則以 60 倍的高速傳輸資訊，大約時速 120 英里。感測撫摸的纖維行動的速度猶如母親推著嬰兒車，而其他觸碰感測器則接近賽車。

這兩種不同的觸感系統傳送訊號到不同的大腦部位。撫摸感測纖維啟動的大腦部位有助於分辨正面與負面情緒。身體能夠分辨充滿親近與情感的觸碰以及中性觸碰，其實有些神奇。沒有這種功能的話，打噴嚏與性高潮感覺起來差不多。它亦凸顯觸碰受到環境影響：同樣的觸碰可能令人歡迎或令人反感，取決於朋友或陌生人所為。[95] 不光是環境有環境，觸碰本身實際上感覺就不相同。

外在環境也很重要。在義大利，你可以看到人們打招呼時擁抱及親吻（甚或兩次）。在日本，人們鞠躬，沒有身體接觸。一項研究發現，在一小時之中，英格蘭咖啡店裡的人們完全沒有碰觸。在美國，人們喜歡接觸，他們碰觸兩次。在巴黎，一小時裡有 110 個接觸點。[96]

儘管高接觸及低接觸文化的碰觸頻率相當不同，你可以碰觸誰以及人們覺得哪裡可以被碰觸似乎具有寰宇共通的常規。一項研究在 5 個國家訪問將近 1,400 人，使用人體圖詢問人們覺得哪些部位可以被陌生人、點頭之交、朋友、表親、父母或伴侶碰觸。[97]不意外的，親近的人可以碰觸更多部位。無論是芬蘭、法國、俄羅斯、義大利或英國的受訪者都是這樣。伴侶們幾乎什麼部位都可以碰觸，朋友與親戚可以碰觸頭部與上半身。陌生人僅限碰觸手部。

碰觸的適當性模糊不清，往往反映出關係的模糊不清。在美國，這往往形成尷尬擁抱或者握手的兩難。[98]不妨來看一下申恩・史諾（Shane Snow）在網路引起熱議的問題：「當我在工作環境遇到一名男性友人，我完全明白該如何打招呼：握手。」若是女性，「我時常覺得我被困在垃圾壓縮機的兩道牆壁之間……在第一次開會，我們握手。簡單。可是，下次我們走路遇到時要怎麼辦？握手會不會太正式了（尤其是我們第一次開會時相處融洽）？擁抱會不會尷尬？答案似乎可以歸結為，有一個人必須果斷，採取行動。最糟的情況是兩個猶豫不決的擁抱者。

我們與碰觸的複雜關係，足以證明其力量。如同蒂芬妮・費爾德（Tiffany Field ）在她的著作《觸感》（*Touch*）寫道：「觸感比言語或情感接觸強勁 10 倍，它影響到幾乎我們所做的每件事。沒有其他感官能像觸感那般擾動你……我們忘記觸感不僅是人類的基本，更是其關鍵。」[99]

什麼都不做

在紐約現代藝術博物館 3 個月的時間，瑪莉娜・阿布拉莫維奇只有一次違反規定——那是她前任情人與藝術夥伴烏雷，坐下來與她面對面。1988 年，瑪莉娜與烏雷為了紀念他們 12 年關係的結束，而由長城的兩端分開走。他們原本打算在那裡結婚。不過，他們卻分手了，因為他把他的翻譯員肚子搞大了。之後是多年的辛辣關係。

當烏雷坐下時，瑪莉娜微笑。他吸口氣，把頭轉向左側，只有她了解此舉的意思。或許是道歉？她呼吸急促，然後越過桌子，握住他的一隻手。這次的對談持續不到兩分鐘，她不發一語。「我們達成真正平和的時刻，」阿布拉莫維奇表示。

兩分鐘對於一段關係的轉變力量勝過之前 22 年。雖然我們的人脈是持久的互動模式所造成的集合，我們的關係品質卻是由此時此刻決定。

在每個時刻，我們選擇是否與我們眼前的人連結，以及連結到何種程度。有時，可能需要鼓起無比勇氣去出現在別人身邊。在艱辛時刻，例如朋友失去父母或者離婚，你會不知道該說些什麼。其他時刻，你需要忘記自我——你忙得要命，可是有人在走道上把你攔住，希望你給他兩分鐘。

無論是你最愛的人或是完全的陌生人，社交互動的強度只發生在當下。透過最基本的人類感官——看見，聽聞和感覺。雖然已有無數書籍討論如何增進魅力、關係與愛，然而，什麼都不做才是建立有意義連結的最佳方式。就像阿布拉莫維奇說的：「最困難的事是近似什麼都不做的事情——（因為）你要全力投入。」[100]

第八章

人類設計

「外頭一片漆黑。我可以看到下方道路的光束，這玩意突然搖晃，然後一聲巨響。接著又一聲巨響。此時，它已開始滿天亂晃。太可怕了，我全身起雞皮疙瘩，因為……我們根本沒有接近地面，」克里斯．湯普森（Chris Thompson）回想。這名一個小孩的父親，剛結束倫敦一個船艇展要搭機回家。他在機上的座位是 1E。

飛機開始劇烈晃動之後，煙霧冒進機艙。機長凱文．杭特（Kevin Hunt），一位 43 歲的老練機師，鎮定地宣布右翼引擎發生故障。他將關閉引擎，緊急降落到東密德蘭機場。煙霧逐漸散去。機組人員開始清理餐盤，收拾機艙，準備降落。

機上乘客們，尤其是坐在機尾的，感到困惑。在擔憂機師可能出錯的人之中包括梅文．芬雷（Mervyn Finlay），這名麵包外送人員要回家與妻兒團聚。他坐在 21A。他不是疑惑機師為什麼要關閉引擎，而是不確定哪邊的引擎。煙和火是由左側引擎冒出，而不是右側。

「我們心想：『他為何那麼做？』因為我們看到左側引擎冒

出火焰。可是，我不過是個送麵包的。我懂什麼？」芬雷回想。

乘客們什麼都沒說。看到左側引擎冒火的空服人員也不講話。數分鐘後，這架波音 737 客機墜毀在小村莊凱格沃思（Kegworth）的公路上，距離跑道不到 1,000 公尺。飛機栽進田野，撞上樹木，又衝入堤岸，機身前半截折斷。座位上方置物櫃的行李飛出，造成 118 名乘客多數頭部受傷。座椅往前衝，折斷他們的腳。芬雷與湯普森是凱格沃思空難的倖存者，47 人死於 1989 年 1 月 8 日這場空難。芬雷的脊椎「繫於一線」。湯普森的雙腿粉碎性骨折。

如果空服人員或一名乘客有說出來，或許可以拯救將近 50 條人命。[1] 但是，沒有人講話。在最後一刻，機師試圖重新啟動被他關掉的正常引擎，卻為時已晚。空難調查結論指出：「假如看到左側引擎故障的機組人員有採取任何行動，或許便能阻止這場事故。」[2]

人為疏失是空難的最常見原因。[3] 根據美國國家運輸安全委員會分析 1978 至 1990 年的空難，在機師出錯而造成的意外之中，84% 是因為資淺人員不敢提出憂慮或挑戰資深人員，或者是因為缺少監督。[4] 為了預防凱格沃思之類的悲劇，鼓勵低階機組人員發表意見的機組人員訓練計畫變得普遍起來。可是，這類計畫似乎沒那麼有效。在空服員、座艙長與機師覺得基於安全性有必要發言的案例，將近半數的案例都沒有人說出來。[5]

為什麼即便可能造成致命意外，人們卻仍然保持沉默？為什麼他們未能做出最緊急、立即的人類連結？

恐懼。蘇黎世聯邦理工學院（ETH Zürich）管理教授娜汀・賓納菲爾德（Nadine Bienefeld）和古德拉・格洛特（Gudela Grote）表示，飛航團隊人員不把話說出來的原因是，他們害怕破壞關係，害怕懲罰。[6] 如同一名空服員所說：「我不想惹上麻煩，在我個人檔案被記上一筆。我確信如果我告訴座艙長她違反了安全程序，她一定會生氣。所以我只好希望我永遠不必再跟那位座艙長一起飛。」

不光是航空業人員害怕發表意見。[7] 由金融服務業到製藥業等產業專業人士的一項研究，85% 受訪者表示至少有一次他們不敢舉報工作上的重要問題。他們給出的理由與機組人員類似：擔心被看成是惹禍精，破壞關係與遭到懲處。

無論是在空中或辦公室，人們因為害怕負評而不敢發表意見。大多數人希望被視為友善、能幹及聰明。這種完全正常的人類傾向或許有利於機場候機室裡的人，在工作上卻是有害、甚至致命。而在同時，負面互動對於團隊的生產力、創造力與福祉具有不成比例的影響。

組織、領導人及團隊成員如何組建一個鼓勵坦誠、而非恐懼的團隊？如何讓正面互動取代負面互動？讓說實話不會破壞關係？既能做好事情又讓人們和諧相處？在我們的家庭之外，我們最可能在工作時面對最大的人際關係挑戰。因此，我們首先來審視這個層面。

完美團隊

如果恐懼與沉默可能為團隊與組織造成災難性後果，要如何解決呢？如果我們想繪製一份完美團隊內部的互動網絡地圖，會是何種模樣呢？

在一項代碼稱為亞里斯多德專案（Project Aristotle）的計畫，谷歌（Google）著手建構完美團隊。[8] 這項計畫研究 180 支團隊，為期兩年。之所以取這個代碼，是出於亞里斯多德的名言：「整體大於部分的總和。」在許多企業利用大數據、試圖理解如何讓員工更具生產力（有時更快樂）的時代，谷歌是佼佼者。

為了建構完美團隊，亞里斯多德專案分析所有事情，由人們多常一起用餐，到團隊成員是內向者、外向者或綜合兩者。總的來說，他們進行了 200 多次訪談，分析了 250 多項團隊屬性。

如同亞里斯多德專案一名研究員茱莉亞．羅佐夫斯基（Julia Rozovsky）所說：「我們十分確定我們發現了超級團隊所需要的個人特質與技能的完美組合 —— 找個羅德學者，兩名外向者，一名程式語言 AngularJS 圈鼎鼎大名的工程師，和一名博士。你瞧。夢幻團隊組成了，對吧？我們徹頭徹尾的錯了。團隊裡有哪些人並不是那麼重要，而是團隊成員如何互動、組織他們的工作，以及看待他們的貢獻。沒有神奇演算法那一回事。」[9]

隨著他們深入挖掘，顯然高效能團隊具有不同的文化。他們給人不同感受。不過，文化是個具蛻變性的字眼。它很難界定，更難測量。一些高效團隊在工作之餘，還在外頭聚會。有些則只會在辦公室碰面。一些最佳績效團隊有一位強力的經理人。其他團隊則沒有什麼階級。[10]

最後，亞里斯多德專案找到夢幻團隊的 5 項關鍵：心理學家稱為的**心理安全感**（psychological safety）、可靠性、目標與角色有架構且明確、在工作中獲得個人意義，以及相信團隊所做的工作是重要的。[11]「心理安全感是我們發現的 5 項動力之中最為重要的，它支撐了其他 4 項。」羅佐夫斯基表示。

心理安全感是一種氛圍，讓人們安心發言，承擔人際風險。它無關友誼或喜歡彼此，而是免於人際恐懼的自由。它是存在團體裡的共享感覺，而非一個人擁有的東西。[12]當團隊成員感覺他們可以在團隊裡承受風險，便會提出問題及棘手議題，團隊裡的人不會扯他們後腿，他們可以犯錯而不會被追究責任，他們可以尋求協助，而且他們的技能與才能受到重視，團隊便有了心理安全感。

亞里斯多德專案展開 15 年後，現為哈佛商學院教授的艾美・艾德蒙森（Amy Edmondson）無意間發現職場心理安全感的價值。在研究所時，艾德蒙森研究高效能醫院團隊。她進行調查以了解團隊合作的程度，以及觀察他們的實際行動。可想而知，她預期高效能團隊的醫療疏失會少很多。但在她分析數據後發現，正好相反。合作無間的團隊犯錯率最高，而且差異很大。艾德蒙森很困惑。為什麼更好的團隊反而出錯率更高？最後她明白了，好團隊未必會犯更多錯，只不過更可能承認犯錯、加以討論及從中學習。

事後來看，艾德蒙森認為心理安全感或許不是最貼切的用語。它太溫暖且模糊了，而且感覺太良善。心理安全感不是感覺良善，「而是在於坦誠，」艾德蒙森表示，「在於直接，承受風險，願意說出：『我搞砸了。』在於無法理解時，願意尋求協助。」[13]

在之後 20 多年，艾德蒙森與合作者以她的研究為基礎，調查醫院、學校、政府機構與工廠的心理安全感。數十項研究發現，存在模糊、波動、複雜或不確定的公司，心理安全感可以救人一命，讓員工更有參與感，同時增加獲利能力。[14]

然而，僅 30% 美國勞工覺得自己的意見受到重視。[15] 把此一比率加倍的話，便可減少 40% 的安全意外，以及 27% 的流動率。生產力可提高 12%。

心理安全感讓企業與團隊更成功，因為它促進創新與學習。[16] 在研究德國工業、服務企業與臺灣科技公司等不同環境的團隊之後，研究人員發現若缺乏心理安全感，員工就不願提出新創意，因為害怕被拒絕或者難堪。

恐懼阻礙學習。不過，它可能是有效的短期動力。如果你需要迅速及明確行動，恐懼或許有幫助。可是，我們驚恐時產生的生理與認知需求——心跳加速、掌心出汗、呼吸急促——讓創造與創新變得困難。我們恐慌時，生理資源由掌管工作記憶與處理資訊的大腦部位，被轉移去處理身體認為更加迫切的問題。

停止相互指責

在新生兒加護病房（NICU），團隊24小時挽救小病患的生命，有些都還沒有睜開眼睛、皮膚半透明，最小的嬰兒甚至可以托在父親手掌裡。這裡的技術性工作很嚴格：輸血兩茶匙可以拯救一條性命，但同等的小錯也能扼殺一條性命。

2010年9月14日，在西雅圖兒童醫院，加護病房的護理師金柏莉・希亞特（Kimberly Hiatt）發現她給8個月嬰兒卡伊亞・紹特納（Kaia Zautner）10倍的用藥劑量，她驚恐地求助鄰近的人員。這是她擔任護理師24年唯一犯下的大錯。金柏莉的伴侶表示，她「崩潰了。」最後，金柏莉無法承受這項錯誤，而結束了自己的生命。對於自己犯錯的煎熬，使得金柏莉成為這項醫療疏失的「第二名受害者」。[17]

想像在風險如此之高的環境下，承認錯誤有多麼困難。為了預防害死卡伊亞與金柏莉的悲劇進一步發生，艾德蒙森與華頓教授英格麗・奈姆哈德（Ingrid Nembhard）想要了解如何創造心理安全感。[18]她們研究在新生兒加護病房的1,440名醫師、新生兒科醫師、護理師、呼吸治療師、社工和其他醫療照護專業人士。如果有可能在如此困難與嚴格環境下營造心理安全感，在更為平凡的環境應該也可以。

艾德蒙森與奈姆哈德發現，領導人必須鼓勵參與。他們需要特別努力去詢問同事們的想法。他們需要讓人可以接觸及聯絡到，並且承認可能犯錯。在小型會議時，他們需要詢問他人意見而後再發言，確保他們沒有施加不當的影響。

在茱莉．莫拉斯（Julie Morath）進入明尼亞波利斯兒童醫院擔任營運長以後，她開始設法奠定公開討論疏失的基礎，俾以達成 100% 病患安全的最終目標。她明白醫師、護理師與醫療助理工作的醫療照護體系複雜，而且容易出錯。她不是詢問人們是否有問題或疏失，而是鼓勵他們參與。[19] 她問說：「每件事情都如同你們希望的那麼安全嗎？」她用好奇來取代責怪。[20]

責怪難道不是必要的嗎？如果不究責，工作難道不會變成為所欲為、不受控制了嗎？有可能在不責怪之下要求盡職嗎？這是艾德蒙森聽過很多次的問題。無疑的，一些失敗確實值得責難。刻意的反常或顯然詐欺的行為應該責怪。如果一名員工一再粗心，他們或許應受責罰。在應該責怪到應該稱讚的失敗之間的區間裡，是工作流程本身造成疏失，而不是員工的技能。如果問題的複雜或任務的挑戰導致疏失，那麼個人便不算真的出錯。最後，若實驗製造出團隊或公司可以學習的失敗，那麼這些失敗便值得稱許。

「當我請教公司高層這種區間，再估計他們組織裡有多少失敗是真正應該責怪的，他們的答案通常是個位數，或許 2% 到 5%，」艾德蒙森表示，「可是當我問有多少失敗被**處理**成值得責怪，他們說（在一陣空白或笑聲之後）70% 到 90%。令人遺憾的後果是，許多失敗未被舉報，也無法從中學習教訓。」[21]

藉由明確劃分何種失敗值得責怪，何種值得稱讚，領導人便能建立起足以增加心理安全感的界線。然而，不是只有領導人才能建立心理安全感。團隊本身也能成為心理安全感的建築師。

在團隊感到心理安全時，他們的關係便近似於召集人網絡。一項研究追蹤 69 個服務於政府社群計畫的團隊，為期 10 個月，結果發現心理安全感較高的團隊擁有密集的社交網絡，其中的人員更常彼此合作。[22]

這並不是那麼令人驚訝，因為召集型網絡安全而且深具信任。可是，信任與心理安全感不可混為一談。雖然兩者有關聯，信任是有關兩個人或兩個群體之間的關係。某個人值得信任嗎？心理安全感則是有關群體。群體是否具有心理安全感的氛圍通常是有共識的，即便對於不同成員有多值得信任或許有著爭議。信任亦是有關未來。你是否預期某人將履行他們的責任或者言出必行？心理安全感是一種立即體驗。[23] 在此時此刻，我覺得自己可以發表意見嗎？

然而，就其共同性而言，高信任的網絡與高心理安全感的網絡可能很相似。[24]

想像你所屬的團隊，無分階級，每個人都覺得自己的意見受到重視；不會歷經數小時焦慮才能說出「我犯錯了。」當你必須打電話求救時，電話不會像是千斤重。在這種世界，我們很容易想像共事者更願意向他人尋求建議。

巴黎高等商學院（HEC Paris）的教授馬蒂斯．舒爾特（Mathis Schulte）和華頓的合作者，開始研究團隊內部的人際網絡與心理安全感的感受，如何隨著時間演變，他們的發現正如同上述。團隊有多少的心理安全感，可以預測這支團隊能否成為召集型團隊。此外，隨著團隊內部的連結變得更加強勁，團隊成員逐漸附和別人對心理安全感的感受。

心理安全感具感染力。但人們感覺他們的團隊有心理安全感，他們的同事便也認為有心理安全感。它變成一項自我實現的預言。

在團隊當中植入召集人，便可加速心理安全感的感染力。召集人可以建立必需的連結，讓心理安全感生根。越多連結便可產生越多坦誠。

在團隊組建之初，是讓他們產生心理安全感的契機。如果錯過那個時間點，可能要等上數年才能讓團隊再度感到安全。一項針對 115 個研發團隊的研究發現，心理安全感在新團隊與舊團隊的感受最高，而相處時間不長不短的團隊感受最差。[25] 平均而言，團隊在建立 6 個月所感受到的心理安全感，要等到相處將近 6 年時才能再次感受到。把握這種時間契機，確定團隊裡有召集人，建立參與的常規，便可確保一支完美團隊。

工作上的混蛋

一句惡意評論便足以毀掉心理安全感。想像你和 5 個人密切工作了兩個月。你的團隊設立了慣例與原則，以確定大家覺得自己的意見被傾聽與尊重。同事們彼此傾聽，提出真心好奇的問題；大家十分清楚什麼值得責怪，什麼不是。一個星期一，你們開會討論如何改善流程。你提出一個新主意。有人回說：「老實說，那根本不管用。」或者有人說：「我們早已試過了。」甚或只是被白了一眼。如果你和大多數人一樣，在開完會之後很久，你都會一直想著這件事。你或許在腦海中重演這段對話，說著你希望當時你有那麼說的話，或者想著其中一名團隊成員真是個混蛋。下次你或許會再三猶豫要不要提出建議，其他團隊成員也會這樣。團隊的心理安全感已遭受重創。

說話無禮這種看似無害的事，可能造成性命交關的後果。在 4 家醫院的 24 支新生兒加護病房團隊，距離艾德蒙森研究心理安全感的場所數千英里之外，一組研究人員觀察惡劣成員的潛在後果。[26] 在隨機指派醫師與護理師組成團隊之後，他們被告知一名美國專家將觀察他們。在一長串談話之中，這名「專家」夾雜了幾句無禮的話，包括提及他在自己的部門所觀察的團隊「撐不過一星期」。在對照組，他沒有說任何失禮的話。在聽過「專家」的話以後，他們被指派一個早產數月、腸道急速衰竭的新生兒病例。

聽到無禮言論的團隊比較不會分享資訊與尋求協助。結果，他們更無法準確診斷嬰兒的情況。他們也更不會提出正確的實驗室測試，好好進行搶救，以及給出正確的治療。總而言之，診斷的差異有半數以上原因被歸咎到粗魯發言，有效治療的差異則占了 43%。作為比較，長期睡眠不足只占臨床表現差異的四分之一原因。[27] 你寧可找一支已經 30 小時都沒有睡覺的照護團隊，也不要一支剛跟混蛋講過話的團隊。

不只是護理師而已。粗魯無禮在大多數組織都像是疫病一樣。喬治城大學教授克莉絲汀・波拉斯（Christine Porath）的研究發現，98% 的勞工均表示曾在工作上遭遇粗魯對待。[28] 近半數員工每週都成為無禮行為的對象。我們的同事是我們一些最困難的連結。

幾乎每個經歷過無禮的人都做出某種負面的回應。許多人進行報復。[29] 曾被無禮對待的員工，近 95% 表示他們跟那個壞蛋算帳，另有 88% 表示他們報復了雇主。這往往會惡化到失控，剛開始是粗魯的小動作到最後變成蓄意挑釁。

另一個共同的反應是辭職。如同一名經理人所說：「我傷心、生氣，又有點嚇到了。起先我想要報復，可是風險太大了。我試圖用鎮靜、邏輯的方法回應，反而讓他更加惱怒。他又爆發時，我明白他已越過一道線——事情永遠不會再一樣了。我又待了兩年，但再也不努力工作。我已不那麼在意了。」[30]

波拉斯與克莉絲汀・皮爾森（Christine Pearson）在合撰的論文〈無禮的代價〉（The Price of Incivility）表示，辦公室無禮的受害者出現大幅的行為變化：48% 不再努力工作，47% 減少工作時間，38% 故意做出劣質工作，80% 把寶貴時間用於憂慮該起事件，78% 對組織不再投入，66% 工作績效下降，12% 最終辭職。[31]

即便員工沒有因為無聊而刻意降低效率，激烈的蠻橫遭遇可能損及績效。舉例而言，憤怒減弱認知功能，消耗心理資源。在一項實驗，波拉斯和同事艾米爾・艾瑞茲（Amir Erez）找來受試者，並請一位演員扮演姍姍來遲的受試者。實驗人員告知那名演員，因為他遲到了，請他離開。等他出場後，實驗人員對著其他受試者說：「你們這些大學生是怎麼搞的？你們總是遲到；太不專業了。我在其他大學做過這類研究，我可以告訴你們，這裡的學生作為受試者實在太不夠格了。」波拉斯與艾瑞茲接著請受試者設想一塊磚頭的用途 —— 有些奇特，但這是評估創意的常用方式。受到粗魯對待的受試者提出的創意少了 25%，而且更沒有創造力。[32]

心理安全感具感染力，負面性也是。憤怒、焦慮、孤獨和恐懼都具感染力。它們經由網絡而傳播。[33]

「無禮是會蔓延的病毒，」波拉斯寫道，「讓受到牽連的每個人日子更難過。無禮可能由一間辦公室發端，在不知不覺中，便竄到大廳及往上 3 層樓，還有休息室，感染到可能需要聯絡客戶與顧客的人。置之不理的話，無禮可能拖垮整個組織。人們變得不仁慈，沒耐心，沒精力，失去樂趣。那些遭到不文明對待的人也更沒有貢獻。」[34]

為了解這種傳染是如何蔓延開來，威爾・費爾普斯（Will Felps）成立一些 4 人小組，包含 3 名大學生和一個名叫尼克的演員，他將扮演「混蛋，懶鬼或者憂鬱悲觀者」。這些小組要進行一些很基本的商業決策，表現最好的可以獲得 100 美元。在其中一些小組，尼克會有各種叫罵，例如「你是在開我的玩笑嗎？」或「你真的有上過商業課程嗎？」在別的小組，他會扮演懶鬼，腳蹺在桌上，吃零食，跟朋友傳簡訊。扮演憂鬱者時，他時常把頭垂得低低的，想念著他快要死掉的貓咪。

儘管小組各有能量，每當有尼克在其中做怪時，他們就表現得很糟。無論其他小組成員有多麼聰明、能幹或有魅力，都沒有差別。一次又一次的實驗證明，有混蛋、懶鬼或悲觀者在其中的小組，績效都低了 30% 至 40%。

更令實驗人員意外的是，小組成員對待彼此的態度。當尼克扮演混蛋時，人們便保留資訊。他們會爭吵。「詭異的是，這些成員開始模仿他的特點。」菲爾普斯表示。他將小組活動時錄影下來。尼克扮演混蛋時，小組成員開始變得粗魯無禮或辱罵。當他扮成懶鬼時，那種行為也會蔓延。在一段影片裡，「所有成員都坐得筆直，精神十足，很熱切地想要進行這項可能有趣及有挑戰性的任務。然後，等到結束時，和尼克一樣，所有人的頭都垂到桌上了。」他的憂鬱悲觀感染了整個小組。

在大多時候，一顆老鼠屎壞了一鍋粥。[35] 唯獨有一個案例很不相同。有一個小組不受尼克行為的影響。其中一名成員是外交官之子。他提出許多問題，徵詢每個人的意見，並讓大家彼此傾聽。在與費爾普斯訪談之中提及這個案例時，電台節目《美國眾生相》（*This American Life*）主持人艾拉・格拉斯（Ira Glass）表示：「如果真是如此，如果傾聽便足以克服惡劣行為，如果傾聽比惡意、懶惰或憂鬱更有力量，那就像是兒童故事裡的噱頭，好得不像真的金科玉律：藉由彼此傾聽，試著彼此了解，我們便能做到沒有人可以搞破壞。」

如果無禮如此具毀滅性，為何這麼頻繁地發生？波拉斯在至少 17 種產業數百名員工的調查中找到兩個共同的解釋。[36] 50%

以上的員工表示他們之所以粗魯，是因為他們忙不過來，40% 表示他們沒有時間對人和藹。

另一個理由是權力。多達四分之一員工認為，如果他們和藹，會被人覺得不勝任領導人。[37] 有些時候，他們或許是對的。一項訪調 4,428 名員工的研究發現，仁慈、合作和同情不利於升遷，雖然程度不大。[38] 其他研究發現，難相處反而提升團體採納你意見的機率。[39] 然而，亦有研究呈現正好相反的結果，亦即有禮貌增進了領袖能力的觀感。[40] 研究結果相互矛盾的部分原因在於，做個混蛋是有風險的。它會造成極端結果。[41] 例如，自戀型執行長的公司要不很棒，要不很糟。

遺憾的是，隨著每次升遷，你可能越來越難對人和善。無禮的人可能手握大權。如果你在工作時遇到混蛋，那很可能是你的老闆或長官。位高權重的同事比起其他員工，有 3 倍機率去打斷人家講話、辱罵和吼叫。[42]

權力讓人粗魯，更可能叫罵、賭博和性騷擾。即使你給人們少量的虛假權力，他們也會變得自私與衝動。權力亦使人們更不考慮別人的想法。哥倫比亞大學教授亞當・賈林斯基（Adam Galinsky）和同僚們用創新方式證明，權力感導致自我中心。[43] 在誘發高權力或低權力感之後，研究人員要求每位受試者在他們的額頭寫下英文字母 E。相較於感受低權力的人，那些被刻意塑造高權力的人有高出將近 3 倍的機率，會用自己的角度寫下 E。他們自己讀得懂，但別人看到的卻是反過來。相反的，低權力的人更可能在額頭上反方向寫下 E，別人便可看得懂。著有《權力的悖論》（*The Power Paradox*）的達契爾・克特納（Dacher Keltner）指出：「當你感覺權力在握，你便與他人失去聯繫。你不再細心留意別人的想法。」[44]

權力當然也可以是好東西。它鼓舞行動，促使人們在有風險或不確定之際採取主動，而加了掌權者的福祉。如克特納所說：「我的研究證明，權力讓我們陷入類似瘋狂狀態——讓我們感覺擴張、精力旺盛、無所不能、渴望回報和不畏風險——我們因而採取輕率、魯莽與不道德的行動。」[45]

善不勝惡

不到一成的同事是真正的敵人。研究通常發現，我們的工作關係有介於 1% 至 8% 是負面的。[46] 未若無禮舉動，負面關係持久且反覆發生。這種關係的特色經常是衝突、嫉妒、批評、羞辱和拒絕。儘管人數很少，他們對我們的心情、福祉和生產力卻有著不成比例的衝擊。

「壞情緒，壞父母和壞回饋的衝擊大於好的，而且壞資訊處理得比好資訊更為徹底……壞印象與壞成見更易形成，更不易破除。」羅伊・鮑梅斯特（Roy Baumeister）和同儕們在一篇有關壞權力的經典報告一開頭便寫著。[47]

人類有多少核心情緒一直有許多爭論，為了方便舉例，我們來看 6 種最常見與最基本的情緒：憤怒、恐懼、悲傷、喜悅、厭惡和訝異。注意到其中的共同性了嗎？我們情緒大多是負面的。

在一項更為深入的研究，詹姆士·艾維里爾（James Averill）發現 558 個形容情緒的英語單字。[48] 傳達負面情緒的字眼比形容正面情緒的多出一倍半。這些用語有 62% 具負面性，僅 38% 的情緒被視為正面。

我們的生活體驗也是差不多。不好的事情發生在我們身上時，我們心情受到的衝擊遠甚於我們驚喜的時候。比起好心情，壞心情更可能持續，延續到隔天。人也是一樣。壞事的力量意味著我們需要與朋友或同事更多正面互動，才能克服一次壞互動。關係大師約翰·高曼（John Gottman）指出，在婚姻中，這個比率是 5 比 1。他表示，想要婚姻幸福，你需要 5 次正面互動才能克服 1 次負面互動。[49] 若低於該比率，你的關係便可能觸礁。

壞事具有的力量源起於危險。如同鮑梅斯特與其同儕所說：[50]

> 從我們的觀點，經由演化，惡比善更加強大。我們認為，貫穿我們的演化史，更能適應壞事的生物將更可能由威脅存活下來，因而提高延續它們基因的可能性……忽略正面結果的可能性，人們日後可能後悔莫及，因為錯過歡愉或進步的機會，可是這不會造成什麼可怕的後果。相反的，只要有一次忽略危險（壞結果的可能性），便可能導致傷殘或死亡。

雖然你不太可能因為辦公室敵人而直接導致傷殘或死亡，一項追蹤女性長達 10 年的研究結論指出，有壓力的工作致使心血管疾病風險升高38%。[51] 一項調查的7%受訪員工表示，職場壓力讓他們上醫院求診。[52] 當然，並非所有職場壓力都源於同事負面互動。可是，一項調查發現，半數受訪者將辦公室壓力列為惡質同事的主要影響。[53] 無論是敵人、一段剝削性關係或對手，這些負面關係並不只是正面關係的相反而已。[54]

管理社交網絡的基本規則——相互性、同質性、偏好封閉——通常不適用於敵對關係。或許最令人意外的是敵對關係缺乏相互性。只是因為你不喜歡某人，不代表他們也不喜歡你。以往的研究發現，友誼等正面關係的相互性大約是負面關係的3到6倍。換句話說，暗地裡的敵人比公開的敵人多很多。

和善不是一切

如果企業想要促進有禮，而不是成為無禮的來源，可以怎麼做呢？「許多公司在大廳裡展示動聽的價值宣言，例如：正直、溝通、尊敬、卓越，」網飛（Netflix）著名的文化集簡報一開始這麼說。「安隆（Enron）的主管入獄，因詐欺而破產，該公司大廳便陳列著上述價值……相對於動聽的價值，實際的公司價值是由獲得報酬、升遷或者被革職的人來證明。」該聲明又說。[55] 這項聲明爆紅，被臉書營運長雪瑞兒．桑伯格（Sheryl Sandberg）稱為「出自矽谷的最重要文件」。[56]

網飛的僱用與晉升政策有兩項核心價值：該公司不容忍不夠卓越的任何表現，以及絕不包容「天才混蛋」。[57] 如執行長瑞德．

哈斯汀（Reed Hastings）所說：「一些公司容忍這些。對我們來說，這對有效率團隊造成的代價太高了。」

網飛有著史丹佛大學教授羅伯・蘇頓（Robert Sutton）所說的「拒絕混蛋守則」（The No Asshole Rule）。[58] 在他這本同名的出色書籍中，蘇頓提出重要的建議，包括：

1. 只要一個或兩個笨蛋便能毀掉一個原本健全、協調的職場。
2. 唯有遵守與實施，規定才有效。「言明規定，寫明規定，執行規定。但若你無法或者不願遵守規定的話，最好根本什麼都不要說。」
3. 辨認混蛋的最佳測試之一，是觀察他們如何對待權力不如他們的人。

聘用是經理人具有最大影響力的地方之一。可是，在面談之中辨別一個人的真實模樣並不容易，如 Weebly 公司執行長大衛・魯森科（David Rusenko）所說：「混蛋可以在面談時隱藏，可是基於某種原因，他們藏不了一整個星期。[59] 我不知道為什麼，但是一個星期內都會顯露出來。」為了揪出潛在的混蛋，Weebly 邀請工作應徵者來上班一星期，以觀察狀況。

就算你無法進行完整的測試，至少要盡可能取得資訊。在取得參考意見時，也要詢問部屬及長官的回饋。帶辦公室裡的兩個人和可能的同事一起去吃午餐。觀察他們如何對待服務生？他們是否壟斷談話，只談論他們自己，或是對同桌的其他人真心感興趣？他們是否瞧不起女人或少數族裔？最後，如果你從管理者或將來是他們部屬的人口中聽到豎起紅旗的事情，就結束了。無論他們在紙上看起來有多麼優秀，可能都不值得。

值得一提的是，你或許不會覺得網飛是特別「和善」的職場。人們不是坐著吃巧克力碎片餅乾、喝熱牛奶而已。如同心理安全感不在於和善，有禮也不是只要和善即可。網飛可說是競爭最劇烈、割喉式企業之一。該公司有一套「管理人測試」[60]——凡是他們的經理人「不想爭取留任」的人都會被開除。甚至連幫助創作網飛文化集（culture deck，編註：企業宣示自身價值和文化的文件）的珮蒂．麥寇德（Patty McCord）都被執行長革職了。[61]

網飛或許做得太過頭了。在討論該公司的企業文化時，人們時常表達恐懼。不過重點是，想要防止混蛋不代表每個人都要做好人。

除了僱用，在剛開始組成一支團隊時，也是好好設定團隊文化的絕佳時間契機。此時的心理安全感會是未來數年的最高水準。每年在 MBA 新生訓練之後，我會看到數十個團隊形成。通常在觀察他們半小時之內，你便可以看出數個月後他們的情況。為他們錄影，讓他們有機會親眼看見他們彼此相處，並且請他們誠實表達自己的行為，以及建立初期團隊規範，可以協助團隊走上正軌。

對付混蛋的一項有力方法是讓他們看看自己的行為，並且自己做出結論。正面衝突不總是最有效的措施。如果你計畫跟某人對質，提出他們不受人喜歡的特定行為，要好過以偏概全或者籠統概括。支持你的評斷的事例與人證越多越好。

在攻擊前，試著不要妄下評語。事實上，大多時候，人們並不明白他們在散播負面性。[62] 你永遠無法明白人們生活中究竟發生了什麼事，以致他們喜怒無常。如果他們正在離婚之中，他們或許比平時更不能集中精神，或者更容易擴大一個問題。受傷的人會去傷害別人。只要讓他們注意到這點，或許就能創造奇蹟。

實際上，我們每個人或許在某個時候都曾表現得像是個混蛋。接著來看一個職場霸凌的極端案例。根據 2017 年一項針對 1 萬 1 千名美國人的調查，近 20% 表示他們曾是別人欺凌的目標，可是僅不到 0.5% 表示他們霸凌過別人。員工們指責別人的機率，比承認自己有錯的機率高出近 60 倍。[63] 就像俗話說，當你用一根手指指責別人，別忘了有三根指著自己。

蘇頓提供一些診斷，或許可幫你了解自己是否浮現混蛋傾向 [64]：你是否把同事們當成競爭對手？覺得自己被弱智者包圍並覺得有責任偶而讓他們知道？有調侃及奚落別人的傾向？發現自己身陷電郵謾罵戰？你一走進房間，裡頭的人便走光了？

權力、壓力和疲憊往往讓原本甜美、仁慈的人變得像暴君和折磨者。假如你有時候做出自己後悔的舉動，不要痛責自己。我們都是凡人。檢討一下導致你那種行為的環境。你感覺受到威脅？害怕？被權力迷昏了頭？解決行為觸發點，可能是個人改變的實用出發點。如果你覺得很勇敢，不妨考慮道歉？改變自己的行為與觀點，比起改變辦公室其他人來得簡單多了。

辦公室裡充滿尊重與坦誠並不只是很好而已，在一些團隊與職場，有禮實際上可創造更好績效與增加晉升的機會。在一家生技公司的研發部，被視為有禮的員工——別人覺得這些員工尊重他們，而且有禮貌——更常被徵詢意見，而且相較於無禮員工，「高出兩倍機率被視為領導人」。[65]

尊重別人終究會得到回報，理由有二。第一是報答。受到無禮對待的被害者，近三分之一會報復，他們散播謠言或者不跟加害者分享資訊。[66]第二是有禮讓你得以克服蘇珊．菲斯克（Susan Fiske）及同僚所說的溫暖－能力妥協。[67]溫暖加能力，可以解釋別人對你的看法與你所獲得的回報的九成差異。問題是，如果你被視為溫暖，往往也被視為無能。然而，波拉斯發現，有禮的小舉動，像是微笑與謝謝你，使得溫暖與能力的觀感分別提升27% 及 13%。[68]反之亦然。一名離開一家「毒性、恐怖和壓抑的公司」的員工吐苦水說：「我的上司從來不曾跟我說過一次『早安』。當我說『早安』，我的上司沒有任何反應。」[69]

早安，謝謝你和小舉動，是文明生根之處。「我們大幅低估了感謝的力量，」亞當．格蘭特表示，[70]「舉例來說，在你給某人就應徵工作的履歷表提供意見之後，只得到一句簡單的謝謝你。你能猜到單單是謝謝你這幾個字，不但便足以將他們願意再次幫你的機率提高 50%，還可能讓他們更加願意去協助有需要的人嗎？」尊重並不需要急遽的個人改變。

本書大部分篇幅都集中在社交關係所能提供的好處。可是，關係是否健康取決於正面與負面性之間的平衡。在家庭之外，我們最可能在工作上遇到困難關係。工作上的關係往往很脆弱。很多時候，工作關係沒有朋友關係那種深度與韌性。家人與朋友的關係往往足夠堅強與多重，可以支撐正面與負面性。但工作關係就不是這樣。我們的工作關係需要防範負面性。

建立快樂、健康、運作良好的團隊，比起修復變得惡質的團隊來得簡單太多了。每支團隊在誕生時都有機會培養成功所需的坦誠，亦即形成尊敬與有禮的文化。

但是，有時候文化變得太過惡毒，最好是離開。蘇頓寫說：「我支持辭職。」[71] 某些被激怒的員工離職的方式比較戲劇性。從事空服員 20 年的史蒂芬．史萊特（Steven Slater），請一名乘客留在座位上，因為飛機尚未停妥。但該名女性乘客拒絕了，她在翻弄的行李箱由頭頂置物箱掉下來，砸到史萊特。這名女性接著開始辱罵他。史萊特覺得他再也不要受氣了。[72] 他用機上廣播系統點名那名乘客，廣播說「好極了，」然後由手推車拿了兩罐啤酒，啟動緊急逃生滑道，高興地逃走了。

「史萊特是我們的經典，他做了我只敢想像的。」一名空服員老實說。[73] 一些組織設法營造出真心尊重的社群，即使他們是建立在交易關係上，例如買飛機票。有些則否。可是，身為個人，我們可以選擇去找尋與促進快樂或正面性。如果一切都失敗的話，或許就該前往緊急出口了。

第九章

工作與生活

在我 40 歲生日的前兩天，我先生、我們的 3 個小孩和我擠進一部小巴，在清晨 4 點 30 分前往機場。我們已離家 3 個多月，旅行了 3 萬 1 千英里。我的大女兒雪梨在和她同名的城市衝浪。嬰兒朱利安在哥斯大黎加學會爬行。3 歲的葛瑞絲對印尼友人送她的猴子玩偶愛不釋手。這是我的版本的《享受吧，一個人的旅行》（*Eat, Pray, Love*）[1]，我並且享受它所帶來的特權。不過，我不是在追尋心靈啟發，而是工作與生活平衡。

在我們離家的 105 天，我是個全職母親。在母親節，雪梨拍了一段影片送給我，在影片裡她訪問葛瑞絲。其中一個問題是「媽媽的工作是什麼？」葛瑞絲的臉上流露困惑的神情，遲疑了一下回答說：「嗯……確保我安全？」她只知道我身分的其中一個層面，給我帶來意外喜悅。

這趟旅行之所以可以成行，是因為我沒辦法休傳統育嬰假。朱利安出生 6 個月後，我才能休假。不過，朱利亞和我非常幸運，生產順利，而且他肯喝奶瓶。沒有人叫我一生完就要回去工作。但是，我覺得別無選擇。我屬於一個教學團隊。他們是我的朋友。我覺得對他們有責任。

我們口中所說的「大旅行」，也是先前過勞引起的強烈反應。我在上次產假之後明白，如果不真的離開辦公室，我便沒有時間陪伴嬰兒。我的操勞亦超過自己所了解的。以我的案例而言，我才是問題的主要部分。

對許多父母來說，休假陪伴新生兒在財務上並不可行。我很幸運可以休假，完全不工作。美國四分之一女性在產後兩星期便回去上班。[2] 在兒子傑登出生 3 個星期後，娜塔莎・朗恩（Natasha Long）便在她工作的愛珂（ACCO）辦公用品工廠外的卡車上擠母乳，淚水不斷流下。「我覺得很孤獨，」她說，「我想從地表消失。」

對許多男性及女性而言，工作造成的關係糾纏並不完全是財務需求造成的。在離開「百事家庭」（PepsiCo family）的告別辭當中，前任執行長英德拉・努伊（Indra Nooyi）分享她最大的遺憾之一：「要認真思考時間。我們在這世上的時間太少了。把握你的每一天，保留時間給重要的摯愛。以我來說。我很幸運有著美好的職業生涯，但是要我老實說的話，有時我希望我有花更多時間陪伴孩子與家人。因此，我鼓勵你們：留意你在未來道路上的選擇。」[3] 作為一個痛苦的提醒，她保留一封年輕時女兒寫給她的一封信。信裡頭寫著：「親愛的媽，拜託，拜託，拜託，拜託，拜託回來。我愛妳，可是，如果妳回來，我會更愛妳。」[4]

我曾經聽過，平衡是你錯過之後才知道的東西。我已經放棄平衡的這種概念。它讓我想到一枚立起來搖晃不穩的硬幣。結束旅行，回到辦公室不到一星期，我又開始在晚餐前的時間檢查電子郵件。翌日早晨，等到該出門上班的時間，葛瑞絲不耐煩地跟我說「走吧」。又到了該做調整的時間了。不過這次是微調，而不是去旅行。

工作不只是我們做的事情，亦與關係有關。我們有的關係與工作上的關係導致我們做出取捨。英德拉把同事們當成家人。一些人卻是對於公司是個大家庭的觀念退避三舍。我回去上班不是因為受到指示或害怕丟掉飯碗，而是因為我覺得對同事們有義務。

我們已看到，再也沒有比職場更難管理關係的地方了。可是，某些人際網絡更能管理多種關係層面所衍生的複雜性。仲介人擁有更多工作與生活的平衡。根據我的研究，位在仲介人與召集人量表頂端 10% 的極端仲介人，表示工作和生活平衡的機率比召集人高出三成。為什麼？

分隔者與整合者

談及工作關係，一名心臟病學家表示：「晚上回家的時候，我努力把辦公室拋到腦後。這是長途開車回家的療癒事項之一。如果我只需 5 分鐘便能到家，我或許會花更多時間去想工作事情。你就得設法恢復更多生活。」[5] 我毫不意外地發現這名心臟病學家是仲介人。

每個人對於習慣私人生活與工作生活重疊的忍受程度不同。分隔者，例如那位心臟科專家，喜歡分隔工作及家庭生活。他們豎立起「心理圍籬」。他們時常利用空間距離與時間去劃分領域。分隔者喜歡需要開車才能上班，而不是走路便能到達的距離。他們有不同的行事曆，甚或不同的手機，作為家庭與工作之用。

整合者則比較習慣友誼、家庭與工作之間的界線模糊。他們在工作世界與家庭世界之間輕鬆穿梭。[6] 早上幫小孩換尿片，下午主持會議，並不需要什麼心理與生理的轉折。他們的辦公室牆上掛著家人的照片。他們星期六在床上回覆電子郵件。

分隔者往往同意下列說法，例如「我寧可將工作生活維持在工作上」[7] 與「我不喜歡在家時想著工作」。整合與分隔分布在同一個量表上。在有關這個主題的一項重量級研究中，布雷克·艾許佛斯（Blake Ashforth）和同僚提出兩個極端案例。[8] 一名脫衣舞舞者，他對朋友與家人隱藏他的工作，屬於極端分隔者，而一名住在修道院的修女則是極端整合者。可是，我們大多數人介於這些極端之間。

分隔與整合量表有許多層次：我們如何處理時間、打擾、空間界線，以及最重要的，我們的關係界線。這些都反映在我們的社交網絡。

我的共同研究者尼可拉斯·凱普蘭（Nicholas Caplan，也是我的先生）和我調查了 500 多人，我們發現大多數人接近量表上分隔的那一端。如果有人是完全的整合者，他們在我們量表上的分數是 1。如果他們是完全的分隔者，他們在我們量表上的分數是 5。如果他們完全沒有差別，就是 3。我們調查的人平均分數約為 3.8。他們大多偏好分隔。可是，接近四分之一的人處於量表的高端，分數超過 4.5。他們是名符其實的分隔者。

其他研究亦發現類似的數值。谷歌一項野心勃勃的調查追蹤逾 4,000 名谷歌用戶，結果發現 31% 是分隔者。可是，特別有趣的是，調查裡超過一半的整合者希望他們能做好分隔。[9]

但是，這兩者並不是其中之一勝過另一種。[10] 整合者在兩個領域之間轉移所花的時間與精力比較少。如同臉書營運長桑伯格在哈佛商學院一次主題演說向畢業生說：「我不認為我們可以從週一到週五做專業自我，其餘時間則做真正自我。」[11] 用這種方式看待工作，或許讓星期一稍微輕鬆一點。整合者能夠把身分的不同部分融入工作，例如，母親、工程師與畫家，亦可降低試圖分離角色的緊張。這亦可增進整合者在家庭與工作的體驗。舉例來說，如果某人真心喜愛工作，而且因工作而充滿能量，便能將正面情緒外溢到家裡。[12] 另一方面，如同華頓商學院教授，同時也是工作與生活專家的南西．羅特巴德（Nancy Rothbard）說：「分隔的好處之一是，分隔者實際上報告的福祉程度高於整合者。」[13]

分隔者獲得的福祉好處之一，可能來自於他們如何處理關係。分隔者不只想把工作留在工作時。根據為這個名詞冠名的克莉絲特娜．尼伯特－恩（Christena Nippert-Eng）所述，「典型分隔者」亦迴避工作上的友誼。[14] 對分隔者來說，由家庭跨越到工作或者反過來跨越的關係「威脅到每個領域的完整與目的，以及它們伴隨的自我。」

吉米是一位30歲的實驗室技工，有3個小孩，他向尼伯特－恩說明他對「私人」侵犯工作生活的不安：「如果他們需要我做什麼，我會去做。無論是什麼事。只要不涉及私人……婚姻出問題之類的。我感到不舒服，因為我覺得這是很私人的事。首先，我覺得我幫不上什麼忙。他們此時又說，聽他們吐苦水也是幫忙。但是，我感到不自在——就像我說過的，特別是我跟他不熟的話，我不想要從外頭跟他有關係。」

在大學擔任研究協調員的羅伯，則不認為工作與「外頭」之間有什麼區隔。他是個整合者與召集人。在一個星期二，他計畫和凱拉打排球，他們已是12年的朋友。凱拉搬到距離他4戶之外的地方。當日稍後，他和艾希莉及其他6名同事一起慶生小酌。羅伯是辦公室裡的萬人迷。有人需要了解如何處理繁文縟節時，便去找他。當人們尋覓舉辦派對的地點，也去找他。他們跟他講的事情，是不會對辦公室其他人講的。他讓其他人感覺安心，降低他們的圍籬。

在規劃大型的40歲生日活動時，羅伯考慮應該邀請誰來參加。一名友人問羅伯他想要邀請誰，而不是他覺得必須邀請的人，羅伯回答：「嗯，如果可以的話，我想要邀請我的治療師、美髮師和按摩師。」羅伯說友人不可置信，並回答：「你是我認識唯一會跟按摩師、美髮師出去喝酒，會邀請他們和核心圈友人一同參加你的生日派對的人。」

為什麼一些人對於模糊工作朋友與「真正」朋友的界線感到自在？對於交易與親近關係之間感到自在？「嗯，我不清楚有多少是先天或後天？」羅伯說。「我在土耳其長大，高中校園裡沒有很多美國人……幾乎所有的外派人員，不論年齡，都是我的叔叔阿姨……我很習慣沒有血緣的親戚。」由於他父母的工作調派性質，他在 5 年內讀了 9 所學校。在他認為，「家不用是一個實際場所；親戚也不用有血緣關係。」

分隔與整合的偏好係根據成長方式、性格、照護責任與性別而形成。[15] 可是，工作的需求與性質將決定何者真正可行，例如老闆是否期望你在一小時內回覆電子郵件，公司社交活動是否一定要參加。

我們在不同程度上都被推往更加整合。電郵、智慧型手機和視訊會議，讓我們比以往更加隨傳隨到。社群媒體讓同儕們看到我們以往不會被看見的生活片段。隨著工作趨於全球化，朝九晚五對許多員工來說根本不可能。公司內部設有健身房和日托中心，讓人們把寵物帶進辦公室。公司安排社區服務日，提供免費晚餐，廚房裡還有啤酒桶。人們逐漸被主流媒體與執行長鼓勵「把他們的全部自我帶來工作。」有關真正了解的浮誇之詞氾濫。例如，最近一篇《富比世》（*Forbes*）報導開頭寫說：「你有多麼了解同事？真實認識他們。你知道他們最大願望是什麼？他們還是兒童時想做什麼？什麼會讓他們難以成眠？有可能我們工作時的私人對話都只維持在膚淺層面。」[16]

工作朋友

大多數人沒有很多親近的工作朋友。我們把大部分一起工作的人視為同事或陌生人。平均而言，人們有 5 個工作朋友，但我們通常不會把他們當成摯友。只有 15% 達到「真正朋友」的標準。[17] 換句話說，大多數人只有一個真正的工作朋友。

為什麼在工作時交朋友那麼困難？如果這麼困難的話，到底值不值得？

員工對於他們在辦公室跟誰互動，通常沒有什麼選擇。我們的團隊成員、辦公室鄰座的人和主管，經常是被指派的。工作關係的半自願性質，是工作上交朋友比起在「外頭」交朋友困難許多的原因之一。

職場不利於友誼的另一個原因是其交易性質。為了一份薪水，你同意工作一定時數或生產一定數量商品。若是友誼的話，你幫助朋友是因為他們有需要，而不是因為你期望獲得回報。工作生活主要是追求工具性目標，通常是賺錢。[18] 友誼則是攸關情感——愛，喜悅，分擔悲傷。

根據維多利亞大學心理學家佛瑞德·葛勞茲特（Fred Grouzet）及其同僚指出，金錢與社會連結是互相衝突的價值。[19] 這些研究人員請澳洲、埃及、中國、美國和韓國等地的 1,854 名大學生，評估 57 項目標對他們的重要性。這些目標涵蓋多個層面，包括享樂、安全、靈性、人氣、從眾（conformity）、自我接受和社群。依據受訪者的答案，研究者繪製了一份地圖。人們對於相似目標的評比，例如身體健康和安全，都在地圖上靠得很近。評比有差別的價值，亦即有的人覺得很重要、其他人則覺得沒那麼重要，則在地圖上離得很遠。財務成就位於社群及親和性的正相反方向。

數十項心理學研究發現，考慮或接觸金錢讓人更不慷慨，更不幫忙，更不可能社交。[20] 人們在社交或性愛之際是最快樂的。[21] 但是，加州大學洛杉磯分校教授凱西·莫吉納·荷姆斯（Cassie Mogilner Holmes）指出，僅僅是提到金錢便會讓人們改變自己的優先順序。[22]

荷姆斯讓 318 位成年人進行一項任務，請他們在 3 分鐘內由 4 個字之中儘量組合出 3 個字的句子。一些受試者拿到的單字與金錢有關（例如：thc、change〔改變〕、price〔價格〕），其他人則是拿到與時間有關的字（例如：the、change〔改變〕、clock〔時鐘〕）。三分之一的對照組拿到中性字眼。想到金錢的那組更可能表示他們計畫在未來 24 小時工作。相較於想到時間的那組或是襪子等隨機字眼的那組，金錢的那組亦更少表示計畫在未來 24 小時社交或性愛。除了計畫想做的事情，在另外一項研究，比起思考其他主題的人，被要求思考金錢的人們比較可能工作，而不是社交。

格蘭特認為，工作逐漸趨於交易性質，或可解釋職場友誼縮減的部分原因。[23] 以前，我們的工作與私生活往往重疊。1985 年，將近一半美國民眾在辦公室有一名「親信」。[24] 等到 2004 年，只剩三成民眾表示有辦公室好友。如果我們從世代來看，

1976 年高中畢業的嬰兒潮有 54% 重視可以交到朋友的工作。[25] 而在 X 世代，也就是第一任布希總統期間畢業的人，這個比率為 48%。至於千禧世代，又降到了 41%。

而在同時，休閒時間的重視程度不斷升高，由 1976 年到 2006 年幾乎增加一倍。格蘭特寫說：「當我們把工作當成主要是為了**獲得休閒的手段**，我們很輕易便說服自己，工作時效率至上，好讓我們有時間在工作之外交友。」[26] 逐漸地，我們工作是為了擺脫工作。

工具性與情感之間的緊繃可能致使人們全然迴避工作朋友，或者擔心走道上的友善招呼可能別有用心，或者可能讓我們難以管理及維持辦公室友誼。

我們來看下列這個情境，在無數辦公室可能上演細節不同的版本：約翰及馬利歐在共同友人介紹後一見如故。他們兩人均從事銷售工作、小孩上 7 年級、都是曼聯的狂熱球迷。他們聊英超的比賽分數，銷售低迷時也互吐苦水。馬利歐的公司有了一個職位空缺，他幫忙約翰取得那份工作。有一陣子事情很順利。兩個家庭偶而共進晚餐，兩人一個月喝兩次咖啡交換銷售心得。馬利歐被要求去德國受訓 6 週時，他毫不猶豫便請約翰代管他的客戶。等他回來後，約翰仍持續打電話給馬利歐的一些客戶。可是，約翰是朋友。雖然損失了佣金，馬利歐什麼話也沒說。或許約翰誤會了，以為馬利歐把那些客戶永久讓給他？馬利歐努力不去在意這件事。怨恨卻慢慢堆積。週末邀約遭到拒絕。當他們講到銷售策略或辦公室政治時，馬利歐變得小心提防。以前的友誼到最後蕩然無存，只剩下碰面時尷尬的短暫擁抱，言不由衷地說著改天要聚一下。

與公司格格不入

無論他們喜歡何者，女性與少數族裔更難與同事培養親近關係。他們往往面對不同的家庭需求與工作角色預期。但他們亦時常被排除在外。

有關職場人際網絡性別差異的先驅研究之一，是由現任倫敦商學院教授荷米妮亞．伊巴拉（Herminia Ibarra）進行。[27] 她比較 1990 年代新英格蘭一家廣告公司男性與女性的通訊、建議、社會支持、影響力和友誼網絡。她請男性與女性列出他們交友以及尋求建議的名單。男性找朋友詢問工作建議。女性則不是如此。女性的網絡更為分隔。[28] 她們比男性更可能區隔家庭及工作領域。這項差異在職業母親身上尤為顯著，她們工作以外的生活往往被家庭、學校和子女活動給霸占。

「維持不同領域將使女性居於劣勢，理由有二，」伊巴拉說明，[29]「第一，管理兩個不同網絡耗費許多時間；與同事喝一杯聊聊工作，更能掌握情況，可收一石二鳥之效。第二，在正式會議之餘，參與有關重要工作事務的談話，可創造同志情誼及增進信任。由於女性一直被排除在非正式聚會之外，例如打高爾夫及私人晚餐，所以要花更多時間才能達成影響力。」

超過一半的女性及 45% 男性認為，與不是配偶的異性吃飯並不恰當。[30]《紐約時報》對 5,282 名登記選民進行的一項調查顯示，40% 的人認為男性與女性一起吃午餐並不恰當。三分之一認為共乘一車也不可以。大約四分之一認為單獨與異性進行工作會議並不適宜。

這種緊張之下隱藏著一個問題，亦即女人與男人有可能只是朋友嗎？為了檢視「柏拉圖式」互動對男人與女人是否意義不同，研究人員邀請 88 對混合性別的朋友們到實驗室來。實驗人員想要知道是否這些朋友之中，是否其中之一或者兩個人都暗中希望存在「羅曼史」。威斯康辛大學歐克萊爾分校研究團隊謹慎地確保參與者的答案是匿名及保密，以防研究結束後關係破裂。他們亦要求每一對友人口頭同意不在研究結束後談論這件事。在發誓保密之後，朋友們被分開，回答他們對彼此的愛戀感覺。

即便是在界線不那麼嚴格的年輕成人之間，被異性朋友吸引並沒有什麼確鑿的證據。[31] 在 1 到 9 之間，1 代表絕對沒被朋友吸引，9 則表示「極其受到吸引」，大學生平均約為 4.5 —— 相當模稜兩可。男人與女人都認為被朋友吸引有明顯的壞處 —— 把這件事列為代價的人是列為好處的 5 倍。造成問題的是其威脅，而不是事實。

如同羅伯表示：「我的工作朋友大多是女性，年齡介於 29 歲到 35 歲。他們大多互相認識，但不是全部認識。我認為我能夠和他們做朋友的原因之一是，很顯然我們之間沒有愛戀或性愛……什麼都沒有。」

女人與男人不往來的地方不只是高爾夫球場而已。日常互動也是。這種排斥性對於職業生涯可能有著巨大影響。密西根一名房地產經理香儂．希利（Shannon Healy）說明這個問題：「如果我不能一對一跟我的老闆會晤，我就無法獲得面對面的時間來證明我有能力可以得到未來晉升。」[32]

這不只是女性而已。所有少數族裔亦面對類似障礙。我們一再看到的兩個友誼決定因素，解釋了這個問題為何一直持續：物以類聚及自我揭露。

公司派對與郊遊也解決不了這個問題。這不是個人有機會去認識別人的單純問題而已。即使有機會在工作之外互動，想要跨越文化、種族、性別或性傾向的界線去培養密切關係並不容易。崔西．杜馬斯（Tracy Dumas）、凱瑟琳．菲利浦（Katherine Phillips）和南西．羅特巴德（Nancy Rothbard）指出，問題的另一部分是，你比較能夠在自己的群體內吐露私生活的細節。他們研究 228 名 MBA 學生，其中四成是全職工作，詢問他們參與何種工作相關社交活動。

略高於半數的受訪者參加公司主辦的假日派對、野餐、體育活動和其他聚會。41% 參加員工舉辦的社交活動，例如喝酒與午餐。在各類活動之中，喝酒與午餐是最普遍的（35%），其次是假日派對（25%），去看戲劇或體育活動（13%）。研究人員亦調查員工們是否帶朋友或家人去參加公司聚會及同事的社交活動，以及他們多常談論自己工作之外的生活。他們稱之為**整合行為**（integration behaviors）。[33]

出席公司派對及其他整合行為可以拉近對同事的感覺，但唯

有對主流族裔的員工才有作用

倒不是說少數族裔不參加。他們很可能出席。可是，他們也很可能告訴研究人員說，他們參加是因為覺得必須去，或是害怕不出席的話會影響職涯。凡是出於義務才去參加活動的人，他們建立新連結的機率跟他們從未到場是一樣的。

找尋界線

雖然在工作上交朋友的障礙重重，例如無法選擇和誰互動、工作的工具性目的、物以類聚，以及在逐漸整合的時代卻偏好分隔，但是一些人仍在工作上擁有朋友，甚至親近朋友。

這些人並且創立了公司。高中朋友比爾・蓋茲（Bill Gates）與保羅・艾倫（Paul Allen）創辦了微軟。班與傑利在中學體育課一同跑操場（譯註：美國冰淇淋品牌 Ben & Jerry's）。哈雷機車創辦人威廉・哈雷（William Harley）與亞瑟・大衛森（Arthur Davidson）是童年好友，夢想著研發機車小型引擎。

工作配偶（work spouse）則是另外一回事。[34] 這種代理配偶提供支援的方式與實際夫婦相同。如果你需要阿斯匹靈或手機充電器，或者想要埋怨一名同事，你會去找他們。工作配偶知道你喝咖啡的方式以及午餐喜歡吃什麼。關於工作婚姻有多常見的估測很多，可是求職網站 Vault.com 估計，大約三成的人都有一名工作配偶。電視影集《超級製作人》（*30 Rock*）的角色傑克・唐納吉（Jack Donaghy）和莉絲・李蒙（Liz Lemon）便是典型例子。[35] 用他們的話來說，傑克是莉絲的「工作丈夫／叔叔」，而她是他的「同事／小哥們」。當他們試圖把關係嚴格侷限在工作時，便不知所措。找不到該說什麼，莉絲問：「嘿，傑克。業務事情……如何？」

證據顯示這沒有爭論餘地：有工作朋友是好的。綜合 26 項研究，涵蓋 1,000 多支團隊的整合分析發現，由朋友組成的團隊表現優於不熟的人組成的團隊。[36] 同事們的社會支持可減少工作壓力，有助於人們調適工作與時間壓力，降低工作與家庭衝突，同時幫助人們預防過勞。[37] 在他的著作《人生一定要有的 8 個朋友》（*Vital Friends*），湯姆·雷斯（Tom Rath）探討工作友誼與績效的關係。利用大型資料庫，他發現員工有個「工作上的摯友」時，參與度會增加 7 倍。[38] 在工作上有親近朋友的員工更有效率，對工作更為滿意，甚至更不可能在工作上出意外。有 3 名以上工作摯友的非常少數人，對生活極其滿意的機率高出 96%。

然而，其內在衝突使得工作朋友有好處也有壞處。工作上的友誼難以維持，可能造成義務感，而且讓人心力交瘁。根據羅格斯大學潔西卡·梅哈特（Jessica Methot）和同儕對餐廳、保險和零售員工研究，這些壞處可能損害生產力與員工的情感福祉。[39]

儘管與同事的關係可能讓人活力充沛，到了某個時候卻會變成負擔。擴張者尤其時常負荷過重，而有過勞之虞。同事們在尋求建議或協助時，極大比例會去找擴張者。羅伯·克羅斯與瑞伯·瑞伯爾、亞當·格蘭特共同撰寫的研究發現，在協作團隊中，三分之一的附加價值來自於不超過 5% 的員工。克羅斯與共同研究者寫道：「剛開始的良性循環隨即變成惡性。沒多久，有用的員工變成機構瓶頸：直到他們被施壓，工作才會有進展。更糟的是，他們負擔過重以致失去個人效率。」[40]

你如何在享受工作友誼好處的同時，減少其缺點？仲介人特別擅長這點。

為了充分了解如何平衡職場關係造成的競爭性緊張，尼克與我調查大約 500 名員工與學生的工作與生活平衡及過勞；我們探究他們屬於分隔者或整合者，以及他們的社交網絡。他們的年齡介於 17 歲到 64 歲。大約一半以上是女性，65% 是白人，大多為受薪員工，約三成已婚。

仲介人比召集人與擴張者更可能表示他們在工作與生活之間平衡。在量表上，1 表示某人強烈不同意他們的工作與生活平衡，5 表示他們強烈同意，召集人與擴張者是最糟的。這兩組人的平均分數接近 3。另一方面，仲介人平均分數為 3.7。量表上的差異是由你不清楚自己是否有工作與生活平衡，到十分確定你有。

在我們控制人們猜想可能影響工作與生活平衡的其他因素之後，包括受訪者工作時數、工作了多久的時間，年齡、性別、種族、是否結婚，以及他們在分隔量表上的位置，仲介的好處仍保持統計上的差異。（比較年輕、工作時數較少的人，亦覺得自己有工作與生活平衡。在我們的研究中，分隔者與整合者之間並無差異。）

我們在研究工作與生活的衝突時，情況也是相同。在被問及他們是否強烈認同「工作產生壓力，致使他們難以履行外部責任」，以及他們的工作需求是否干擾他們的家庭及私生活，仲介人在工作與生活衝突方面也是低很多。

和其他研究者一樣，我們發現，有自己覺得親近或非常親近同事的人們比較不孤單、感覺更有連結，而且比較不會感到過勞。

仲介人並不完全迴避培養工作上的密切關係。可是，他們分開管理那些關係。他們的世界並未重疊。他們或許與同事、家人及俱樂部朋友親近。但是，他們不會邀請工作朋友與家人聚會。仲介人網絡的架構使得他們既能享受好處，又能避免壞處。

改變你所能之事的勇氣

在世界越來越趨於整合之際，仲介人堅不妥協。他們的網絡經常是分隔的。西格蒙．佛洛伊德（Sigmund Freud）曾說過：「愛與工作是人性的基石。」仲介人不會嘗試在這兩者之間築起橋梁。

分離工作與家庭，可減少工作／家庭衝突。無論人們是否想要分隔他們的生活，如何管理這些界線卻往往無法盡如人意。如同我們看到，半數的整合者希望更加分離他們的家庭與工作生活。大多時候，我們工作的地點與時間是由雇主決定。有的人或許希望舒適的穿著睡衣在家工作，可是對許多人來說，這根本無法選擇。他們都必須在排定的休假日回覆老闆的緊急電郵。

根據組織心理學家羅特巴德、菲利浦和杜馬斯，一個解決方案是找尋符合你的傾向的工作環境。[41] 分隔者或許不會喜歡期望員工把「全部自我帶來工作」的地方。可是，他們會很喜愛谷歌的「都柏林天黑」（Dublin Goes Dark）的計畫，讓員工們每晚離開辦公室。[42] 德國汽車公司戴姆勒（Daimler）的「休假郵件」（Mail on Holiday）政策，讓度假變得更美好。[43] 這項政策允許員工轉換到自動刪除選項，通知寄件者他們的郵件將被刪除，因為收件者休假中。然而，我們不難想像這種政策只會徒增整合者的焦慮。另一方面，整合者會比較喜歡公司內部的托兒所與辦公室裡的健身房。整合者的工作環境允許工作與家庭界線模糊的話，他們會對工作更為滿足，對職場更為專注。分隔者則正好相反。

如果不可能找到兩相搭配的地方呢？一些公司與經理人試圖設定政策，讓員工更能控制他們如何管理工作與生活的界線，例如讓他們安排「可預期的休假」。[44] 說明這類政策時，羅特巴德與亞利安・奧利耶－馬拉泰爾（Ariane Ollier-Malaterre）寫道：「是人們工作時體驗到的控制程度，讓家庭和工作衝突與憂鬱大幅減少，」[45] 與政策本身無關。

工作關係與工作其他層面的主要差異之一是，我們對關係有著較大的控制權。你無法控制與誰一同工作，可是你可以控制你與他們的關係性質。你會運用那種力量進行分隔或整合？偏好分隔的人往往是仲介人。事實上，我們發現，跟整合者相較之下，分隔者是仲介人的機率高出一倍以上。雖然分隔不能完全解釋仲介人更好的工作與生活平衡，人際關係是我們確實可以選擇工作與生活如何碰撞的領域。許多人或許被預期參加辦公室社交活動，可是他們未必被要求邀請同事們去參加他們的生日派對。無論你的工作職位有多麼尊貴，無論是在咖啡店或者高盛（Goldman Sachs），你都可以控制你的關係性質。

在公司派對存活

對偏好分離家庭與工作的人，公司社交活動可能很具挑戰性。對整合者可能是溫馨與包容的活動，例如邀請家人參加公司派對，可能令分隔者感到作嘔。明明是一項邀請，卻可能感覺像是義務。在舉辦公司活動時留心這些差異，對於幫忙大家感到融入將很有助益。

我們已經看到，對女性和少數族裔，這些挑戰尤為艱辛。席薇雅・安・惠烈（Sylvia Ann Hewlett）、卡洛琳・巴克・魯思（Carolyn Buck Luce）和康乃爾・魏斯特（Cornel West）認為，少數族裔往往不願在工作時敞開心扉，因為他們害怕不會得到理解。[46]「當我試著打開心扉，人們根本不了解……所以你就不會再嘗試。」一名非裔美國消費品主管拉提沙解釋。擔任能源公司高管的亞裔美國人麥可，不跟同事提及他曾經任職於一個支持信仰團體、以少數族裔為主的知名慈善機構董事會。麥可說他不提的原因是，那涉及「很大的職場禁忌話題：宗教與種族。」他擔心這會致使同事們認定：「你與人不同。我向來懷疑這點，如今你親口證實了。」害怕被視為異類，可能讓人感覺格格不入。

害怕與人不同的問題，主要發生在我們追求相似性的時候。凱瑟琳·菲利浦與同僚們提出的一個解決方案是，抱持學習的心態。[47] 這項建議廣泛適用於想要在工作上建立密切關係的人。不要問：「你昨晚有看愛國者隊的比賽嗎？」而是問「你最近有看了什麼好看的影集嗎？」他們 3 人寫說：「這使每個人的選擇都得到認可，避免人們覺得他們因為回答而受到批評，或覺得某些文化環節應該是普世通行。」這不僅可以避免得罪討厭愛國者隊的人，也不會中斷談話，或者扼殺與非美式足球迷的關係。你或許會發現有趣的新事物，以及更為深入但不那麼明顯的相似性。

若是罕見的情況，相似性可以營造親密感。在一項實驗，當人們被告知他們有著類似指紋時，親近感便會提升一些。當受試者被告知他們都有極為罕見的「E 型」指紋——僅 2% 人口具有——他們的連結變得更強烈。如果你想要建立信任與連結，格蘭特建議：「不要只是尋求共通點。而是尋找罕見的共通點。」[48]

攝影師班佛萊伯格（Ben Friberg）與同事正在等候面試。等待的時候，他們兩人講到電影《特洛伊》（*Troy*）。（幸好他不是問她有沒有看過《特洛伊》，而是問她最近看了什麼電影。）「我們仍在彼此熟悉的階段，」剛進入電視台的佛萊伯格回憶。當同事指出《伊里亞德》與電影之間的差異，他們發現彼此都喜愛希臘神話。[49]「我記得當時我心想：『這將是一段不同的關係。』」佛萊伯格回想。

菲利浦、杜馬斯和羅特巴德寫道：「工作關係極為強力，特別是對跨越種族藩籬合作的人。可是長期而言，關係能否更為深入，取決於人們是否坦露自己的私生活。[50] 想要做到這點，同事們必須刻意走出自己的舒適圈，與不同的人連結。這可能有些冒險，但值得一試。」

儘管公司不能強迫人們做朋友，卻可以設計活動來加強職場多元化及培養信任。無從選擇與必須克服相似性傾向，雖使得建立密切的辦公室關係極為困難，卻可能為公司與社會帶來極為正面的好處，只要公司做得對的話。

我們在辦公室遇到跟我們不相同的人，無論什麼種族都是這樣。儘管美國仍存在明顯的職場種族隔離，辦公室還是比學校、志工團體和教會更加種族多元化。[51] 馬丁・路德・金恩（Martin Luther King Jr.）曾說過：「基督教美國最為種族隔離的時刻是星期日早晨 11 點，真的糟透了。」60 餘年後，教會與其他志工團體是生活中種族隔離第二嚴重的領域。學校裡的種族分裂甚至比教會嚴重。根據新墨西哥大學教授魯本・湯馬士（Reuben Thomas）對 1000 餘名成人所做的代表性調查，學校裡建立的友誼有 13% 機率是跨種族。而在辦公室，我們有將近兩倍機率跨種族交友。近四分之一工作朋友是不同種族。

如果我們要建立一個人們體諒不同的人的社會，工作是最可能生根之處。

成就生涯的關係

想一下誰是對你的生涯最有影響力的人。花些時間去感謝他們。無論你稱他們是導師、推薦人或其他的稱呼，他們在你生活的存在感越強大，你就可能越成功。想要在工作上成功，你需要有人為你撐腰，將你放入延展型任務（stretch assignment）名單，及代為介紹。有時，這種人是朋友，但有時不是。

大多數的男人與女人——分別占 76% 與 83%——說他們在職涯中至少有一名導師。[52] 導師與徒弟的關係與其他種類的關係不同，例如朋友、主管與員工，或治療師與病患，卻綜合了各項因素。導師是比徒弟更加經驗豐富的典範人物。他們提供指引，情感支持和自我反省與開發的機會。西蒙斯學院（Simmons College）教授史黛西・布雷克－柏德（Stacy Blake-Beard）指出，導生關係是一種「有力、互惠關係，對彼此有利、增強力量與能量。」[53]

如同大多數社會關係，導師與徒弟關係通常依循表面相似性而形成。導師與徒弟極為相似。這對女性及有色人種不利，因為讀完 MBA 的徒弟如果有個白人導師，收入會增加大約 2 萬 8 千美元。[54] 席薇雅・安・惠烈與同事在《哈佛商業評論》（*Harvard Business Review*）寫說，因為跨性別關係「可能遭誤解為性關係，能力強的女性與地位高的男性都迴避。」[55] 近期在性騷擾指控的浪潮下，對於指導或推薦女性表達不安的男性人數增至 3 倍。[56]

不過，研究一再發現，和許多最佳關係一樣，最佳的導生關係是彼此有些相同，又有些不同。一項對於 220 對博士生與導師的研究發現，大約三分之二徒弟與導師是相同性別。以短期來看，博士生與導師為相同性別的話，他們可以得到更多情感支持、協助、可見度及贊助。然而，隨著時間過去，關係便陷入停滯。沒有變得更好或更糟，而是維持不變。但若是性別不同的導生，關係隨著時間而顯著增進[57]。只要導師與弟子渡過與異性共事的難關，這些差異反而可以成就更好的關係。

基於深度相似性的導生關係，例如理念、價值觀和經驗，會有更好的成果。例如，一項檢視導師提供多少心理支持與滿足的研究發現，奠基於深度相似性的關係提供了更多情感與工具性支持，遠勝於只是同性別或同種族的夥伴。

我們會被相同的人吸引，不過我們最可能因為不同而獲得益處。

導生制可以創造更有生產力與優勢的工作關係，因為他們提供管道可以接觸到擁有權力及影響力的人們，培養弟子們的社交技能，創造形成新關係的機會，同時扮演支持與尊敬的信號。這是公司所能使用的最有效關係干預。儘管即便有可能，強行建立職場友誼並不值得推薦，但是指派導師則值得推薦。不過，許多公司依然堅持按照傳統去指派導師。例如，人力資源公司往往吹捧為女性和少數族裔指定相同性別、相同種族或相同性傾向導師的計畫。

正式的導生計畫可以避免自我相似所造成的人際網絡問題。

雖然正式的關係干預有其潛在益處，82% 女性與 84% 男性都是非正式透過自己的網絡找到他們的工作導師。[58]

加州大學柏克萊分校教授薩密爾・斯里法斯塔法（Sameer Srivastava）的一項研究比較一間軟體開發實驗室高潛力員工被隨機指派一名導師的職涯成就，以及對照組相似員工的生涯。被隨機指派到一名導師的員工，因為參與了導師計畫，更能接觸到有權力的人，及建立更廣大的人脈。[59] 同樣的賓州州立大學佛瑞斯特・布里斯柯（Forrest Briscoe）及麻省理工凱瑟琳・凱樂格（Katherine Kellogg）發現，進公司時被隨機指派到一位強力監督者的律師，所得到的獎金平均比沒有在進公司時與強力監督者相處的同僚高出 3 萬美元，辭職的機率也低了 18%。[60]

在另一項全球 MBA 校友的研究，荷米妮亞・伊巴拉和同僚們比較正式與非正式導師對職涯成就的影響。[61] 透過正式計畫與導師認識的女性所獲得的升遷，比非正式找到導師的女性高出 50%。男性的情況也是一樣。比起女性，他們更可能透過非正式關係找到可以推動他們生涯的有力導師，因此較不可能獲得正式指派所產生的好處。

「雙方的意圖很重要，」美國海軍學院教授、同時也是數本導師書籍的作者布瑞德・強森（W. Brad Johnson）表示：「如果有一項因素可以證明導生關係是否可能成功，那便是最初幾個月的互動頻率。」[62]

雖然許多人能夠深情地回想起提供指引與情感支持的導師，但是對於職涯成就有一種更為罕見、更加重要的關係：推薦人。

五分之一的男性有一位推薦人。女性則為八分之一。[63]

推薦人與導師不同，在於他們為被推薦人美言，進行社交連結，並運用自己的社會資本來幫助被推薦人。奇異公司（GE）前任多元化長（CDO）黛伯拉．艾拉姆（Deborah Elam）說，推薦人與導師之間的差別在於推薦人會「為你的表現背書。」[64] 雖然導師與推薦人時常提供情感及工具性支持，導師更近似朋友。推薦人則是擁護者與投資人。他們的支持是公開的，他們用自己的聲譽來支持你。

根據一項檢視數萬名員工職涯與數十項工作成就預測指標的研究顯示，推薦人是升職與薪資的最強力預測指標之一，約與工作時數的指標性相等。[65] 就升遷前景而言，有沒有推薦人，比性別、性格、教育與經驗更重要。生涯滿意度也是這樣。職涯成功取決於有沒有推薦人，和個人表現同等重要。

與導師不同，推薦人很難（甚或不可能）指派。就關係性質來看，你必須努力爭取推薦人。在被問及他如何建立起與 3 名重量級推薦人的關係時，巴克萊（Barclays）倡議與客戶體驗執行董事錫安．麥克英泰爾（Sian McIntyre）簡潔地說：「我努力拉票。」[66]

如果你想要找個推薦人，延展型任務可能有幫助，因為你有機會展現自己技能。其他選項包括自願擔任可以接觸到你之前無法遇到的人的職位，或是任務，例如組織研究小組，撰寫特別報告，或參與新員工訓練的計畫。然而，惠烈表示，績效與忠誠尚不足以爭取到推薦人。你必須能夠在同儕之中凸顯自己。[67]

我們在工作上需要推薦人，在生活上則往往需要導師。人生並非全部都是工作，但在生活中，一如在工作上，我們需要幫助才能渡過難關，以及實現我們全部的人類潛能。

你不瘋狂

工作上的朋友有許多好處，但那些友誼往往有許多包袱。尤其是在工作上的朋友變成「真正」朋友，亦即我們的工作關係與家庭、鄰居和親信重疊了。仲介人設法擁有工作上的朋友，但在同時減少一些可能的壞處。

仲介是一種個人策略，用以克服辦公室衍生的一些工作與生活衝突。這種策略的私人性質讓仲介人得以達成工作與生活平衡，即便他們的雇主想推動更多的整合。然而，工作與生活平衡的好處必然壓迫到其他好處。一些擴張者藉由結識其他人而在私人與專業上成功。中斷連結對他們而言或許才是真正威脅。召集則可提供心理支持。渴望感覺得到支持，對召集人來說或許比平衡更加重要。

我們走進辦公室時，各有不同需求。我們亦具備不同角色──父母、子女、夫妻、藝術家、倡議者。無論我們採取何種策略，滿足拉鋸的需求與磋商不同的角色，永遠都很辛苦。如同努伊所說：「我認為重要的是，我們都必須明白如果你因為這些抉擇而辛苦，你並不瘋狂。你只是凡人。」[68]

我們旅遊歸來33天後，我的母親過世。在那之後，我退縮到近親形成的繭。我的導師麗莎是在家人之外我唯一肯見的人；她曾在我的婚禮上，對我的母親和其他賓客說：「愛是唯一的道路」，並且帶著好時（Hershey's Kisses）巧克力到產房來看我。在我稍微好一點以後，我寫電子郵件給我的推薦人。他從未看過我哭泣，我們也不曾在工作之外見面。他的職位並不是正式的，可是在我的生涯中很有幫助。我知道他會幫忙打點工作上的事務，好讓我守喪。在表達他的哀悼之後，對於我需要的幫忙，他說：「包在我身上。」

第十章

人人連結

安娜・溫圖是經常光顧四季飯店牛排館的紐約市菁英人士之一，她熱愛紅肉。在四季飯店，她可能與常客維儂・喬登擦身而過。喬登是《華盛頓郵報》發行人凱瑟琳・葛蘭姆（Katharine Graham）葬禮上的抬棺人，馬友友則在場演奏巴哈無伴奏大提琴組曲 6 號的阿勒曼德舞曲。馬友友也曾在歐巴馬總統 2009 年就職典禮表演，華理克牧師發表祈禱文。數年前，電影《不願面對的真相》（*An Inconvenient Truth*）在洛杉磯首映時，這位牧師坐在影星莎朗・史東（Sharon Stone）附近。這位女明星自稱是達賴喇嘛的友人，她把在坎城影展宴會上結識、交往過一陣子的男友謝普・戈登介紹給達賴喇嘛。這位知名經紀人曾經為達賴喇嘛奉上酥油茶。

地球上 77 億人都是密切連結的概念，係由劇作家約翰・奎爾（John Guare）的《六度分離》（*Six Degrees of Separation*）推廣開來。[1] 如同他筆下的角色表示：

> 我在什麼地方讀到這個地球上每個人只相隔 6 個人。六度

分離。在我們與地球上每個人之間，美國總統、威尼斯船夫，隨便填入姓名。我發現 A. 我們如此接近，令人極感安慰；B. 我們如此接近，猶如中國水刑*。因為你必須找出正確的 6 個人才能進行連結，不只是大人物，而是任何人。

這個概念通常被認為源於知名心理學家史丹利．米爾格倫（Stanley Milgram）在 1976 年進行的一項巧妙實驗[2]，在走訪遠至馬達加斯加與美屬薩摩亞等地，米爾格倫會跟當地人與旅行者玩一個遊戲。或許是在俯視海灘的酒吧，他會問人們能否配合他，找出可以連結他們與他之間的朋友或點頭之友。[3] 這是為了營造常見的雞尾酒會場面，人們發現彼此有著共同友人而驚呼：「這世界真小啊！」最後米爾格倫決定正式測試這種傾向。這項實驗與總結其發現的論文名稱取得很貼切：「小世界問題」。[4]

米爾格倫與傑佛瑞．崔維斯（Jeffrey Travers）將說明這項實驗的信件寄給內布拉斯加州與波士頓近 300 人，目標是將這個信件用最短的鏈結傳給一個收件者。這個人是在波士頓工作的一名股票經紀商，他住在麻州沙隆。

這個鏈結開端的三分之一人士住在波士頓附近，可是跟那位股票經紀商沒有任何已知連結。另外三分之一住在內布拉斯

* 編註：中國水刑（Chinese water torture）是將人綁在一個水盆的下方，水滴持續從水盆底部滴落在受刑人前額，這個刑罰會對受刑人造成極大不適與精神壓力。名稱中的「中國」是發明者刻意加上增添神祕感，事實上它並不源自中國。

加州，是「藍籌股持有者（blue chip stockholders，編註：指持有績優股的股民）」。最後三分之一是隨機挑選的內布拉斯加州居民。實驗的目的是要觀察地理上毗鄰抑或職業上略有相關可以更快連結到收件者。

這項實驗有一個重要規則：寄件者只能把訊息傳送給他們只知其名不知其姓的人。如果寄件者碰巧認識收件者本人，他們可以直接把信件寄給他，但這在實驗一開始是不太可能發生的情況。如果不認識，他們可以把信寄給他們覺得更接近目標的人。

從最初寄件者到收件者所需的中間鏈結數平均為 5.2。在一開始的 296 封信件之中，217 封被傳送了至少一次。而在其中，29% 最後送交到該名麻州股票經紀商手中。由波士頓展開的連結比從內布拉斯加州的快一些。寄自波士頓的信件需要 4.4 個中間人，相較於隨機挑選的內布拉斯加州居民需要 5.7 個中間人。股票持有人並未享有任何優勢。將平均人數歸結到最接近的整數之後，便得出六度分離。

在送交到該名股票經紀商手中的信件之中，將近半數是由相同的 3 個人轉交。其中一人是 G 先生，住在沙隆的一名服飾商。他完成了 25% 的鏈結。信件並不是隨機被轉寄，而是透過漏斗型的主要管道。

在小世界實驗之後的數十年，還是有 3 個問題：世界是否變得越來越小？為什麼世界這麼小？米爾格倫的實驗可以複製嗎？社會學家及先驅人脈科學家鄧肯・瓦茲（Duncan Watts），在米爾格倫原創實驗過後 30 多年，著手解決這些問題。

瓦茲與共同研究者彼得·陶德（Peter Dodds）及羅比·穆罕默德（Roby Muhamad），當時他們 3 人都在哥倫比亞大學，再次研究這個世界有多麼小。在他們版本的實驗，166 個國家的逾 6 萬名參與者要接觸到 13 國 18 個目標的其中之一，包括挪威陸軍獸醫、澳洲警官、愛沙尼亞檔案檢查員和印度科技顧問。儘管地理與社會距離遙遠，研究人員得出相似結論。在考量到沒有完成的鏈結之後，這些信件大約走了 6 步便送抵目標手中。[5]

然而，這次他們沒有發現 G 先生或凱文·培根（Kevin Bacon）。鏈結沒有漏斗型通道。瓦茲寫道：「一般人……便能跨越社會與職業圈、不同國家或不同社區之間的重要分水嶺，和特別的人一樣。」[6]

成功搜尋有很大比例依賴職業關係。工作是多元化最可能生根的地方，我們最可能跟外貌、想法不同的人互動的地方，亦即仲介人最可能成功的地方。若無弱連結或職業關係，這個世界不會那麼小。跨文化連結的神奇奧妙將會消失。無論是臉書朋友、麻州股票經紀商，或華理克牧師和馬友友，我們全部緊密連結。但是，這是如何辦到的？

完美秩序或完美失序？

神經網絡、食物鏈、電網和公司董事會都是互相交織，電影明星、網際網路和你的鄰居都具有一組相似的網絡特性。它們都是小世界。但誠如瓦茲所寫，不要問：「我們的世界有多麼小？」[7]你可以問：「如何讓所有世界，不只是我們的，而是整個世界，都變小？」

他不是走入世界去衡量不同的網絡、比較其特性，而是採取不同的方法。瓦茲和他的論文導師史蒂芬・史特洛加茲（Steven Strogatz），決定用數學模型來解決這個問題。[8]這個問題似乎可以用圖論（graph theory）來回答，亦即研究與代表社會網絡的數學領域。瓦茲與史特洛加茲首先製作兩個極端的網絡格式。

一個是他們所謂的「固定」網絡。這個名稱源自於其持續模式，而不是因為它普通。請想像一個網絡，在一個圓圈的圓周有20個點，每個點代表一個人與另外4個人的連結。在固定網絡，每個人都連結到右邊的人以及他們右邊的人。左邊也是一樣。以鄰居來說，你跟隔壁的兩邊鄰居是朋友，還有隔壁、隔壁的人也是朋友。固定網絡有著完美秩序，絲毫沒有隨機之處。

另一個極端是完美隨機網絡。誰可能是朋友毫無模式可循。你可以扔4顆彈珠，它們最靠近圓圈上的哪些點，那就是你的朋友。和固定網絡同等規模的隨機網絡沒有群聚、沒有鄰居，可是圓圈裡每個人之間都有超短的鏈結。

小世界網絡，其中一例是人類網絡，位於上述兩者的中間。它們有足夠秩序可以進行搜尋，又足夠隨機可提供必需的捷徑以建立一個小世界。它們達成混亂與秩序的完美平衡。

為了說明小世界是如何運行，我們現在回到圓圈圖案。想像你坐在20人組成的一個圓圈裡，想要把一則訊息傳到圓圈對面。每個人只能跟自己右手邊或左手邊的人講話。在這些規則下，要把訊息傳到圓圈另一邊，就必須傳經 9 人。現在想像只要有一個人可以將訊息隨機傳給不是他左右手邊的人，傳遞訊息所需的中間人人數便會減少，或許是大幅減少。如果一些人有這種權力，中間人數必定會大幅減少。只需要幾條捷徑，世界很快就會變小。[9]

在他們的開創性研究之中，瓦茲和史特洛加茲發現，小世界網絡有兩個特性：它們有著緊密連結的群聚或小集團，群聚之間有一些隨機連結，為網絡裡的每個人之間創造了短鏈結。小世界往往有數個擁有大量連結的節點。這種特性我們在人類網絡也有看到——大多數人有數百個連結，可是擴張者的連結或許多出數倍。

換句話說，為了創造小世界，你需要召集人的密集小集團。在他們的密集網絡裡，每個人都很容易觸及。在充滿召集人的住宅區、學校和社群，資訊可以迅速散播。只不過是轉寄一封信，根本不算什麼。但在建立生活與規劃未來時，這些深入的網絡可以幫我們得到信任與支持。

小世界網絡亦需要仲介人和擴張者來扮演團體之間的橋梁。在簡單傳送信件的實驗，這些角色或許看似相同。然而，在社會上，他們的角色便會不同。仲介人擁有超凡能力，可以跟橫跨不同社交領域的人們建立不同關係，提供創造力與組織影響力等益處。擴張者擁有大量但淺薄連結，有無比能力可以迅速動員龐大團體及鼓舞他們。

結合之下，仲介人、擴張者與召集人可以讓世界變小。他們組成秩序與隨機之間的美妙平衡。大腦、生態系統和蟻群都是這樣運作。儘管仲介人、擴張者和召集人的性格與偏好各不相同，他們共同創造出燦爛、活躍的人類秩序。

誌謝

我遇見史蒂芬和達頓團隊時，我的兒子還是藍莓大小的胎兒。在那之後，朱利安出生、本書出版、我們全家去「大旅行」，我母親離世。我無法理解在一本書的創作期間，人生竟會發生那麼多事。

我的先生尼克在這些時刻都發揮了作用，一如我懷上朱利安的時候。本書其實是大家的功勞。尼克製作了人脈評估，花無數時間討論各種想法，協助研究，共同策畫第九章工作與生活的研究，閱讀與編輯每一章草稿，費力地逐行查核本書的正確性，在我懷疑時、他向我保證努力把這些概念傳播到世上是值得的，並且提供無止境的情感與道德支持。可是，最重要的，他為了我們家庭而離開紐約必須全心投入的工作生涯。如此一來，他為我創造寫作本書的空間。沒有幾人能像尼克一樣為家人無私付出。雖然他或許不記得，在我們婚禮誓約，我們承諾「設法了解自我與對方」與「協助伴侶發掘重要之事，並依據這些價值感來生活。」他對我的承諾在本書實現了。他的愛與生活方式每天都提醒著我自己想要的生活方式。有他作為伴侶是上天的賜福。

能夠跟我的經紀人與代理商，了不起的瑪歌．貝絲．佛萊明

（Margo Beth Fleming）合作，是寫作本書最好禮物之一。從一開始，我們的關係就像是命中註定，是社會化學反應的神奇創造之一。在這個過程的每個階段，由學習如何寫書到我們在公共圖書館喝茶慶祝完成書稿，瑪歌都遠遠超越任何人對經紀人的合理希望。她堅定不移地推動我可能蜻蜓點水帶過的一些層面，在我母親過世後關心我，在計程車後座與我共享我人生中一個最快樂時刻。她是能夠在各種情感全程陪伴你的少見朋友之一。她是位聰慧、關懷的支持者，比我更能看到本書的優點。我永遠感激她協助我看到她所看到的，以及協助將之實現。

這個過程的喜悅之一是發掘我對於寫作的喜愛。我的主編史蒂芬・莫洛（Stephen Morrow）對於語言、文字和概念的喜愛具有感染力。史蒂芬一直是個細心、有耐心、和藹的教師。在我與本書掙扎的時刻，史蒂芬的熱忱、提及他聆聽絲路合奏團，以及在地鐵上與陌生人交談的故事，幫助我走下去。史蒂芬對於社交世界的深入了解、好奇心與文字魔法，傾注在本書的每一頁。

我的終身導師、教師和朋友彼得・貝爾曼，把他發現世上有趣事物的獨特能力傳授給我。沒有彼得的影響，我的生活與工作都不會那麼有趣。

本書其實是一項仲介與轉譯的舉動。無數的同儕、角色模範和人脈學者均投入其生涯進行本書依據的研究。朗・伯特、羅賓・鄧巴、提吉安娜・卡賽洛、鄭甜、馬修・薩爾甘尼克、大衛・歐伯斯費爾德、馬丁・基爾杜夫、亞當・克萊伯恩、馬克・格蘭諾維特、尼可拉斯・克里斯塔吉斯、柯・桑原、林南（Nan

Lin）、彼得・馬斯登（Peter Marsden）、伊莎貝兒・費南德斯－馬特歐、瑪利歐・史摩爾、艾力克斯・山迪・潘特蘭、保羅・殷格蘭、魯賓・湯馬士（Rueben Thomas）、伊莉莎白・庫里德－哈克特、雷・黎根斯、比爾・麥艾維利（Bill McEvily）、馬汀・加爾朱洛、布萊恩・烏齊、彼得・貝爾曼、詹姆士・穆迪（James Moody）、米勒・麥佛森（Miller McPherson）、丹・麥法蘭、安德魯・哈加登、鄧肯・瓦茲、鮑伯・蘇登、布雷恩・蘭迪斯、史塔芬諾・塔塞里、戴維・克拉克哈特、史考特・費爾德、諾姆・澤魯巴維爾、羅伯・克羅斯、奈德・畢紹普・史密斯、譚雅・梅儂、丹尼爾・列文、喬治・華特、凱斯・穆尼漢和荷米妮亞・伊巴拉，在本書有顯著的存在。我尤其感謝社交網絡教學 PDW（Teaching Social Networks PDW）的學者，特別是亞當・克萊伯恩、伊莎貝兒・費南德斯－馬特歐、比爾・麥艾維利，以及組織這個小組的馬汀・加爾朱洛。我對於社交網絡及如何將網絡研究轉譯為慣例的想法，深深受到這個小組的影響。心理學家亞當・格蘭特、法蘭西絲卡・吉諾、達契爾・克特納、米契・普林斯坦、卡麥隆・安德森、凱西・莫吉納・荷姆斯、珍・達頓、伊莉莎白・鄧恩、艾美・艾德蒙森、克莉絲汀・波拉斯、南西・羅特巴德、崔西・杜馬斯、凱瑟琳・菲利浦與席薇雅・安・惠烈，為本書帶來人性的元素。

我很幸運能與一群社會學家及心理學家一起工作，他們專注於跨學科思考：吉姆・巴隆（Jim Baron）、羅伯・巴托洛繆（Rob Bartholomew）、崔斯坦・波特荷（Tristan Botelho）、托里・布瑞斯柯（Tori Brescoll）、海蒂・布魯克斯（Heidi Brooks）、羅德里哥・卡納勒斯（Rodrigo Canales）、茱莉亞・狄班尼格諾（Julia DeBenigno）、悉尼・杜普里（Cydney Dupree）、伊瓦那・卡提奇（Ivana Katic）、巴拉茲・科瓦奇（Balazs Kovacs）、麥可・克勞斯（Michael Kraus）亞曼婷・歐迪－布雷西耶、傑佛瑞・桑能菲爾德、奧拉夫・索瑞森（Olav Sorenson）和艾美・瑞斯尼斯基（Amy Wrzesniewski）。他們的影響反映在本書的「純正」。在寫作本書時，與桑能菲爾德、克勞斯和布魯克斯的長時間對談，提供了重要省思。我不斷由維克・維倫（Victor Vroom）的教學天才學到很多。從我到耶魯大學之後，索瑞森協助我成長為一名人脈學者及教師。他一直是一位寶貴的導師。瑞斯尼斯基一向是指引的光明及角色模範。巴隆是孜孜不倦、充滿耐心的支持者。我感謝他持續努力保持我們小組成長及純正。巴托洛繆總是讓我們團結一致。他是每個人都希望自己的團隊裡有的召集人。除了形塑我的學術思想，我的同儕教導我如何創造一個重視坦誠、歡笑和智慧的職場。

英格麗・奈姆哈德是本書提及使用配戴型感測器研究的共同進行者，她是所有學者夢想的合作者。如果沒有潔西卡・霍登（Jessica Halten）及其團隊的幫忙，工作與生活平衡的研究不可能進行。露露・錢吉（Lulu Change）提供研究協助。坦雅・盧（Tanja Ru）為本書繪製精圖像。哈娜・芬尼（Hannah Fenney）在整個編輯過程是超級幫手。希瑟・克瑞德勒（Heather Kreidler）為本書進行重要的事實核實。特別感謝阿曼達・沃克

（Amanda Walker）、娜塔莉・邱吉（Natalie Church）、萊拉・西德奎（Leila Siddiqui）、史蒂芬妮・庫柏和達頓團隊，讓本書得以交到讀者手中。

我每日都衷心感謝麗莎・烏萊茵（Lisa Uihlein）指導我在第四度空間的非凡冒險。她是我最好的老師。她救了我一命，教我如何生活及愛人。我永遠不會忘記在醫院病房裡，茱莉・普萊斯（Julie Price）告訴我，我永遠不會再孤單了。她信守承諾，在本書旅程的高潮、低潮和平凡時刻都提供我支持。凱文・陶德（Kevin Dowd）是我的楷模，也是說故事大師，傳達無與倫比的訊息。感謝他總是聯絡我，確定我沒事。娜塔莎・麥克連（Natasha McLain）讓我相信，並在過去兩年提供無數歡笑。我竭盡全力在本書傳達麗莎、茱莉和凱文的一些智慧，以及娜塔莎與我分享的。

我很幸福有一群好朋友，他們教導我愛、崇拜和生活的喜悅：安迪、安娜、安妮、鮑伯、查理、克里斯、克莉絲汀、查克、丹、大衛、戴伯、戴安娜、唐、多琳、伊莉絲、喬治、賀伯、伊莉愛、珍妮、珍妮絲、珍、珍妮、強尼、凱特、凱瑟琳、凱文、金、克里斯汀、羅琳、琳達、路易、梅格絲、馬克、梅、莫伊拉、娜歐蜜、尼爾、派崔克、李察、羅賓、魯斯、莎拉、蘇迪、泰瑞莎、泰瑞、提姆、特里席、維尼和韋恩。

安德里亞・米勒（Andrea Miller）、卡蜜拉・波蘭德（Camilla Bolland）和珍妮佛・詹寧斯（Jennifer Jennings），從頭到尾給我支持。這是一趟美好的瘋狂旅程。住在環狀迴轉道有它的好處，我和蜜雪兒・羅培茲（Michelle Lopez）、莎莎・魯登斯基（Sasha Rudensky）和艾莉・修吉（Eli Huge）的友誼，是鄰居力量的最好證明。本書一開始是與和艾瑪・塞帕拉（Emma Seppala）玩耍時的對話，她在這個過程中一直關愛地支持我。

如果沒有邵娜・麥馬洪（Shauna McMahon），本書就不可能出版。知道妳在我寫作與工作時，愛護及照顧我的小孩，令人無比安心。我們一家人很幸運能夠每日向妳學習及相處。不僅我們將妳視為家人，妳更是我最要好的朋友之一。

我爸爸無窮的好奇心和活力，反映在本書。我感謝他無條件支持和鼓勵我不斷探索。他和雪瑞兒・麥丘（Cheryl McCue）是我的生命線。他們是我在喜悅、恐懼和哀傷時刻去找的人，也是我可以安心詢問我是否瘋狂的人。感謝他們一再保證說我並不瘋狂，我們可以共同渡過一切。我的哥哥安德魯，是我認識最心胸寬大的人。他對我、媽媽和我們家人的愛，讓過去這一年稍微可以忍受一些。如果沒有他的話，我無法撐過許多時刻。我亦感謝羅傑和珍妮絲・卡普蘭、柔依、亨利、漢克・韋德（Hank Weed）、蓋伊、大衛・麥當勞、麗茲、丹尼、林賽和 DJ・金恩（DJ King），向我證明家庭的意義。

我的子女讓我看到深不可測的愛的層面：雪梨的憐憫之心不像是 11 歲的孩子可能有的。看著她克服恐懼去追求她的熱情，鼓舞了我也這麼做。她也提醒了我，沒有什麼場合不是唱歌或跳舞不能改善的。葛瑞絲的冒險、勇氣和驚奇感，把我們的世界變得更為神奇。朱利安則是純粹的喜悅。每天我的心都因為他們給我生命中帶來的愛與光而揪緊與舒展。

家庭是我們第一及最深的連結。直到母親過世，我才完全明白這種連結的深度。就我記憶所及，母親手邊總有一本書。我希望她的死帶給我的寓意——在小事情當中找尋快樂、保護你愛的人，以及全心去愛——能夠透過本書傳達出來。

註釋

第一章　創造連結

1 Vernon E. Jordan Jr., "American Odyssey." *Newsweek*, October 29, 2001. https://www.newsweek.com/american-odyssey-154197.

2 Jeff Gerth, "The First Friend—A Special Report. Being Intimate with Power, Vernon Jordan Can Wield It." *New York Times*, July 14, 1996. https://www.nytimes.com/1996/07/14/us/first-friend-special-report-being-intimate-with-power-vernon-jordan-can-wield-it.html.

3 Sujeet Indap, "Vernon Jordan: 'It's Not a Crime to Be Close to Wall St.'" *Financial Times*, August 17, 2018. https://www.ft.com/content/429c9540-9fd0-11e8-85da-eeb7a9ce36e4.

4 Michael Useem, *The Inner Circle: Large Corporations and the Rise of Business Political Activity in the U.S. and U.K.* New York: Oxford University Press, 1986.

5 Johan S. G. Chu and Gerald F. Davis, "Who Killed the Inner Circle? The Decline of the American Corporate Interlock Network." *American Journal of Sociology* 122, no. 3 (November 2016): 714–54. https://doi.org/10.1086/688650.

6 Indap, "Vernon Jordan: 'It's Not a Crime to Be Close to Wall St.'"

7 同上。

8 Patricia Sellers, "A Boss's Advice to Young Grads." *Fortune*, June 7, 2012. https://fortune.com/2012/06/07/a-bosss-advice-to-young-grads/.

9 James S. Coleman, *Foundations of Social Theory*. Cambridge, MA: Harvard University Press, 1990.

10 Nicholas A. Christakis, "Making Friends in New Places." *New York Times*, August 1, 2015. https://www.nytimes.com/2015/08/02/education/edlife/making-friends-in-new-places.html.

11 在本書，我時常取用別人的故事做為不同網絡結構的案例。我希望我可以分析他們的實際網絡，不巧我就有途徑能夠取得資料進行正式分析。除非另有說明，他們只能被視為仲介人、召集人與擴張者的許多特點的說明案例。

12 Vernon E. Jordan Jr., "Vernon Jordan, Living Self-Portrait." Interview by Marc Pachter. National Portrait Gallery, Smithsonian Institution, April 6, 2012. Video, 1:16:17. https://www.youtube.com/watch? v=chxO0gYrW4U.

13 Gerth, "The First Friend—A Special Report."

14 Marissa King and Ingrid Nembhard, "Networks and Nonverbal Behavior." Academy of Management, 2015. Slides available at socialchemistry.com.

15 Ruolian Fang et al., "Integrating Personality and Social Networks: A Meta-Analysis of Personality, Network Position, and Work Outcomes in Organizations." *Organizational Science* 26, no. 4 (July–August 2015): 1243–60. https://doi.org/10.1287/orsc.2015.0972.

16 Jordan, "Vernon Jordan, Living Self-Portrait."

17 Stanford Center on Poverty and Inequality, "Social Networks and Getting a Job: Mark Granovetter." Video, 5:51. https://www.youtube.com/watch? v=g3bBajcR5fE.

18 同上。

19 Mark S. Granovetter, "The Strength of Weak Ties." *American Journal of Sociology* 78, no. 6 (May 1973): 1360–80. https://doi.org/10.1086/225469.

20 Peter V. Marsden and Elizabeth E. Gorman, "Social Networks, Job Changes, and Recruitment." In *Sourcebook of Labor Markets*, eds. Ivar Berg and Arne L. Kalleberg, 467–502. New York: Springer, 2001; Emilio J. Castilla, George J. Lan, and Ben A. Rissing, "Social Networks and Employment: Outcomes (Part 2)." *Sociology Compass* 7, no. 12 (December 2013): 1013–26. https://doi.org/10.1111/soc4.12095.

21 Federico Cingano and Alfonso Rosolia, "People I Know: Job Search and Social Networks." *Journal of Labor Economics* 30, no. 2 (2012): 291–332.

22 Marsden and Gorman, "Social Networks, Job Changes, and Recruitment."

23 Nan Lin, "Social Networks and Status Attainment." *Annual Review of Sociology* 25, no. 1 (August 1999): 467–87. https://doi.org/10.1146/annurev.soc.25.1.467.

24 Joel M. Podolny and James N. Baron, "Resources and Relationships: Social Networks and Mobility in the Workplace." *American Sociological Review* 62, no. 5 (October 1997): 673–93.

25 Ronald S. Burt, *Brokerage and Closure: An Introduction to Social Capital*. New York: Oxford University Press, 2005.

26 PricewaterhouseCoopers LLP, *The Economic Significance of Meetings to the U.S. Economy*. Tampa: PricewaterhouseCoopers, 2014.

27 Ronald S. Burt, *Structural Holes: The Social Structure of Competition*. Cambridge, MA: Harvard University Press, 1992.

28 Julianne Holt-Lunstad et al., "Loneliness and Social Isolation as Risk Factors for Mortality: A Meta-Analytic Review." *Perspectives on Psychological Science* 10,

no. 2 (2015): 227–37. https://doi.org/10.1177/1745691614568352.

29 Vivek H. Murthy, "Emotional Well-Being Is the Missing Key to Better Health." TEDMED, October 4, 2016. Accessed September 19, 2017. http://blog.tedmed.com/emotional-well-missing-key-better-health/.

30 Louise C. Hawkley and John T. Cacioppo, "Loneliness Matters: A Theoretical and Empirical Review of Consequences and Mechanisms." *Annals of Behavioral Medicine* 40, no. 2 (October 2010): 218–27. https://doi.org/10.1007/s12160-010-9210-8.

31 Stephen Marche, "Is Facebook Making Us Lonely?" *The Atlantic*, May 2012. https://www.theatlantic.com/magazine/archive/2012/05/is-facebook-making-us-lonely/308930/.

32 Evan Asano, "How Much Time Do People Spend On Social Media?" Social Media Today, January 4, 2017. http://www.socialmediatoday.com/marketing/how-much-time-do-people-spend-social-media-infographic.

33 "Facebook Market Cap 2009–2019," Macrotrends, 2019. https://www.macrotrends.net/stocks/charts/FB/facebook/market-cap.

34 "Norway GDP," Trading Economics, 2019. https://tradingeconomics.com/norway/gdp.

35 Hacker Noon, "How Much Time Do People Spend on Their Mobile Phones in 2017?" Hacker Noon, May 9, 2017. https://hackernoon.com/how-much-time-do-people-spend-on-their-mobile-phones-in-2017-e5f90a0b10a6.

36 Jean M. Twenge, "Have Smartphones Destroyed a Generation?" *The Atlantic*, September 2017. https://www.theatlantic.com/magazine/archive/2017/09/has-the-smartphone-destroyed-a-generation/534198/.

37 Emily D. Heaphy and Jane E. Dutton, "Positive Social Interactions and the Human Body at Work: Linking Organizations and Physiology." *Academy of Management Review* 33, no. 1 (2008): 137–62. https://doi.org/10.5465/amr.2008.27749365.

38 Sally C. Curtin, Margaret Warner, and Holly Hedegaard, "Increase in Suicide in the United States, 1999–2014." NCHS Data Brief 241 (April 2016): 1–8; Kevin Eagan et al., *The American Freshman: Fifty-Year Trends*: 1966–2015. Los Angeles: Higher Education Research Institute, 2016; Ramin Mojtabai, Mark Olfson, and Beth Han, "National Trends in the Prevalence and Treatment of Depression in Adolescents and Young Adults." *Pediatrics* 138, no. 6 (2016): e20161878.

39 Joseph P. Stokes, "The Relation of Social Network and Individual Difference Variables to Loneliness." *Journal of Personality and Social Psychology* 48, no. 4 (1985): 981–90. http://dx.doi.org/10.1037/0022-3514.48.4.981.

40 Xi Zou, Paul Ingram, and E. Tory Higgins, "Social Networks and Life Satisfaction: The Interplay of Network Density and Regulatory Focus." *Motivation and Emotion*

39, no. 5 (October 2015): 693–713. https://doi:10.1007/s11031-015-9490-1.

41 Henk Flap and Beate Völker, "Goal Specific Social Capital and Job Satisfaction: Effects of Different Types of Networks on Instrumental and Social Aspects of Work." *Social Networks* 23, no. 4 (October 2001): 297–320. https://doi.org/10.1016/S0378-8733(01)00044-2.

42 Adam Ruben, "Nothing but Networking." Science, October 23, 2014. https://www.sciencemag.org/careers/2014/10/nothing-networking.

43 Ben M. Bensaou, Charles Galunic, and Claudia Jonczyk-Sédès, "Players and Purists: Networking Strategies and Agency of Service Professionals." *Organization Science* 25, no. 1 (January–February 2014): 29–56. https://doi.org/10.1287/orsc.2013.0826.

44 同上。

45 Tiziana Casciaro, Francesca Gino, and Maryam Kouchaki, "The Contaminating Effects of Building Instrumental Ties: How Networking Can Make Us Feel Dirty." *Administrative Science Quarterly* 59, no. 4 (October 2014): 705–35. https://doi.org/10.1177/0001839214554990.

46 Francesca Gino, Maryam Kouchaki, and Adam D. Galinsky, "The Moral Virtue of Authenticity: How Inauthenticity Produces Feelings of Immorality and Impurity." *Psychological Science* 26, no. 7 (May 2015): 983–96. https://doi.org/10.1177/0956797615575277.

47 Kathleen D. Vohs, Roy F. Baumeister, and Natalie J. Ciarocco, " Self-Regulation and Self-Presentation: Regulatory Resource Depletion Impairs Impression Management and Effortful Self-Presentation Depletes Regulatory Resources." *Journal of Personality and Social Psychology* 88, no. 4 (2005): 632–57. http://dx.doi.org/10.1037/0022-3514.88.4.632; Roy F. Baumeister, "Motives and Costs of Self-Presentation in Organizations." In *Impression Management in the Organization*, eds. Robert A. Giacalone and Paul Rosenfeld, 57–72. Hillsdale, NJ: Lawrence Erlbaum Associates, 1989.

48 Bruce J. Avolio and Ketan H. Mhatre, "Advances in Theory and Research on Authentic Leadership." In *The Oxford Handbook of Positive Organizational Scholarship*, eds. Kim S. Cameron and Gretchen M. Spreitzer, 773–83. New York: Oxford University Press, 2012.

49 Herminia Ibarra, "The Authenticity Paradox." In *HBR's 10 Must Reads of 2016: The Definitive Management Ideas of the Year from Harvard Business Review*. Cambridge, MA: Harvard Business Review, 2016.

50 Jennifer S. Beer, "Implicit Self-Theories of Shyness." *Journal of Personality and Social Psychology* 83, no. 4 (October 2002): 1009–24. http://dx.doi.org/10.1037/0022-3514.83.4.1009.

51 Carol S. Dweck, *Mindset: The New Psychology of Success*. New York: Ballantine Books, 2016.

52 Beer, "Implicit Self-Theories of Shyness."

53 Daniel Goleman, *Social Intelligence: The New Science of Human Relationships*. New York: Bantam Books, 2006, 84.

54 Ko Kuwabara, Claudius A. Hildebrand, and Xi Zou, "Lay Theories of Networking: How Laypeople's Beliefs About Networks Affect Their Attitudes and Engagement Toward Instrumental Networking." *Academy of Management Review* 43, no. 1 (April 2016): 50–64. https://doi.org/10.5465/amr.2015.0076.

55 Erica Boothby et al., "The Liking Gap in Conversations: Do People Like Us More Than We Think?" *Psychological Science* 29, no. 11 (2018): 1742–56. https://doi.org/10.1177/0956797618783714.

56 同上。

57 Yechiel Klar and Eilath E. Giladi, "Are Most People Happier Than Their Peers, or Are They Just Happy?" *Personality and Social Psychology Bulletin* 25, no. 5 (1999): 586–95. https://doi.org/10.1177/0146167299025005004; Vera Hoorens and Peter Harris, "Distortions in Reports of Health Behaviors: The Time Span Effect and Illusory Superiority." *Psychology and Health* 13, no. 3 (1998): 451–66. https://doi.org/10.1080/08870449808407303; Jonathon D. Brown, "Understanding the Better Than Average Effect: Motives (Still) Matter." *Personality and Social Psychology Bulletin* 38, no. 2 (2012): 209–19. https://doi.org/10.1177/0146167211432763; Sebastian Deri, Shai Davidai, and Thomas Gilovich, "Home Alone: Why People Believe Others' Social Lives Are Richer Than Their Own." *Journal of Personality and Social Psychology* 113, no. 6 (2017): 858–77. http://dx.doi.org/10.1037/pspa0000105; Mark D. Alicke, "Global Self-Evaluation as Determined by the Desirability and Controllability of Trait Adjectives." *Journal of Personality and Social Psychology* 49, no. 6 (1985): 1621–30. http://dx.doi.org/10.1037/0022-3514.49.6.1621.

58 Deri, Davidai, and Gilovich, "Home Alone: Why People Believe Others' Social Lives Are Richer Than Their Own."

59 同上。

60 Kuwabara, Hildebrand, and Xi Zou, "Lay Theories of Networking: How Laypeople's Beliefs About Networks Affect Their Attitudes and Engagement Toward Instrumental Networking."

61 Tiziana Casciaro, Francesca Gino, and Maryam Kouchaki, "Learn to Love Networking." *Harvard Business Review*, May 2016. https://hbr.org/2016/05/learn-to-love-networking.

62 Howard Becker, *Man in Reciprocity: Introductory Lectures on Culture, Society, and*

Personality. Oxford, England: Frederick A. Praeger, 1956.

63 Adam M. Grant, *Give and Take: A Revolutionary Approach to Success*. New York: Penguin Books, 2013, 59.

64 William T. Harbaugh, Ulrich Mayr, and Daniel R. Burghart, "Neural Responses to Taxation and Voluntary Giving Reveal Motives for Charitable Donations." *Science* 316, no. 5831 (June 2007): 1622–25. https://doi.org/10.1126/science.1140738.

65 Heidi Roizen, "Interview with Heidi Roizen (Heroes)." Interview by Lucy Sanders, Larry Nelson, and Lee Kennedy, 2007. Entrepreneurial Heroes, National Center for Women & Information Technology. Audio, 34:33. https://www.ncwit.org/audio/interview-heidi-roizen-heroes.

66 Allan R. Cohen and David L. Bradford, *Influence Without Authority*, 2nd ed. Hoboken, NJ: John Wiley & Sons, 2005.

67 Sellers, "A Boss's Advice to Young Grads."

68 cocktail party effect: Barry Arons, "A Review of the Cocktail Party Effect." Cambridge, MA: MIT Media Lab, 1992.

69 Tyler McCormick, Matthew Salganik, and Tian Zheng, "How Many People Do You Know? Efficiently Estimating Personal Network Size." *Journal of the American Statistical Association* 105 (2010): 59–70.

70 Christopher McCarty et al., "Comparing Two Methods for Estimating Network Size." *Human Organization* 60, no. 1 (2001): 28–39. https://doi.org/10.17730/humo.60.1.efx5t9gjtgmga73y.

71 Tian Zheng, Matthew J. Salganik, and Andrew Gelman, "How Many People Do You Know in Prison? Using Overdispersion in Count Data to Estimate Social Structure in Networks." *Journal of the American Statistical Association* 101, no. 474 (June 2006): 409–23. https://doi.org/10.1198/016214505000001168.

72 Author's calculations based on own survey of 513 respondents; see also Miller McPherson, Lynn Smith-Lovin, and James M. Cook, "Birds of a Feather: Homophily in *Social Networks*." *Annual Review of Sociology* 27 (August 2001): 415–44. https://doi.org/10.1146/annurev.soc.27.1.415.

73 David Obstfeld, "Social Networks, the Tertius Iungens Orientation, and Involvement in Innovation." *Administrative Science Quarterly* 50, no. 1 (March 2005): 100–30. https://doi.org/10.2189/asqu.2005.50.1.100.

74 Sellers, "A Boss's Advice to Young Grads."

75 "Emotions Mapped by New Geography." *New York Times*, April 3, 1933. https://www.nytimes.com/1933/04/03/archives/emotions-mapped-by-new-geography-charts-seek-to-portray-the.html.

第二章　人脈的本質

1 David Rockefeller, *Memoirs*. New York: Random House, 2003.

2 Joann S. Lublin, "David Rockefeller's Rolodex Was the Stuff of Legend. Here's a First Peek." *Wall Street Journal*, December 5, 2017. https://www.wsj.com/articles/david-rockefellers-famous-rolodex-is-astonishing-heres-a-first-peek-1512494592.

3 Alan Fleischmann, "What David Rockefeller Taught Me About Life and Leadership." *Fortune*, March 21, 2017. https://fortune.com/2017/03/21/david-rockefeller-died-heart/.

4 David Rockefeller, *Memoirs*.

5 James R. Hagerty, "David Rockefeller Overcame Youthful Shyness and Insecurities." *Wall Street Journal*, March 24, 2017. https://www.wsj.com/articles/david-rockefeller-overcame-youthful-shyness-and-insecurities-1490347811.

6 David Rockefeller, *Memoirs*.

7 同上。

8 Robin Dunbar, *Grooming, Gossip, and the Evolution of Language*. Cambridge, MA: Harvard University Press, 1996.

9 Robin I. M. Dunbar, "Coevolution of Neocortical Size, Group Size and Language in Humans." *Behavioral and Brain Sciences* 16, no. 4 (December 1993): 681–94.

10 同上。

11 Robin I. M. Dunbar et al., "The Structure of Online Social Networks Mirrors Those in the Offline World." *Social Networks* 43 (October 2015): 39–47. https://doi.org/10.1016/j.socnet.2015.04.005.

12 Bruno Gonçalves, Nicola Perra, and Alessandro Vespignani, "Modeling Users' Activity on Twitter Networks: Validation of Dunbar's Number." *PLoS One* 6, no. 8 (August 2011): e22656. https://doi.org/10.1371/journal.pone.0022656.

13 Thomas V. Pollet, Sam G. B. Roberts, and Robin I. M. Dunbar, "Use of Social Network Sites and Instant Messaging Does Not Lead to Increased Offline Social Network Size, or to Emotionally Closer Relationships with Offline Network Members." *Cyberpsychology, Behavior, and Social Networking* 14, no. 4 (April 2011): 253–58. https://doi.org/10.1089/cyber.2010.0161.

14 James Stiller and Robin I. M. Dunbar, " Perspective-Taking and Memory Capacity Predict Social Network Size." *Social Networks* 29, no. 1 (January 2007): 93- 104. https://doi.org/10.1016/j.socnet.2006.04.001.

15 Wei-Xing Zhou et al., "Discrete Hierarchical Organization of Social Group Sizes." *Proceedings of the Royal Society B: Biological Sciences* 272, no. 1561 (February 22, 2005): 439–44. https://doi.org/10.1098/rspb.2004.2970.

16 Maria Konnikova, "The Limits of Friendship." *The New Yorker*, October 7, 2014. https://www.newyorker.com/science/maria-konnikova/social-media-affect-math-

dunbar-number-friendships.
17 Bureau of Labor Statistics, "American Time Use Survey," 2017. Accessed July 24, 2019. https://www.bls.gov/tus/database.htm.
18 Peter V. Marsden and Karen E. Campbell, "Measuring Tie Strength." *Social Forces* 63, no. 2 (December 1984): 482–501. https://doi.org/10.1093/sf/63.2.482; Peter V. Marsden and Karen E. Campbell, "Reflections on Conceptualizing and Measuring Tie Strength." *Social Forces* 91, no. 1 (September 2012): 17–23. https://doi.org/10.1093/sf/sos112.
19 Jeffrey A. Hall, "How Many Hours Does It Take to Make a Friend?" *Journal of Social and Personal Relationships* 36, no. 4 (April 2010): 1278–96. https://doi.org/10.1177/0265407518761225.
20 Mark S. Granovetter, "The Strength of Weak Ties." *American Journal of Sociology* 78, no. 6 (May 1973): 1360–80. https://doi.org/10.1086/225469.
21 Marcia Ann Gillespie, "Maya Angelou on the Difference Between Acquaintances and Friends." Interview by Marcia Ann Gillespie, 2011. *Essence*, May 28, 2014. http://people.com/celebrity/maya-angelou-dies-read-her-thoughts-on-friendship/.
22 Catherine L. Bagwell and Michelle E. Schmidt, *Friendships in Childhood and Adolescence*. New York: Guilford Press, 2011.
23 Ronit Kark, "Workplace Intimacy in Leader-Follower Relationships." In *The Oxford Handbook of Positive Organizational Scholarship*, eds. Kim S. Cameron and Gretchen M. Spreitzer, 423–38. New York: Oxford University Press, 2012.
24 Nan Lin, Alfred Dean, and Walter M. Ensel, eds., *Social Support, Life Events, and Depression*. London: Academic Press, 1986.
25 Barry Wellman and Scot Wortley, "Different Strokes from Different Folks: Community Ties and Social Support." *American Journal of Sociology* 96, no. 3 (November 1990): 558–88. https://doi.org/10.1086/229572.
26 Mario L. Small and Christopher Sukhu, "Because They Were There: Access, Deliberation, and the Mobilization of Networks for Support." *Social Networks* 47 (October 2016): 73–84. https://doi.org/10.1016/j.socnet.2016.05.002; Alejandro Portes, "Social Capital: Its Origins and Applications in Modern Sociology." *Annual Review of Sociology* 24 (August 1998): 1–24. https://doi.org/10.1146/annurev.soc.24.1.1.
27 Ester Villalonga-Olives and Ichiro Kawachi, "The Dark Side of Social Capital: A Systematic Review of the Negative Health Effects of Social Capital." *Social Science and Medicine* 194 (December 2017): 105–27. https://doi.org/10.1016/j.socscimed.2017.10.020.
28 Mario Luis Small, "Weak Ties and the Core Discussion Network: Why People Regularly Discuss Important Matters with Unimportant Alters." *Social Networks*

35, no. 3 (July 2013): 470–83.

29 Small and Sukhu, "Because They Were There: Access, Deliberation, and the Mobilization of Networks for Support."

30 Mario Luis Small, *Unanticipated Gains: Origins of Networks Inequality in Everyday Life*. New York: Oxford University Press, 2009.

31 Matthew E. Brashears, "Small Networks and High Isolation? A Reexamination of American Discussion Networks." *Social Networks* 33, no. 4 (October 2011): 331–41.

32 Jari Saramäki et al., "Persistence of Social Signatures in Human Communication." *Proceedings of the National Academy of Sciences of the USA 111*, no. 3 (January 21, 2014): 942–47. https://doi.org/10.1073/pnas.1308540110.

33 David Nield, "Humans Can Really Only Maintain Five Close Friends, According to this Equation," May 5, 2016. https://www.sciencealert.com/the-latest-data-suggests-you-can-only-keep-five-close-friends.

34 John Bowlby, *Attachment and Loss*. New York: Basic Books, 1969.

35 R. Chris Fraley et al., "Patterns of Stability in Adult Attachment: An Empirical Test of Two Models of Continuity and Change." *Journal of Personality and Social Psychology* 101, no. 5 (November 2011): 974–92. http://dx.doi.org/10.1037/a0024150.

36 Bethany Saltman, "Can Attachment Theory Explain All Our Relationships?" The Cut, *New York*, July 5, 2016. https://www.thecut.com/2016/06/attachment-theory-motherhood-c-v-r.html.

37 Omri Gillath, Gery C. Karantzas, and Emre Selcuk, "A Net of Friends: Investigating Friendship by Integrating Attachment Theory and Social Network Analysis." *Personality and Social Psychology Bulletin* 43, no. 11 (November 2017): 1546–65. https://doi.org/10.1177/0146167217719731.

38 O. Gillath et al., "Development and Validation of a State Adult Attachment Measure (SAAM)." *Journal of Research in Personality* 43, no. 3 (2009): 362–73. http://dx.doi.org/10.1016/j.jrp.2008.12.009.

39 Elizabeth Laura Nelson, "What Your Relationship Attachment Style Says About You." SHE'SAID', August 4, 2019. https://shesaid.com/relationship-attachment-style/.

40 Gillath, Karantzas, and Selcuk, "A Net of Friends: Investigating Friendship by Integrating Attachment Theory and Social Network Analysis."

41 Brittany Wright, "What It's Like to Have No Real Friends." *Cosmopolitan*, February 23, 2016. https://www.cosmopolitan.com/lifestyle/a53943/i-have-no-real-friends.

42 Amir Levine and Rachel S. F. Heller, *Attached: The New Science of Adult*

Attachment and How It Can Help You Find—and Keep—Love. New York: TarcherPerigee, 2012.

43 Elaine Scharfe, "Sex Differences in Attachment." In *Encyclopedia of Evolutionary Psychological Science*, eds. Todd K. Shackelford and Viviana A. Weekes-Shackelford. New York: Springer, 2017.

44 Marian J. Bakermans-Kranenburg, Marinus H. van IJzendoorn, and Pieter M. Kroonenberg, "Differences in Attachment Security Between African-American and White Children: Ethnicity or Socio-Economic Status?" *Infant Behavior and Development* 27, no. 3 (October 2004): 417–33. https://doi.org/10.1016/j.infbeh.2004.02.002.

45 Gillath, Karantzas, and Selcuk, "A Net of Friends: Investigating Friendship by Integrating Attachment Theory and Social Network Analysis."

46 Chaoming Song et al., "Limits of Predictability in Human Mobility." *Science* 327, no. 5968 (February 19, 2010): 1018–21. https://doi.org/10.1126/science.1177170.

47 News@Northeastern, "Human Behavior Is 93 Percent Predictable, Research Says," February 19, 2010. https://news.northeastern.edu/2010/02/19/network_science-2/.

48 James H. S. Bossard, "Residential Propinquity as a Factor in Marriage Selection." *American Journal of Sociology* 38, no. 2 (September 1932): 219–24.

49 Leon Festinger, Stanley Schachter, and Kurt Back, *Social Pressures in Informal Groups: A Study of Human Factors in Housing*. New York: Harper, 1950.

50 Mady W. Segal, "Alphabet and Attraction: An Unobtrusive Measure of the Effect of Propinquity in a Field Setting." *Journal of Personality and Social Psychology* 30, no. 5 (1974): 654–57.

51 Ben Waber, *People Analytics: How Social Sensing Technology Will Transform Business and What It Tells Us About the New World of Work*. Upper Saddle River, NJ: FT Press, 2013.

52 Robert Zajonc, "Attitudinal Effects of Mere Exposure." *Journal of Personality and Social Psychology* 9, no. 9, pt. 2 (1968): 1–27. http://dx.doi.org/10.1037/h0025848.

53 Robert F. Bornstein, "Exposure and Affect: Overview and Meta-Analysis of Research, 1968–1987." *Psychological Bulletin* 106, no. 2 (1989): 265–89. http://dx.doi.org/10.1037/0033-2909.106.2.265.

54 Peter Dizikes, "The Office Next Door." *MIT Technology Review*, October 25, 2011. https://www.technologyreview.com/s/425881/the-office-next-door/.

55 Maria Konnikova, "The Open-Office Trap." *The New Yorker*, January 7, 2014. https://www.newyorker.com/business/currency/the-open-office-trap.

56 Todd C. Frankel, "What These Photos of Facebook's New Headquarters Say About the Future of Work." *Washington Post*, November 30, 2015. https://www.washingtonpost.com/news/the-switch/wp/2015/11/30/what-these-photos-of-

facebooks-new-headquarters-say-about-the-future-of-work/.

57 Matthew C. Davis, Desmond J. Leach, and Chris W. Clegg, "The Physical Environment of the Office: Contemporary and Emerging Issues." In *International Review of Industrial and Organizational Psychology*, vol. 26, eds. Gerard P. Hodgkinson and J. Kevin Ford, 193–237. Hoboken, NJ: John Wiley & Sons, 2011.

58 Thomas R. Hochschild Jr., "The Cul-de-sac Effect: Relationship Between Street Design and Residential Social Cohesion." *Journal of Urban Planning and Development* 141, no. 2 (March 2015): 05014006. https://doi.org/10.1061/(ASCE)UP. 1943-5444.0000192.

59 Thomas R. Hochschild Jr., "Cul-de-sac Kids." *Childhood* 20, no. 2 (May 2013): 229–43. https://doi.org/10.1177/0907568212458128.

60 Mark Twain, *Mark Twain's Notebooks & Journals*, vol. I: 1855–1873. Berkeley: University of California Press, 1975.

61 Audrey Gillan, "Body of Woman, 40, Lay Unmissed in Flat for More Than Two Years." *The Guardian*, April 13, 2006. https://www.theguardian.com/uk/2006/apr/14/audreygillan.uknews2.

62 Edward L. Glaeser and Bruce Sacerdote, "The Social Consequences of Housing." *Journal of Housing Economics* 9, no. 1/2 (2000): 1–23.

63 G. C. Homans, *Social Behavior: Its Elementary Forms*. Oxford, England: Harcourt, Brace, 1961.

64 Kunal Bhattacharya et al., "Sex Differences in Social Focus Across the Life Cycle in Humans." *Royal Society Open Science* 3, no. 4 (2016): https://doi.org/10.1098/rsos.160097.

65 同上。

66 Ronald S. Burt, "Decay Functions." *Social Networks* 22, no. 1 (2000): 1–28. http://dx.doi.org/10.1016/S0378-8733(99)00015-5.

67 Robert Faris and Diane H. Felmlee, "Best Friends for Now: Friendship Network Stability and Adolescents' Life Course Goals." In *Social Networks and the Life Course: Integrating the Development of Human Lives and Social Relational Networks*, eds. Duane F. Alwin, Diane H. Felmlee, and Derek A. Kreager, 185–203. Cham, Switzerland: Springer, 2018.

68 H. G. Wolff and K. Moser, "Effects of Networking on Career Success: A Longitudinal Study." *Journal of Applied Psychology* 94, no. 1 (2009): 196–206. http://dx.doi.org/10.1037/a0013350.

69 Xiumei Zhu et al., "Pathways to Happiness: From Personality to Social Networks and Perceived Support." *Social Networks* 35, no. 5 (July 2013): 382–93. https://doi.org/10.1016/j.socnet.2013.04.005.

70 Hyo Jung Lee and Maximiliane E. Szinovacz, "Positive, Negative, and Ambivalent

Interactions with Family and Friends: Associations with Well-Being." *Journal of Marriage and Family* 78, no. 3 (June 2016): 660–79.

71 Paul Ingram and Michael W. Morris, "Do People Mix at Mixers? Structure, Homophily, and the 'Life of the Party.'" *Administrative Science Quarterly* 52, no. 4 (December 2007): 558–85. https://doi.org/10.2189/asqu.52.4.558.

72 Ronald C. Kessler et al., "Lifetime Prevalence and Age-of-Onset Distributions of DSM-IV Disorders in the National Comorbidity Survey Replication." *Archives of General Psychiatry* 62, no. 6 (2005): 593–602.

73 Olga Khazan, "The Strange, Surprisingly Effective Cure for Social Anxiety." *The Atlantic*, October 22, 2015. https://www.theatlantic.com/health/archive/2015/10/what-is-social-anxiety/411556/.

74 Melissa Dahl, "The Best Way to Get Over Social Anxiety Is by Embarrassing Yourself in Public." The Cut, *New York*, November 14, 2016. https://www.thecut.com/2016/11/how-to-get-over-social-anxiety.html.

75 Jennifer L. Trew and Lynn E. Alden, "Kindness Reduces Avoidance Goals in Socially Anxious Individuals." *Motivation and Emotion* 39, no. 6 (December 2015): 892–907.

76 Nan Lin, "Social Networks and Status Attainment." *Annual Review of Sociology* 25, no. 1 (1999): 467–87.

77 Alex Williams, "Why Is It Hard to Make Friends Over 30?" *New York Times*, July 13, 2012. https://www.nytimes.com/2012/07/15/fashion/the-challenge-of-making-friends-as-an-adult.html.

78 Sam G. B. Roberts and Robin I. M. Dunbar, "Communication in Social Networks: Effects of Kinship, Network Size, and Emotional Closeness." *Personal Relationships* 18, no. 3 (September 2011): 439–52. https://doi.org/10.1111/j.1475-6811.2010.01310.x.

79 Giovanna Miritello et al., "Limited Communication Capacity Unveils Strategies for Human Interaction." *Scientific Reports* 3, no. 1950 (January 2013). https://doi.org/10.1038/srep01950.

80 K. Bhattacharya et al., "Sex Differences in Social Focus Across the Life Cycle in Humans." *Royal Society Open Science* 3, no. 4 (2016). https://doi.org/10.1098/rsos.160097.

81 Cornelia Wrzus et al., "Social Network Changes and Life Events Across the Life Span: A Meta-Analysis." *Psychological Bulletin* 139, no. 1 (January 2013): 53–80. https://doi.org/10.1037/a0028601.

82 Gerald Mollenhorst, Beate Volker, and Henk Flap, "Changes in Personal Relationships: How Social Contexts Affect the Emergence and Discontinuation of Relationships." *Social Networks* 37 (May 2014): 65–80. https://doi.org/10.1016/

j.socnet.2013.12.003.

83 Shira Offer and Claude S. Fischer, "Difficult People: Who Is Perceived to Be Demanding in Personal Networks and Why Are They There?" *American Sociological Review* 83, no. 1 (February 2018): 111–42. https://doi.org/10.1177/0003122417737951.

第三章　召集人

1 Vanessa Friedman, "It's Called the Met Gala, but It's Definitely Anna Wintour's Party." *New York Times*, May 2, 2015. https://www.nytimes.com/2015/05/03/style/its-called-the-met-gala-but-its-definitely-anna-wintours-party.html.

2 Krissah Thompson, "Michelle Obama and Anna Wintour's Mutual Admiration Society." *Washington Post*, May 5, 2014. https://www.washingtonpost.com/news/arts-and-entertainment/wp/2014/05/05/michelle-obama-and-anna-wintours-mutual-admiration-society.

3 See https://www.commonobjective.co/article/the-size-of-the-global-fashion-retail-market.

4 "GDP-Brazil." The World Bank, 2019. https://data.worldbank.org/indicator/NY.GDP.MKTP.CD? locations=BR.

5 Natalie Robehmed, "From Beyonce to Shonda Rhimes, the Most Powerful Women in Entertainment 2018." *Forbes*, December 4, 2018. https://www.forbes.com/sites/natalierobehmed/2018/12/04/from-beyonce-to-shonda-rhimes-the-most-powerful-women-in-entertainment-2018/#557bfa0b1110.

6 Madeline Stone and Rachel Askinasi, "Vogue's Editor-in-Chief Anna Wintour Is Worth an Estimated $35 Million." Business Insider, May 6, 2019. https://www.businessinsider.com/the-fabulous-life-of-anna-wintour-2016-9.

7 Stephen M. Silverman, "The Day Anna Wintour Told Oprah Winfrey to Lose Weight." People, May 19, 2009. https://people.com/bodies/the-day-anna-wintour-told-oprah-winfrey-to-lose-weight/.

8 Joshua Levine, "Brand Anna." *Wall Street Journal*, March 24, 2011. https://www.wsj.com/articles/SB10001424052748704893604576200722939264658.

9 Lydia Dishman, "I've Planned the Met Gala for the Last 8 Years. Here's What I've Learned." *Fast Company*, May 1, 2017. https://www.fastcompany.com/40415014/ive-planned-the-met-gala-for-the-last 8-years-heres-what-ive-learned.

10 Levine, "Brand Anna."

11 Amy Larocca, "In Conversation with Anna Wintour." The Cut, *New York*, May 4, 2015. https://www.thecut.com/2015/05/anna-wintour-amy-larocca-in-conversation.html.

12 Sophia Money-Coutts, "Vogue Documentary Tries to Get a Read on the Chilly

Wintour." The National, August 3, 2009. https://www.thenational.ae/arts-culture/vogue-documentary-tries-to-get-a-read-on-the-chilly-wintour-1.549892.

13 Elizabeth Currid-Halkett, *Starstruck: The Business of Celebrity*. New York: Farrar, Straus, and Giroux, 2011.

14 Levine, "Brand Anna."

15 World Values Survey, 2019. http://www.worldvaluessurvey.org/.

16 General Social Survey, 2019. https://gssdataexplorer.norc.org.

17 World Values Survey, 2019. http://www.worldvaluessurvey.org/.

18 George Gao, "Americans Divided on How Much They Trust Their Neighbors." April 13, 2016. Washington, DC: Pew Research Center. http://www.pewresearch.org/fact-tank/2016/04/13/americans-divided-on-how-much-they-trust-their-neighbors/.

19 Karyn Twaronite, "A Global Survey on the Ambiguous State of Employee Trust." *Harvard Business Review*, July 22, 2016. https://hbr.org/2016/07/a-global-survey-on-the-ambiguous-state-of-employee-trust.

20 Ronald S. Burt, *Brokerage and Closure: An Introduction to Social Capital*. New York: Oxford University Press, 2005.

21 Bureau of Labor Statistics, "Employee Tenure Survey." BLS Economic News Release, September 20, 2018. https://www.bls.gov/news.release/tenure.nr0.htm.

22 Anton Chekhov, *Uncle Vanya. Plays by Anton Tchekoff*, translated from the Russian by Marian Fell. New York: Charles Scribner's Sons, 1916. Translation revised and notes added 1998 by James Rusk and A. S. Man. https://www.ibiblio.org/eldritch/ac/vanya.htm.

23 Carolyn E. Cutrona, Social Support in Couples: *Marriage as a Resource in Times of Stress*, vol. 13. Thousand Oaks, CA: SAGE Publications, 1996.

24 Iris K. Schneider et al., "A Healthy Dose of Trust: The Relationship Between Interpersonal Trust and Health." *Personal Relationships* 18, no. 4 (December 2011): 668–76. https://doi.org/10.1111/j. 1475-6811.2010.01338.x.

25 University of Chicago, Urban Education Institute, "Fostering Student-Teacher Trust: New Knowledge," 2017. Accessed July 30, 2019. https://uei.uchicago.edu/sites/default/files/documents/UEI%202017%20New%20Knowledge% 20-%20Fostering%20Student-Teacher%20Trust.pdf.

26 Paul A. M. Van Lange, "Generalized Trust: Four Lessons from Genetics and Culture." *Current Directions in Psychological Science* 24, no. 1 (February 2015): 71–76. https://doi.org/10.1177/0963721414552473; B. A. De Jong, K. T. Dirks, and N. Gillespie, "Trust and Team Performance: A Meta-Analysis of Main Effects, Moderators, and Covariates." *Journal of Applied Psychology* 101, no. 8 (2016), 1134–50. http://dx.doi.org/10.1037/apl0000110.

27 Paul J. Zak, "The Neuroscience of Trust: Management Behaviors That Foster Employee Engagement." *Harvard Business Review*, January–February 2017.

28 David DeSteno, *The Truth About Trust: How It Determines Success in Life, Love, Learning, and More*. New York: Plume, 2015.

29 Francesca Gino, Michael I. Norton, and Dan Ariely, "The Counterfeit Self: The Deceptive Costs of Faking It." *Psychological Science* 21, no. 5 (May 2010): 712–20. https://doi.org/10.1177/0956797610366545.

30 Denise M. Rousseau et al., "Not So Different After All: A Cross-Discipline View of Trust." *Academy of Management Review* 23, no. 3 (1998): 393–404. https://doi.org/10.5465/amr.1998.926617.

31 B. von Dawans et al., "The Social Dimension of Stress Reactivity: Acute Stress Increases Prosocial Behavior in Humans." *Psychological Science* 23, no. 6 (2012): 651–60. https://doi.org/10.1177/0956797611431576.

32 Daniel Coyle, "How Showing Vulnerability Helps Build a Stronger Team." Ideas. Ted. Com, February 20, 2018. https://ideas.ted.com/how-showing-vulnerability-helps-build-a-stronger-team/.

33 Jeffrey A. Sonnenfeld, "The Jamie Dimon Witch Hunt." *New York Times*, May 8, 2013. https://www.nytimes.com/2013/05/09/opinion/the-jamie-dimon-witch-hunt.html.

34 Jeffrey Pfeffer, Kimberly D. Elsbach, and Victoria Chang, "Jeffrey Sonnenfeld (A): The Fall from Grace." Stanford Graduate School of Business Cases, OB-34A. Stanford: Stanford Graduate School of Business, 2000.

35 "The Scuffed Halls of Ivy: Emory University," *60 Minutes*. Aired on July 23, 2000. New York: Columbia Broadcasting System.

36 Josh Barro, "Black Mark for Fiorina Campaign in Criticizing Yale Dean." *New York Times*, September 23, 2015. https://www.nytimes.com/2015/09/24/upshot/black-mark-for-fiorina-campaign-in-criticizing-yale-dean.html.

37 "The Scuffed Halls of Ivy: Emory University."

38 Philip Weiss, "Is Emory Prof Jeffrey Sonnenfeld Caught in a New Dreyfus Affair?" *Observer*, May 17, 1999. https://observer.com/1999/05/is-emory-prof-jeffrey-sonnenfeld-caught-in-a-new-dreyfus-affair/.

39 Kevin Sack, "Adviser to Chief Executives Finds Himself in Odd Swirl." *New York Times*, December 22, 1997. https//www.nytimes.com/1997/12/22/us/adviser-to-chief-executives-finds-himself-in-odd-swirl.html.

40 "The Scuffed Halls of Ivy: Emory University."

41 Jeffrey Pfeffer, Kimberly D. Elsbach, and Victoria Chang, "Jeffrey Sonnenfeld (B): The Road to Redemption." Stanford Graduate School of Business Cases, OB-34B. Stanford: Stanford Graduate School of Business, 2000.

42 Jeffrey A. Sonnenfeld and Andrew J. Ward, "Firing Back: How Great Leaders Rebound After Career Disasters." *Harvard Business Review*, January 2007. https://hbr.org/2007/01/firing-back-how-great-leaders-rebound-after-career-disasters.

43 Pfeffer, "Jeffrey Sonnenfeld (B): The Road to Redemption."

44 Ronald S. Burt, Yanjie Bian, and Sonja Opper, "More or Less Guanxi: Trust Is 60% Network Context, 10% Individual Difference." *Social Networks* 54 (July 2018): 12–25. https://doi.org/10.1016/j.socnet.2017.12.001.

45 Ronald S. Burt, *Brokerage and Closure: An Introduction to Social Capital*. New York: Oxford University Press, 2005; James S. Coleman, "Social Capital in the Creation of Human Capital." In *Knowledge and Social Capital: Foundations and Applications*, ed. Eric L. Lesser, 17–41. Woburn, MA: Butterworth-Heinemann, 2000; Avner Greif, "Reputation and Coalitions in Medieval Trade: Evidence on the Maghribi Traders." *Journal of Economic History* 49, no. 4 (December 1989): 857–82.

46 Anette Eva Fasang, William Mangino, and Hannah Brückner, "Social Closure and Educational Attainment." *Sociological Forum* 29, no. 1 (March 2014): 137–64. https://doi.org/10.1111/socf.12073.

47 Alexandra Cheney, "Changing Facets of the Diamond District." *Wall Street Journal*, July 23, 2011. https://www.wsj.com/articles/SB10001424053111903554904576462291635801406.

48 Pratt Center for Community Development, "The Perfect Setting: Economic Impact of the Diamond and Jewelry Industry in New York City," January 21, 2009. https://prattcenter.net/research/perfect-setting-economic-impact-diamond-and-jewelry-industry-new-york-city.

49 Roger Starr, "The Real Treasure of 47th Street." *New York Times*, March 26, 1984.

50 Tamar Skolnick, "New York's Diamond District and Jewish Tradition." The Algemeiner, May 21, 2014. https://www.algemeiner.com/2014/05/21/new-yorks.

51 Sally D. Farley, "Is Gossip Power? The Inverse Relationships Between Gossip, Power, and Likability." *European Journal of Social Psychology* 41, no. 5 (August 2011): 574–79. https://doi.org/10.1002/ejsp.821.

52 Robin I. M. Dunbar, "Gossip in Evolutionary Perspective." *Review of General Psychology* 8, no. 2 (June 2004): 100–10. https://doi.org/10.1037/1089-2680.8.2.100.

53 Dunbar, "Gossip in Evolutionary Perspective"; Robin I. M. Dunbar, Anna Marriott, and N. D. C. Duncan, "Human Conversational Behavior." *Human Nature* 8, no. 3 (September 1997): 231–46. https://doi.org/10.1007/BF02912493.

54 Matthew Feinberg et al., "The Virtues of Gossip: Reputational Information Sharing as Prosocial Behavior." *Journal of Personality and Social Psychology* 102, no. 5

(May 2012): 1015–30; Matthew Feinberg, Joey T. Cheng, and Robb Willer, "Gossip as an Effective and Low-Cost Form of Punishment." *Behavioral and Brain Sciences* 35, no. 1 (February 2012): 25. https://doi.org/10.1017/S0140525X11001233.

55 Ray Reagans and Bill McEvily, "Network Structure and Knowledge Transfer: The Effects of Cohesion and Range." *Administrative Science Quarterly* 48, no. 2 (June 2003): 240–67. https://doi.org/10.2307/3556658.

56 Marco Tortoriello, Ray Reagans, and Bill McEvily, "Bridging the Knowledge Gap: The Influence of Strong Ties, Network Cohesion, and Network Range on the Transfer of Knowledge Between Organizational Units." *Organizational Science* 23, no. 4 (July–August 2012): 907–1211. https://doi.org/10.1287/orsc.1110.0688.

57 Amandine Ody-Brasier and Isabel Fernandez-Mateo, "When Being in the Minority Pays Off: Relationships Among Sellers and Price Setting in the Champagne Industry." *American Sociological Review* 82, no. 1 (2017): 147–78. https://doi.org/10.1177/0003122416683394.

58 同上。

59 Paul Ingram and Peter W. Roberts, "Friendships Among Competitors in the Sydney Hotel Industry." *American Journal of Sociology* 106, no. 2 (September 2000): 387–423. https://doi.org/10.1086/316965. Figure of $390,000 in revenue arises from $268,000 given in the original paper adjusted for inflation through 2019.

60 Martin Gargiulo, Gokhan Ertug, and Charles Galunic, "The Two Faces of Control: Network Closure and Individual Performance Among Knowledge Workers." *Administrative Science Quarterly* 54, no. 2 (2009): 299–333. https://doi.org/10.2189/asqu.2009.54.2.299.

61 Joel M. Podolny and James N. Baron, "Resources and Relationships: Social Networks and Mobility in the Workplace." *American Sociological Review* 62, no. 5 (October 1997): 673–93. https://doi.org/10.2307/2657354.

62 Mark S. Mizruchi, Linda Brewster Stearns, and Anne Fleischer, "Getting a Bonus: Social Networks, Performance, and Reward Among Commercial Bankers." *Organization Science* 22, no. 1 (January–February 2011): 42–59. https://doi.org/10.1287/orsc.1090.0516.

63 Monique Valcour, "What We Can Learn About Resilience from Female Leaders of the UN." *Harvard Business Review*, September 28, 2017. https://hbr.org/2017/09/what-we-can-learn-about-resilience-from-female-leaders-of-the-un.

64 Tuan Q. Phan and Edoardo M. Airoldi, "A Natural Experiment of Social Network Formation and Dynamics." *Proceedings of the National Academy of Sciences of the USA* 112, no. 21 (2015): 6595–600. https://doi.org/10.1073/pnas.1404770112.

65 Valcour, "What We Can Learn About Resilience from Female Leaders of the UN."

66 作者訪談。October 31, 2018.

67 Catherine Bagwell and Michelle Schmidt, *Friendships in Childhood and Adolescence*. New York: Guilford Press, 2011.

68 Julie Suratt, "The Terrifyingly Nasty, Backstabbing, and Altogether Miserable World of the Suburban Mom." *Boston*, March 25, 2014. https://www.bostonmagazine.com/news/2014/03/25/mean-moms-suburbs/.

69 Amy Sohn, "The Bitch on the Playground." *New York*, April 28, 2005. http://nymag.com/nymetro/nightlife/sex/columns/mating/11881/.

70 CareerBuilder, "Forty-Three Percent of Workers Say Their Office Has Cliques, Finds CareerBuilder Survey." Press release, July 24, 2013. http://www.careerbuilder.com/share/aboutus/pressreleasesdetail.aspx?sd=7% 2F24%2F2013&id=pr773&ed=12%2F31%2F2013.

71 Paula Span, "Mean Girls in Assisted Living." The New Old Age, May 31, 2011. https://newoldage.blogs.nytimes.com/2011/05/31/mean-girls-in-the-nursing-home/.

72 Eleanor Feldman Barbera, "Senior Bullying: How to Recognize It, How to Handle It." McKnight's Long-Term Care News, March 4, 2015. https://www.mcknights.com/the-world-according-to-dr-el/senior-bullying-how-to-recognize-it-how-to-handle-it/article/401679/.

73 Deborah Lessne and Christina Yanez, "Student Reports of Bullying: Results from the 2015 School Crime Supplement to the National Crime Victimization Survey. Web Tables. NCES 2017-015." Washington, DC: National Center for Education Statistics, 2016.

74 Henri Tajfel et al., "Social Categorization and Intergroup Behaviour." *European Journal of Social Psychology* 1, no. 2 (April–June 1971): 149–78. https://doi.org/10.1002/ejsp.2420010202.

75 Michael Billig and Henri Tajfel, "Social Categorization and Similarity in Intergroup Behavior." *European Journal of Social Psychology* 3, no. 1 (January–March 1973): 27–52. https://doi.org/10.1002/ejsp.2420030103.

76 Carlos David Navarrete et al., "Fear Is Readily Associated with an Out-Group Face in a Minimal Group Context." *Evolution and Human Behavior* 33, no. 5 (September 2012): 590–93.

77 Lorenz Goette, David Huffman, and Stephan Meier, "The Impact of Social Ties on Group Interactions: Evidence from Minimal Groups and Randomly Assigned Real Groups." *American Economic Journal: Microeconomics* 4, no. 1 (February 2012): 101–15.

78 Jing Yang et al., "The Brief Implicit Association Test Is Valid: Experimental Evidence." *Social Cognition* 32, no. 5 (2014): 449–65. https://doi.org/10.1521/soco.2014.32.5.449.

79 Jolanda Jetten et al., "Having a Lot of a Good Thing: Multiple Important Group

Memberships as a Source of Self-Esteem." *PLoS One* 10, no. 6 (2015): e0124609. https://doi.org/10.1371/journal.pone.0124609.

80 Peter S. Bearman and James Moody, "Suicide and Friendships Among American Adolescents." *American Journal of Public Health* 94, no. 1 (January 2004): 89–95. https://doi.org/10.2105/AJPH.94.1.89.

81 Joseph Bonanno and Sergio Lalli, *A Man of Honor: The Autobiography of Joseph Bonanno*. New York: Simon & Schuster, 1983.

82 John T. Jones et al., "How Do I Love Thee? Let Me Count the Js: Implicit Egotism and Interpersonal Attraction." *Journal of Personality and Social Psychology* 87, no. 5 (2004): 665–83. http://dx.doi.org/10.1037/0022-3514.87.5.665.

83 Kaitlin Woolley and Ayelet Fishbach, "A Recipe for Friendship: Similar Food Consumption Promotes Trust and Cooperation." *Journal of Consumer Psychology* 27, no. 1 (January 2017): 1–10. https://doi.org/10.1016/j.jcps.2016.06.003.

84 Miller McPherson, Lynn Smith-Lovin, and Matthew E. Brashears, "Social Isolation in America: Changes in Core Discussion Networks over Two Decades." *American Sociological Review* 71, no. 3 (June 2006): 353–75. https://doi.org/10.1177/000312240607100301.

85 Mark T. Rivera, Sara B. Soderstrom, and Brian Uzzi, "Dynamics of Dyads in Social Networks: Assortive, Relational, and Proximity Mechanisms." *Annual Review of Sociology* 36, no. 1 (August 11, 2010): 91–115. https://doi.org/10.1146/annurev.soc.34.040507.134743.

86 Daniel Cox, Juhem Navarro-Rivera, and Robert P. Jones, "Race, Religion, and Political Affiliation of Americans' Core Social Networks." Public Religion Research Institute, August 3, 2016. https://www.prri.org/research/poll-race-religion-politics-americans-social-networks/.

87 同上。

88 Daniel A. McFarland et al., "Network Ecology and Adolescent Social Structure." *American Sociological Review* 79, no. 6 (December 25, 2014): 1088–121. https://doi.org/10.1177/0003122414554001.

89 Brian Uzzi and Shannon Dunlap, "How to Build Your Network." *Harvard Business Review*, December 2005. https://hbr.org/2005/12/how-to-build-your-network.

90 Hugh Louch, "Personal Network Integration: Transitivity and Homophily in Strong-Tie Relations." *Social Networks* 22, no. 1 (May 2000): 45–64.

91 A. W. Kruglanski, D. M. Webster, and A. Klem, "Motivated Resistance and Openness to Persuasion in the Presence or Absence of Prior Information." *Journal of Personality and Social Psychology* 65, no. 5 (1993): 861–76. http://dx.doi.org/10.1037/0022-3514.65.5.861.

92 Francis J. Flynn, Ray E. Reagans, and Lucia Guillory, "Do You Two Know Each

Other? Transitivity, Homophily, and the Need for (Network) Closure." *Journal of Personality and Social Psychology* 99, no. 5 (2010): 855–69. http://dx.doi.org/10.1037/a0020961. Quote lightly edited for grammar and formal consistency.

93 Joseph B. Bayer et al., "Brain Sensitivity to Exclusion Is Associated with Core Network Closure." *Scientific Reports* 8 (2018): article ID 16037.

94 Naomi I. Eisenberger, "Social Ties and Health: A Social Neuroscience Perspective." *Current Opinion in Neurobiology* 23, no. 3 (February 8, 2013): 407–13. https://doi.org/10.1016/j.conb.2013.01.006.

95 James Stiller and Robin I. M. Dunbar, "Perspective-Taking and Memory Capacity Predict Social Network Size." *Social Networks* 29, no. 1 (January 2007): 93–104. https://doi.org/10.1016/j.socnet.2006.04.001.

96 同上，摘錄文字經過編輯，以使文法和形式一致。

97 Michelle Williams, "Perspective Taking: Building Positive Interpersonal Connections and Trustworthiness One Interaction at a Time." In *The Oxford Handbook of Positive Organizational Scholarship*, eds. Kim S. Cameron and Gretchen M. Spreitzer, 462–73. New York: Oxford University Press, 2013.

98 Adam D. Galinsky, Gillian Ku, and Cynthia S. Wang, "Perspective-Taking and Self-Other Overlap: Fostering Social Bonds and Facilitating Social Coordination." *Group Processes & Intergroup Relations* 8, no. 2 (April 2005): 109–24. https://doi.org/10.1177/1368430205051060.

99 Peter Boyd. Yale School of Management Case Study.

100 Mandy Len Catron, "To Fall in Love with Anyone, Do This." *New York Times*, January 9, 2015. https://www.nytimes. com/.../modern-love-to-fall-in-love-with-anyone-do-this.html.

101 Arthur Aron et al., "The Experimental Generation of Interpersonal Closeness: A Procedure and Some Preliminary Findings." *Personality and Social Psychology Bulletin* 23, no. 4 (1997): 363–77. https://doi.org/10.1177/0146167297234003.

102 同上。

103 Nancy L. Collins and Lynn Carol Miller, " Self-Disclosure and Liking: A Meta-Analytic Review." *Psychological Bulletin* 116, no. 3 (1994): 457–75. http://dx.doi.org/10.1037/0033-2909.116.3.457.

104 Sue Shellenbarger, "How to Curb Office Oversharing: Co-Workers Who Talk Too Much Often Need Clear Feedback." *Wall Street Journal*, June 24, 2014. https://www.wsj.com/articles/how-to-stop-office-oversharing-1403650837.

105 Collins and Miller, "Self-Disclosure and Liking: A Meta-Analytic Review."

106 Susan Sprecher et al., "Taking Turns: Reciprocal Self-Disclosure Promotes Liking in Initial Interactions." *Journal of Experimental Social Psychology* 49, no. 5 (September 2013): 860–66. https://doi.org/10.1016/j.jesp.2013.03.017.

107 R. J. Cutler, *The September Issue.* Documentary, September 25, 2009. Roadside Attractions. Quote lightly edited for grammar.

108 Burt, *Brokerage and Closure: An Introduction to Social Capital.*

第四章　仲介人

1 Arthur Lubow, "A Laboratory of Taste." *New York Times*, August 10, 2003. https://www.nytimes.com/2003/08/10/magazine/a-laboratory-of-taste.html.

2 "Spark Creates Gastronomic Storm." CNN.com, June 27, 2005. http://www.cnn.com/2005/TECH/06/27/spark.elbulli/index.html.

3 "El Bulli, 'World's Best Restaurant,' Closes." BBC.com, July 30, 2011. https://www.bbc.com/news/world-europe-14352973.

4 Anthony Bourdain, "Decoding Ferran Adrià: Hosted by Anthony Bourdain." *No Reservations*, season 2, episode 13, March 28, 2006.

5 Andrew Hargadon, How Breakthroughs Happen: The Surprising Truth About How Companies Innovate.Cambridge, MA, Harvard University Press, 2003.

6 Bourdain, "Decoding Ferran Adrià: Hosted by Anthony Bourdain."

7 Co.Create Staff, "Chef/Innovator Ferran Adrià on elBullifoundation and Feeding Creativity," March 19, 2014. https://www.fastcompany.com/3027889/chef-innovator-ferran-adria-on-the-elbulli-foundation-and-feeding-creativity; "Ferran Adrià Teams Up with Barack Obama Advisor." September 12, 2011. https://www.phaidon.com/agenda/food/articles/2011/september/12/ferran-adria-teams-up-with-barack-obama-advisor/.

8 Alison Beard and Sara Silver, "Life's Work: Ferran Adrià." *Harvard Business Review*, June 2011. https://hbr.org/2011/06/lifes-work-ferran-adria.

9 Gueorgi Kossinets and Duncan J. Watts, "Empirical Analysis of an Evolving Social Network." *Science* 311, no. 5757 (January 2006): 88–90. https://www.jstor.org/stable/3843310.

10 Georg Simmel, *Soziologie: Untersuchungen über die Formen der Vergesellschaftung.* Berlin: Duncker & Humblot, 1908.

11 Louch, "Personal Network Integration: Transitivity and Homophily in Strong-Tie Relations."

12 Jinseok Kim and Jana Diesner, "Over-Time Measurement of Triadic Closure in Coauthorship Networks." *Social Network Analysis and Mining* 7, no. 9 (December 2017). https://doi.org/10.1007/s13278-017-0428-3.

13 James A. Davis, "Clustering and Hierarchy in Interpersonal Relations: Testing Two Graph Theoretical Models on 742 Sociomatrices." *American Sociological Review* 35, no. 5 (October 1970): 843–51. https://doi.org/10.2307/2093295; Hugh Louch, "Personal Network Integration: Transitivity and Homophily in Strong-Tie

Relations." *Social Networks* 22, no. 1 (May 2000): 45–64. https://doi.org/10.1016/S0378-8733(00)00015-0; Brandon Brooks et al., "Assessing Structural Correlates to Social Capital in Facebook Ego Networks." *Social Networks* 38 (July 2004): 1–15; Aneeq Hashmi et al., "Are All Social Networks Structurally Similar?" IEEE/ACM International Conference on Advances in Social Networks Analysis and Mining, 2012. https://doi.org/10.1109/ASONAM.2012.59.

14 Richard B. Freeman and Wei Huang, "Collaborating with People Like Me: Ethnic Coauthorship Within the United States." *Journal of Labor Economics* 33, S1, pt. 2 (July 2015): S289—S318. https://doi.org/10.1086/678973.

15 Richard B. Freeman, "The Edge Effect." Hosted by Shankar Vedantam. *Hidden Brain*, NPR, July 2, 2018. Audio, 38:21. https://www.npr.org/2018/07/02/625426015/the-edge-effect.

16 Ray Reagans, Ezra Zuckerman, and Bill McEvily, "How to Make the Team: Social Networks vs. Demography as Criteria for Designing Effective Teams." *Administrative Science Quarterly* 49, no. 1 (March 2004): 101–33. https://doi.org/10.2307/4131457.

17 Ronald S. Burt, *Brokerage and Closure: An Introduction to Social Capital*. New York: Oxford University Press, 2005.

18 Michael Erard, "THINK TANK; Where to Get a Good Idea: Steal It Outside Your Group." *New York Times*, May 22, 2004. https://www.nytimes.com/2004/05/22/arts/think-tank-where-to-get-a-good-idea-steal-it-outside-your-group.html.

19 IDEO, "Work." Accessed July 30, 2019. https://www.ideo.com/work.

20 Lee Fleming, Santiago Mingo, and David Chen, "Collaborative Brokerage, Generative Creativity, and Creative Success." *Administrative Science Quarterly* 52, no. 3 (September 2007): 443–75. https://doi.org/10.2189/asqu.52.3.443.

21 Andrew Hargadon and Robert I. Sutton, "Technology Brokering and Innovation in a Product Development Firm." *Administrative Science Quarterly* 42, no. 4 (December 1997): 716–49. https://doi.org/10.2307/2393655.

22 Erard, "THINK TANK; Where to Get a Good Idea: Steal It Outside Your Group."

23 Yo-Yo Ma, "Behind the Cello." HuffPost, January 21, 2014. https://www.huffpost.com/entry/behind-the-cello_b_4603748.

24 Recording Academy, "Silk Road Ensemble." Accessed July 30, 2019. https://www.grammy.com/grammys/artists/silk-road-ensemble.

25 Cristina Pato, "The Edge Effect." Hosted by Shankar Vedantam. *Hidden Brain*, NPR, July 2, 2018. Audio, 38:21. https://www.npr.org/2018/07/02/625426015/the-edge-effect.

26 Richard Hamilton and Ferran Adrià, "Ferran Adrià: Notes on Creativity." Drawing Center's Drawing Papers, vol. 110. New York: Drawing Center, 2014. Accessed

July 30, 2019. https://issuu.com/drawingcenter/docs/drawingpapers110_ adria.

27 Adam M. Kleinbaum, "Organizational Misfits and the Origins of Brokerage in Intrafirm Networks." *Administrative Science Quarterly* 57, no. 3 (2012): 407–52. https://doi.org/10.1177/0001839212461141.

28 Melissa Dahl, "Can You Blend in Anywhere? Or Are You Always the Same You?" The Cut, *New York*, March 15, 2017. https://www.thecut.com/2017/03/heres-a-test-to-tell-you-if-you-are-a-high-self-monitor.html.

29 Mark Snyder, " Self-Monitoring of Expressive Behavior." *Journal of Personality and Social Psychology* 30, no. 4 (1974): 526–37. http://dx.doi.org/10.1037/h0037039.

30 Dahl, "Can You Blend in Anywhere? Or Are You Always the Same You?"

31 Hongseok Oh and Martin Kilduff, "The Ripple Effect of Personality on Social Structure: Self-Monitoring Origins of Network Brokerage." *Journal of Applied Psychology* 93, no. 5 (2008): 1155–64. http://dx.doi.org/10.1037/0021-9010.93.5.1155.

32 William Ickes and Richard D. Barnes, "The Role of Sex and Self-Monitoring in Unstructured Dyadic Interactions." *Journal of Personality and Social Psychology* 35, no. 5 (1977): 315–30. http://dx.doi.org/10.1037/0022-3514.35.5.315.

33 Robert G. Turner, " Self-Monitoring and Humor Production." *Journal of Personality* 48, no. 2 (1980): 163–72. http://dx.doi.org/10.1111/j. 1467-6494.1980. tb00825.x.

34 David R. Shaffer, Jonathan E. Smith, and Michele Tomarelli, "Self-Monitoring as a Determinant of Self-Disclosure Reciprocity During the Acquaintance Process." *Journal of Personality and Social Psychology* 43, no. 1 (1982): 163–75. http://dx.doi.org/10.1037/0022-3514.43.1.163.

35 I. M. Jawahar, "Attitudes, Self-Monitors, and Appraisal Behaviors." *Journal of Applied Psychology* 86, no. 5 (2001): 875–83. http://dx.doi.org/10.1037/0021-9010.86.5.875.

36 Ronald S. Burt, Martin Kilduff, and Stefano Tasselli, "Social Network Analysis: Foundations and Frontiers on Advantage." *Annual Review of Psychology* 64 (January 2013): 527–47. https://doi.org/10.1146/annurev-psych-113011-143828.

37 Dahl, "Can You Blend in Anywhere? Or Are You Always the Same You?"

38 David V. Day and Deidra J. Schleicher, " Self-Monitoring at Work: A Motive-Based Perspective." *Journal of Personality* 74, no. 3 (June 2006): 685–714. https://doi.org/10.1111/j. 1467-6494.2006.00389.x.

39 Oh and Kilduff, "The Ripple Effect of Personality on Social Structure: Self-Monitoring Origins of Network Brokerage."

40 Dacher Keltner, Deborah Gruenfeld, and Cameron Anderson, "Power, Approach,

and Inhibition." *Psychological Review* 110, no. 2 (2003): 265–84. http://dx.doi.org/10.1037/0033-295X.110.2.265.

41 Blaine Landis et al., "The Paradox of Agency: Feeling Powerful Reduces Brokerage Opportunity Recognition Yet Increases Willingness to Broker." *Journal of Applied Psychology* 103, no. 8 (2018): 929–38. https://doi.org/10.1037/apl0000299.

42 Jeremy Hogeveen, Michael Inzlicht, and Sukhvinder S. Obhi, "Power Changes How the Brain Responds to Others." *Journal of Experimental Psychology: General* 143, no. 2 (April 2014): 755–62. https://doi.org/10.1037/a0033477.

43 Pamela K. Smith and Yaacov Trope, "You Focus on the Forest When You're in Charge of the Trees: Power Priming and Abstract Information Processing." *Journal of Personality and Social Psychology* 90, no. 4 (April 2006): 578–96. https://doi.org/10.1037/0022-3514.90.4.578. Quote lightly edited for formal consistency.

44 Brent Simpson, Barry Markovsky, and Mike Steketee, "Power and the Perception of Social Networks." *Social Networks* 33, no. 2 (May 2011): 166–71. https://doi.org/10.1016/j.socnet.2010.10.007.

45 Martin Kilduff et al., "Organizational Network Perceptions Versus Reality: A Small World After All?" *Organizational Behavior and Human Decision Processes* 107, no. 1 (September 2008): 15–28. https://doi.org/10.1016/j.obhdp.2007.12.003.

46 Landis et al., "The Paradox of Agency: Feeling Powerful Reduces Brokerage Opportunity Recognition Yet Increases Willingness to Broker."

47 Ferran Adrià, "The New Culinary Think Tank: elBulli 2.0." Science & Culture Lecture Series, Harvard University, 2011. Video, 1:50:55. https://www.youtube.com/watch?v=dr1O3xQY8VA.

48 John Hendrickson, "Anthony Bourdain's Obama Episode Was a Proud American Moment." *Rolling Stone*, June 8, 2018. https://www.rollingstone.com/culture/culture-news/anthony-bourdains-meal-with-obama-was-a-proud-american-moment-629690/.

49 Christopher Beam, "Code Black." Slate, January 11, 2010. http://www.slate.com/articles/news_and_politics/politics/2010/01/code_black.html.

50 Christian R. Grose, Neil Malhotra, and Robert Parks Van Houweling, "Explaining Explanations: How Legislators Explain Their Policy Positions and How Citizens React." *American Journal of Political Science* 59, no. 3 (July 2015): 724–43. https://doi.org/10.1111/ajps.12164.

51 John F. Padgett and Christopher K. Ansell, "Robust Action and the Rise of the Medici, 1400–1434." *American Journal of Sociology* 98, no. 6 (May 1993): 1259–1319. https://doi.org/10.1086/230190.

52 Niccolo Machiavelli and Ellis Farneworth, *The Art of War*.Cambridge, MA, Da Capo Press: 2001[1521].

53 Richard Christie and Florence L. Geis, *Studies in Machiavellianism.*New York: Academic Press, 1970.
54 Terry Haward, "To All the Working Moms Suffering from PTA PTSD." *Working Mother*, January 11, 2017, updated January 11, 2019. https://www.workingmother.com/good-riddance-to-pta-power-moms.
55 Jordan Rosenfeld, "Not a 'PTA Mom.'" *New York Times*, October 2, 2014. https://parenting.blogs.nytimes.com/2014/10/03/not-a-pta-mom/.
56 Correspondence with author. June 11, 2018.
57 Chris Winters, "GHS Headmaster: Consider Common Sense Compromise for School Start and End Time." *Greenwich Free Press*, Letter to the Editor, May 14, 2018. https://greenwichfreepress.com/letter-to-the-editor/ghs-headmaster-consider-common-sense-compromise-for-school-start-and-end-time-106384/.
58 Julie Battilana and Tiziana Casciaro, "The Network Secrets of Great Change Agents." *Harvard Business Review*, July–August 2013, 62–68.
59 Giuseppe Soda, Marco Tortoriello, and Alessandro Iorio, "Harvesting Value from Brokerage: Individual Strategic Orientation, Structural Holes, and Performance." *Academy of Management Journal* 61, no. 3 (2018): 896–918.
60 Ronald S. Burt, *Structural Holes: The Social Structure of Competition.* Cambridge, MA: Harvard University Press, 1995.
61 David Obstfeld, "Social Networks, the Tertius Iungens Orientation, and Involvement in Innovation." *Administrative Science Quarterly* 50, no. 1 (March 2005): 100–30. https://doi.org/10.2189/asqu.2005.50.1.100.
62 Ronald S. Burt and Jar-Der Luo, "Angry Entrepreneurs: A Note on Networks Prone to Character Assassination." In *Social Networks at Work* (SIOP Organizational Frontiers Series), eds. Daniel J. Brass and Stephen P. Borgatti. New York: Routledge-Taylor Francis, 2020.
63 David Krackhardt, "The Ties That Torture: Simmelian Tie Analysis in Organizations." *Research in the Sociology of Organizations* 16, no. 1 (1999): 183–210.
64 Stefano Tasselli and Martin Kilduff, "When Brokerage Between Friendship Cliques Endangers Trust: A Personality–Network Fit Perspective." *Academy of Management Journal* 61, no. 3 (2018): 802–25. https://doi.org/10.5465/amj.2015.0856.
65 William B. Swann Jr. and Peter J. Rentfrow, "Blirtatiousness: Cognitive, Behavioral, and Physiological Consequences of Rapid Responding." *Journal of Personality and Social Psychology* 81, no. 6 (2001): 1160–75. http://dx.doi.org/10.1037/0022-3514.81.6.1160.
66 Tasselli and Kilduff, "When Brokerage Between Friendship Cliques Endangers Trust: A Personality–Network Fit Perspective."

67 Annelisa Stephan, "The Silk Road Ensemble Interprets Dunhuang Through Spontaneous Live Music." The Iris, June 13, 2016. http://blogs.getty.edu/iris/the-silk-road-ensemble-interprets-dunhuang-through-spontaneous-live-music/.

68 Yo-Yo Ma, "A Letter from Yo-Yo Ma," 2016. Accessed September 5, 2018. https://www.silkroad.org/posts/a-letter-from-yo-yo-ma.

第五章　擴張者

1 Mike Myers and Beth Aala, directors, *Supermensch: The Legend of Shep Gordon*. A& E IndieFilms. Documentary, June 6, 2014.

2 Shep Gordon, "Invisible 'Supermensch' Avoided the Spotlight While Making Others Famous." Interview by Terry Gross. *Fresh Air*, NPR, June 9, 2014. Audio, 44:38. https://www.npr.org/2014/06/09/320319268/invisible-supermensch-avoided-the-spotlight-while-making-others-famous.

3 Tim O'Shei, "Celebrity-Maker Shep Gordon Mulls the Reality He's Helped Create." *Buffalo News*, September 17, 2016. https://buffalonews.com/2016/09/17/celebrity-maker-shep-gordon-mulls-reality-hes-helped-create/.

4 Myers and Aala, Supermensch: The Legend of Shep Gordon.

5 Shep Gordon, *They Call Me Supermensch: A Backstage Pass to the Amazing Worlds of Film, Food, and Rock'n'Roll*. New York: HarperCollins, 2016.

6 Myers and Aala, *Supermensch: The Legend of Shep Gordon*.

7 同上。

8 Robin I. M. Dunbar, "Coevolution of Neocortical Size, Group Size and Language in Humans." *Behavioral and Brain Sciences* 16, no. 4 (December 1993): 681–94. https://doi.org/10.1017/S0140525X00032325.

9 Tian Zheng, Matthew J. Salganik, and Andrew Gelman, "How Many People Do You Know in Prison? Using Overdispersion in Count Data to Estimate Social Structure in Networks." *Journal of the American Statistical Association* 101, no. 474 (2006): 409–23. https://doi.org/10.1198/016214505000001168.

10 Albert-László Barabási, *Linked: The New Science of Networks*. Cambridge, MA: Perseus Publishing, 2002.

11 Twitter, "Barack Obama." Accessed August 2, 2019. https://twitter.com/BarackObama.

12 Ben Guarino, "Sheep Learned to Recognize Photos of Obama and Other Celebrities, Neuroscientists Say." *Washington Post*, November 7, 2017. https://www.washingtonpost.com/news/speaking-of-science/wp/2017/11/07/sheep-learn-to-recognize-photos-of-obama-and-other-celebrities-neuroscientists-say/.

13 Howard L. Rosenthal, "Acquaintances and Contacts of Franklin Roosevelt: The First 86 Days of 1934." PhD dissertation, Massachusetts Institute of Technology,

1960; Ithiel de Sola Pool, *Humane Politics and Methods of Inquiry*, ed. Lloyd S. Etheredge. New York: Routledge, 2017.

14 Statista Research Department, "Number of 1st Level Connections of LinkedIn Users as of March 2016." Accessed August 2, 2019. https://www.statista.com/statistics/264097/number-of-1st-level-connections-of-linkedin-users/.

15 Gabriella Conti et al., "Popularity." *Journal of Human Resources* 48, no. 4 (Fall 2013): 1072–94. https://doi.org/10.3368/jhr.48.4.1072.

16 Ruolain Fang et al., "Integrating Personality and Social Networks: A Meta-Analysis of Personality, Network Position, and Work Outcomes in Organizations." *Organizational Science* 26, no. 4 (April 2015): 1243–60. https://doi.org/10.1287/orsc.2015.0972.

17 Brent A. Scott and Timothy A. Judge, "The Popularity Contest at Work: Who Wins, Why, and What Do They Receive?" *Journal of Applied Psychology* 94, no. 1 (2009): 20–33. http://dx.doi.org/10.1037/a0012951.

18 Matthew J. Salganik and Duncan J. Watts, "Leading the Herd Astray: An Experimental Study of Self-Fulfilling Prophecies in an Artificial Cultural Market." *Social Psychology Quarterly* 71, no. 4 (December 2008): 338–55. https://doi.org/10.1177/019027250807100404.

19 Robert K. Merton, "The Matthew Effect in Science." *Science* 159, no. 3810 (January 5, 1968): 56–63. 10.1126/science.159.3810.56.

20 George Udny Yule, "A Mathematical Theory of Evolution Based on the Conclusions of Dr. J. C. Willis, F.R.S." *Philosophical Transactions of the Royal Society of London. Series B, Containing Papers of a Biological Character* 213, issue 402–410 (January 1, 1925): 21–87. https://doi.org/10.1098/rstb.1925.0002.

21 Herbert A. Simon, "On a Class of Skew Distribution Functions." *Biometrika* 42, no. 3/4 (December 1955): 425–40.

22 Derek de Solla Price, "A General Theory of Bibliometric and Other Cumulative Advantage Processes." *Journal of the Association for Information Technology and Science* 27, no. 5 (1976): 292–306. https://doi.org/10.1002/asi.4630270505.

23 Réka Albert and Albert-László Barabási, "Statistical Mechanics of Complex Networks." *Reviews of Modern Physics* 74, no. 1 (January 2002): 47–97.

24 同上。

25 Baruch Fischhoff and Ruth Beyth, "I Knew It Would Happen: Remembered Probabilities of Once-Future Things." *Organizational Behavior and Human Performance* 13, no. 1 (February 1975): 1–16. https://doi.org/10.1016/0030-5073(75)90002-1.

26 Giordano Contestabile, "Influencer Marketing in 2018: Becoming an Efficient Marketplace." AdWeek, January 15, 2018. Accessed September 27, 2019. https://

www.adweek.com/digital/giordano-contestabile-activate-by-bloglovin-guest-post-influencer-marketing-in-2018/.

27 Mitch Prinstein, "Popular People Live Longer." *New York Times*, June 1, 2017. https://www.nytimes.com/2017/06/01/opinion/sunday/popular-people-live-longer.html.

28 Lyle Lovett, "The Truck Song," from *My Baby Don't Tolerate*, September 30, 2003.

29 Diane Clehane, "15 Celebrities Who Were Nerds in High School." Best Life, July 27, 2018. Accessed August 3, 2019. https://bestlifeonline.com/celebrity-nerds/.

30 Jan Kornelis Dijkstra et al., "The Secret Ingredient for Social Success of Young Males: A Functional Polymorphism in the *5HT2A* Serotonin Receptor Gene." *PLoS One* 8, no. 2 (2013): e54821. https://doi.org/10.1371/journal.pone.0054821.

31 James H. Fowler, Christopher T. Dawes, and Nicholas A. Christakis, "Model of Genetic Variation in Human Social Networks." *Proceedings of the National Academy of Sciences of the USA* 106, no. 6 (February 10, 2009): 1720–24. https://doi.org/10.1073/pnas.0806746106.

32 Judith H. Langlois et al., "Maxims or Myths of Beauty? A Meta-Analytic and Theoretical Review." *Psychological Bulletin* 126, no. 3 (May 2000): 390–423. http://dx.doi.org/10.1037/0033-2909.126.3.390.

33 Judith Langlois and Lori A. Roggman, "Attractive Faces Are Only Average." *Psychological Science* 1, no. 2 (March 1990): 115–21. https://doi.org/10.1111/j.1467-9280.1990.tb00079.x.

34 Rebecca A. Hoss and Judith H. Langlois, "Infants Prefer Attractive Faces." In *The Development of Face Processing in Infancy and Early Childhood: Current Perspectives*, eds. Olivier Pascalis and Alan Slater, 27–38. New York: Nova Science Publishers, 2003; Judith H. Langlois et al., "Infant Preferences for Attractive Faces." *Developmental Psychology* 23, no. 3 (May 1987): 363–69; Judith, H. Langlois et al., "Infants' Differential Social Responses to Attractive and Unattractive Faces." *Developmental Psychology* 26, no. 1 (January 1990) 153–59.

35 Robert O. Deaner, Amit V. Khera, and Michael L. Platt, "Monkeys Pay Per View: Adaptive Valuation of Social Images by Rhesus Macaques." *Current Biology* 15, no. 6 (March 2005): 543–48. https://doi.org/10.1016/j.cub.2005.01.044.

36 Peter La Freniere and William R. Charlesworth, "Dominance, Attention, and Affiliation in a Preschool Group: A Nine-Month Longitudinal Study." *Ethology and Sociobiology* 4, no. 2 (1983): 55–67. https://doi.org/10.1016/0162-3095(83)90030-4.

37 Tessa A. M. Lansu, Antonius H. N. Cillessen, and Johan C. Karremans, "Adolescents' Selective Visual Attention for High-Status Peers: The Role of Perceiver Status and Gender." *Child Development* 85, no. 2 (March/April 2014):

421–28. https://doi.org/10.1111/cdev.12139.

38 Noam Zerubavel et al., "Neural Mechanisms Tracking Popularity in Real-World Social Networks." *Proceedings of the National Academy of Sciences of the USA* 112, no. 49 (December 8, 2015): 15072–77. https://doi.org/10.1073/pnas.1511477112.

39 Jeffery Klein and Michael Platt, "Social Information Signaling by Neurons in Primate Striatum." *Current Biology*, no. 23 (April 22, 2013): 691–96.

40 Scott L. Feld, "Why Your Friends Have More Friends Than You Do." *American Journal of Sociology* 96, no. 6 (May 1991): 1464–77.

41 Nathan O. Hodas, Farshad Kooti, and Kristina Lerman, "Friendship Paradox Redux: Your Friends Are More Interesting Than You." In *Proceedings of the Seventh International AAAI Conference on Weblogs and Social Media*. Palo Alto, CA: AAAI Press, 2013, 225–33.

42 Birgitte Freiesleben de Blasio, Åke Svensson, and Fredrik Liljeros, "Preferential Attachment in Sexual Networks." *Proceedings of the National Academy of Sciences of the USA* 104, no. 26 (June 26, 2007): 10762–67. https://doi.org/10.1073/pnas.0611337104.

43 Young-Ho Eom and Hang-Hyun Jo, "Generalized Friendship Paradox in Complex Networks: The Case of Scientific Collaboration." *Scientific Reports* 4, article ID 4603 (2014).

44 Johan Ugander et al., "The Anatomy of the Facebook Social Graph." arXiv preprint, November 18, 2011. https://arxiv.org/abs/1111.4503.

45 Myers and Aala, *Supermensch: The Legend of Shep Gordon.*

46 同上。

47 Nalini Ambady, Frank J. Bernieri, and Jennifer A. Richeson, "Toward a Histology of Social Behavior: Judgmental Accuracy from Thin Slices of the Behavioral Stream." *Advances in Experimental Social Psychology* 32 (2000): 201–71. https://doi.org/10.1016/S0065-2601(00)80006-4.

48 Dan McFarland, Dan Jurafsky, and Craig Rawlings, "Making the Connection: Social Bonding in Courtship Situations." *American Journal of Sociology* 118, no. 6 (May 2013): 1596–649. https://doi.org/10.1086/670240.

49 Alex (Sandy) Pentland, *Honest Signals: How They Shape Our World.* Cambridge, MA: MIT Press, 2008.

50 Marissa King and Ingrid Nembhard, "Networks and Nonverbal Behavior." Academy of Management, 2015. Slides available at socialchemistry.com.

51 Fang et al., "Integrating Personality and Social Networks: A Meta-Analysis of Personality, Network Position, and Work Outcomes in Organizations."

52 Daniel C. Feiler and Adam M. Kleinbaum, "Popularity, Similarity, and the Network

Extraversion Bias." *Psychological Science* 26, no. 5 (2015): 593–603. https://doi.org/10.1177/0956797615569580.

53 Dana Carney, C. Randall Colvin, and Judith Hall, "A Thin Slice Perspective on the Accuracy of First Impressions." *Journal of Research in Personality* 41, no. 5 (October 2007): 1054–72.

54 Ville-Juhani Ilmarinen et al., "Why Are Extraverts More Popular? Oral Fluency Mediates the Effect of Extraversion on Popularity in Middle Childhood." *European Journal of Personality* 29, no. 2 (2015): 138–51. https://doi.org/10.1002/per.1982.

55 Cameron Anderson et al., "A Status-Enhancement Account of Overconfidence." *Journal of Personality and Social Psychology* 103, no. 4 (2012): 718–35. http://dx.doi.org/10.1037/a0029395.

56 "Mad Money Host Jim Cramer: Don't Be Silly on Bear Stearns!" YouTube, 2013. Video, 0:27. https://www.youtube.com/watch? v=V9EbPxTm5_s.

57 Andrew Ross Sorkin, "JP Morgan Pays $2 a Share for Bear Stearns." *New York Times*, March 17, 2008. https://www.nytimes.com/2008/03/07/business/17bear.html.

58 Wikipedia, n.d., "*Mad Money.*" Accessed July 25, 2019. https://en.wikipedia.org/wiki/Mad_ Money.

59 Ben Smith and Jadrian Wooten, "Pundits: The Confidence Trick: Better Confident Than Right?" *Significance* 10, no. 4 (August 2013): 15–18. https://doi.org/10.1111/j.1740-9713.2013.00675.x.

60 Anderson et al., "A Status-Enhancement Account of Overconfidence."

61 Jessica A. Kennedy, Cameron Anderson, and Don A. Moore, "When Overconfidence Is Revealed to Others: Testing the Status-Enhancement Theory of Overconfidence." *Organizational Behavior and Human Decision Processes* 122, no. 2 (November 2013): 266–79. https://doi.org/10.1016/j.obhdp.2013.08.005.

62 Accessed October 3, 2019. https://www.ycombinator.com/.

63 Michael Seibel, "Michael Seibel." Twitter, February 13, 2018. https://twitter.com/mwseibel/status/963600732992647168?lang=en. Lightly edited for grammar and consistency.

64 Adam M. Grant, *Give and Take: A Revolutionary Approach to Success*. New York: Viking Penguin, 2013. Emphasis removed.

65 Jessica Shambora, "Fortune's Best Networker." *Fortune*, February 9, 2011. https://fortune.com/2011/02/09/fortunes-best-networker/.

66 亞當・格蘭特所著《給予》（*Give and Take*）。

67 Keith Ferrazzi and Tahl Raz, *Never Eat Alone: And Other Secrets to Success, One Relationship at a Time*. New York: Currency Books, 2005.

68 Gordon, *They Call Me Supermensch: A Backstage Pass to the Amazing Worlds of*

Film, Food, and Rock'n'Roll. Emphasis removed.

69 Grant, *Give and Take*; A. James O'Malley et al., "Egocentric Social Network Structure, Health, and Pro-Social Behaviors in a National Panel Study of Americans." *PLoS One* 7, no. 5 (2012): e36250. https://doi.org/10.1371/journal.pone.0036250.

70 René Bekkers, Beate Völker, and Gerald Mollenhorst, "Social Networks and Prosocial Behavior." Marktdag Sociologie 2, January 5, 2006.

71 Jingnan Chen et al., "Beware of Popular Kids Bearing Gifts: A Framed Field Experiment." *Journal of Economic Behavior & Organization* 132, part A (December 2016): 104–20. https://doi.org/10.1016/j.jebo.2016.10.001.

72 Woods Bowman, "Confidence in Charitable Institutions and Volunteering." Nonprofit and Voluntary Sector Quarterly 33, no. 2 (June 2004): 247–70.

73 Kim Klein, Fundraising for Social Change, 7th ed. Hoboken, NJ: John Wiley & Sons, 2016.

74 亞當・格蘭特所著《給予》（*Give and Take*）。

75 Cassie Mogilner, Zoë Chance, and Michael I. Norton, "Giving Time Gives You Time." *Psychological Science* 23, no. 10 (2012): 1233–38. https://doi.org/10.1177/0956797612442551.

76 Ronald Reagan, *The Notes: Ronald Reagan's Private Collection of Stories and Wisdom*. New York: HarperCollins, 2011.

77 Annabel Acton, "How to Stop Wasting 2.5 Hours on Email Every Day." *Forbes*, July 13, 2017. https://www.forbes.com/sites/annabelacton/2017/07/13/innovators-challenge-how-to-stop-wasting-time-on-emails/#77a3831b9788.

78 Saima Salim, "How Much Time Do You Spend on Social Media? Research Says 142 Minutes Per Day." Digital Information World, January 4, 2019. https://www.digitalinformationworld.com/2019/01/how-much-time-do-people-spend-social-media-infographic.html.

79 Interview with author. March 23, 2018.

80 Tahl Raz, "The 10 Secrets of a Master Networker." Inc., January 2003. https://www.inc.com/magazine/20030101/25049.html.

81 Social Register Association, "About Us," 2019. Accessed August 5, 2019. https://www.socialregisteronline.com/home2.

82 Liddie Widdicombe, "Original." *The New Yorker*, March 12, 2012. https://www.newyorker.com/magazine/2012/03/26/original.

83 Allison Ijams Sargent, "The Social Register: Just a Circle of Friends." *New York Times*, December 21, 1997. https://www.nytimes.com/1997/12/21/style/the-social-register-just-a-circle-of-friends.html.

84 Myers and Aala, *Supermensch: The Legend of Shep Gordon*.

85 Christina Falci and Clea McNeely, "Too Many Friends: Social Integration, Network Cohesion and Adolescent Depressive Symptoms." *Social Forces* 87, no. 4 (June 2009): 2031–61. https://doi.org/10.1353/sof.0.0189.

86 A. James O'Malley et al., "Egocentric Social Network Structure, Health, and Pro-Social Behaviors in a National Panel Study of Americans"; Sam G. B. Roberts et al., "Exploring Variation in Active Network Size: Constraints and Ego Characteristics." *Social Networks* 31, no. 2 (May 2009): 138–46. https://doi.org/10.1016/j.socnet.2008.12.002.

87 Luke Morgan Britton, "Selena Gomez on Loneliness of Fame and Social Media: 'I Know Everybody but Have No Friends.'" NME, September 11, 2017. http://www.nme.com/news/music/selena-gomez-loneliness-fame-social-media-2139499.

88 Rob Cross, Reb Rebele, and Adam Grant, "Collaboration Overload." *Harvard Business Review*, January–February 2016. https://hbr.org/2016/01/collaborative-overload.

89 Mitch Prinstein, *Popular: The Power of Likability in a Status-Obsessed World*. New York: Viking, 2017.

90 同上。

91 Ylva Almquist and Lars Brännström, "Childhood Peer Status and the Clustering of Social, Economic, and Health-Related Circumstances in Adulthood." *Social Science and Medicine* 105 (March 2014): 67–75.

92 Tim Ferriss, "The Tim Ferriss Show Transcripts: Shep Gordon (#184)." Accessed August 5, 2019. https://tim.blog/2018/06/06/the-tim-ferriss-show-transcripts-shep-gordon/.

93 同上。"change that in our lives": Ibid.

94 Gordon, *They Call Me Supermensch: A Backstage Pass to the Amazing Worlds of Film, Food, and Rock'n'Roll.*

第六章　介於其中

1 Rob Blackhurst, "Mass Appeal: The Secret to Rick Warren's Success." Slate, August 14, 2011. https://slate.com/human-interest/2011/08/how-rick-warren-made-it-big.html.

2 同上。

3 Richard Abanes, *Rick Warren and the Purpose That Drives Him. Eugene, OR: Harvest House*, 2005.

4 Barbara Bradley-Hagerty, "Rick Warren: The Purpose-Driven Pastor." NPR, January 18, 2009. Audio, 5:52. https://www.npr.org/templates/story/story.php?storyId=99529977.

5 Saddleback Church, "Our Church." Accessed August 6, 2019. https://saddleback.

com/visit/about/our-church.
6 Rick Warren, *The Purpose Driven Life: What on Earth Am I Here For?* Grand Rapids: Zondervan, 2002.
7 Zondervan, "The Purpose Driven Life." Accessed August 5, 2019. https://www.zondervan.com/9780310329060/the-purpose-driven-life/.
8 Malcolm Gladwell, "The Cellular Church." *The New Yorker*, September 12, 2005. https://www.newyorker.com/magazine/2005/09/12/the-cellular-church.
9 Saddleback Church, "Small Groups." Accessed August 6, 2019. https://saddleback.com/connect/smallgroups.
10 Blackhurst, "Mass Appeal: The Secret to Rick Warren's Success."
11 Gladwell, "The Cellular Church."
12 Alcoholics Anonymous, *Twelve Steps and Twelve Traditions*. New York: Alcoholics Anonymous World Services, 1981.
13 Jonathan Mahler, "G.M., Detroit and the Fall of the Black Middle Class." *New York Times* Magazine, June 24, 2009. https://www.nytimes.com/2009/06/28/magazine/28detroit-t.html.
14 同上。
15 Michael Winerip, "Résumé Writing for C.E.O.'s." *New York Times*, April 10, 2009. https://www.nytimes.com/2009/04/12/fashion/12genb.html.
16 Edward Bishop Smith, Tanya Menon, and Leigh Thompson, "Status Differences in the Cognitive Activation of Social Networks." *Organization Science* 23, no. 1 (January–February 2012): 67–82. https://doi.org/10.1287/orsc.1100.0643.
17 Catherine T. Shea et al., "The Affective Antecedents of Cognitive Social Network Activation." *Social Networks* 43 (October 2015): 91–99. https://doi.org/10.1016/j.socnet.2015.01.003.
18 Daniel M. Romero, Brian Uzzi, and Jon Kleinberg, "Social Networks Under Stress." *Proceedings of the 25th International Conference on World Wide Web*: 9–20. arXiv:1602.00572.
19 Tanya Menon and Edward Bishop Smith, "Identities in Flux: Cognitive Network Activation in Times of Change." *Social Science Research* 45 (May 2014): 117–30. https://doi.org/10.1016/j.ssresearch.2014.01.001.
20 Menon and Bishop Smith, "Identities in Flux: Cognitive Network Activation in Times of Change."
21 Ronald S. Burt, "Life Course and Network Advantage: Peak Periods, Turning Points, and Transition Ages." In *Social Networks and the Life Course: Integrating the Development of Human Lives and Social Relational Networks*, eds. Duane F. Alwin, Diane Helen Felmlee, and Derek A. Kreager, 67–87. Cham, Switzerland: Springer, 2018.

22 Nan Lin, "Social Networks and Status Attainment." *Annual Review of Sociology* 25, no. 1 (1999): 467–87. https://doi.org/10.1146/annurev.soc.25.1.467.

23 Rob Cross and Robert J. Thomas, "Managing Yourself: A Smarter Way to Network." *Harvard Business Review*, July–August 2011. https://hbr.org/2011/07/managing-yourself-a-smarter-way-to-network.

24 Kathleen L. McGinn and Nicole Tempest, "Heidi Roizen." Harvard Business School Case Study, January 18, 2000 (revised April 2010). Lightly edited for grammar and formal consistency.

25 同上。

26 Heidi Roizen, Francis Flynn, and Brian Lowery, "Best Practices for Building a Meaningful Network." Stanford Graduate School of Business, October 18, 2006. Video, 1:04:36. https://www.youtube.com/watch?v=56C8l4klXUg& t=1s. Lightly edited for grammar and formal consistency.

27 McGinn and Tempest, "Heidi Roizen."

28 Ronald S. Burt and Jennifer Merluzzi, "Network Oscillation." *Academy of Management Discoveries* 2, no. 4 (March 2016): 368–91. https://doi.org/10.5465/amd.2015.0108.

29 同上。

30 Daniel Z. Levin, Jorge Walter, and J. Keith Murnighan, "Dormant Ties: The Value of Reconnecting." *Organization Science* 22, no. 4 (July–August 2011): 923–39. https://doi.org/10.1287/orsc.1100.0576.

31 Daniel Z. Levin, Jorge Walter, and J. Keith Murnighan, "The Power of Reconnection—How Dormant Ties Can Surprise You." *MIT Sloan Management Review* 52, no. 3 (Spring 2011): 45–50.

32 Jorge Walter, Daniel Z. Levin, and J. Keith Murnighan, "Reconnection Choices: Selecting the Most Valuable (vs. Most Preferred) Dormant Ties." *Organization Science* 26, no. 5 (2015): 1447–65. https://doi.org/10.1287/orsc.2015.0996.

33 同上。

34 同上。

35 Robert Cialdini, "Indirect Tactics of Image Management: Beyond Basking." In *Impression Management in the Organization*, eds. Robert A. Giacalone and Paul Rosenfeld. Hillsdale, NJ: Lawrence Erlbaum Associates, 1989.

36 Harold Sigall and David Landy, "Radiating Beauty: Effects of Having a Physically Attractive Partner on Person Perception." *Journal of Personality and Social Psychology* 28, no. 2 (1973): 218–24. http://dx.doi.org/10.1037/h0035740.

37 Robert B. Cialdini et al., "Basking in Reflected Glory: Three (Football) Field Studies." *Journal of Personality and Social Psychology* 34, no. 3 (1976): 366–75. http://dx.doi.org/10.1037/0022-3514.34.3.366.

38 Paul C. Bernhardt, Samantha J. Calhoun, and Emily B. Creegan, "Resolving Divergent Findings on Basking in Reflected Glory with Political Yard Signs." *North American Journal of Psychology* 16, no. 3 (January 2014): 507–18.

39 Norbert Elias and John L. Scotson, *The Established and the Outsiders*. Thousand Oaks, CA: SAGE Publications, 1994.

40 Raymond T. Sparrowe and Robert C. Liden, "Two Routes to Influence: Integrating Leader-Member Exchange and Social Network Perspectives." *Administrative Science Quarterly* 50, no. 4 (December 2005): 505–35. https://doi.org/10.2189/asqu.50.4.505.

41 Martin Kilduff and David Krackhardt, "Bringing the Individual Back In: A Structural Analysis of the Internal Market for Reputation in Organizations." *Academy of Management Journal* 37, no. 1 (1994): 87–108. https://doi.org/10.5465/256771.

42 Dora C. Lau and Robert C. Liden, "Antecedents of Coworker Trust: Leaders' Blessings." *Journal of Applied Psychology* 93, no. 5 (2008): 1130–38. http://dx.doi.org/10.1037/0021-9010.93.5.1130.

43 Sze-Sze Wong and Wai Fong Boh, "Leveraging the Ties of Others to Build a Reputation for Trustworthiness Among Peers." *Academy of Management Journal* 53, no. 1 (2010): 129–48. https://doi.org/10.5465/amj.2010.48037265.

44 Russell James Funk, "Essays on Collaboration, Innovation, and Network Change in Organizations." PhD dissertation, University of Michigan, 2014.

45 Isabel Fernandez-Mateo, "Who Pays the Price of Brokerage? Transferring Constraint Through Price Setting in the Staffing Sector." *American Sociological Review* 72, no. 2 (April 2007): 291–317. https://doi.org/10.1177/000312240707200208.

46 Ronald S. Burt, "Secondhand Brokerage: Evidence on the Importance of Local Structure for Managers, Bankers, and Analysts." *Academy of Management Journal* 50, no. 1 (2007): 119–48. https://doi.org/10.5465/amj.2007.24162082.

47 Charles Galunic, Gokhan Ertug, and Martin Gargiulo, "The Positive Externalities of Social Capital: Benefiting from Senior Brokers." *Academy of Management Journal* 55, no. 5 (2012): 1213–31. https://doi.org/10.5465/amj.2010.0827.

48 Katherine Stovel, Benjamin Golub, and Eva M. Meyersson Milgrom, "Stabilizing Brokerage." *Proceedings of the National Academy of Sciences of the USA* 108, suppl. 4 (December 27, 2011): 21326–32. https://doi.org/10.1073/pnas.1100920108.

49 Cathy Pryor, "Language Brokering: When You're the Only One in the House Who Speaks English." Life Matters, August 9, 2017. https://www.abc.net.au/news/2017-08-10/when-kids-translate-for-their-migrant-parents/8767820. Lightly edited for grammar.

50 Rob Cross and Robert J. Thomas, "Managing Yourself: A Smarter Way to Network." *Harvard Business Review*, July–August 2011. https://hbr.org/2011/07/managing-yourselfa-smarter-way-to-network.

第七章　活在當下

1 Malia Wollan, "How to Make Soulful Eye Contact." *New York Times*, April 28, 2017. https://www.nytimes.com/2017/04/28/magazine/how-to-make-soulful-eye-contact.html.

2 Marina Abramović, "The Artist Is Present," 2010. Accessed August 7, 2019. https://www.moma.org/learn/moma_learning/marina-abramovic-marina-abramovic-the-artist-is-present-2010/.

3 Elizabeth Greenwood, "Wait, Why Did That Woman Sit in the MoMA for 750 Hours?" *The Atlantic*, July 2, 2012. https://www.theatlantic.com/entertainment/archive/2012/07/wait-why-did-that-woman-sit-in-the-moma-for-750-hours/259069/.

4 Marina Abramović, "An Art Made of Trust, Vulnerability, and Connection." TED Talks, March 2015. Video, 15:44. https://www.ted.com/talks/marina_abramovic_an_art_made_of_trust_vulnerability_and_connection?language=en#t-128356.

5 Wollan, "How to Make Soulful Eye Contact."

6 Marina Abramović, "The Artist Is Present." Marina Abramović Institute, 2019. Video, 3:07. https://mai.art/about-mai.

7 Matthew Akers and Jeff Dupre, directors, *Marina Abramović: The Artist Is Present*. Music Box Films. Documentary, October 16, 2012. Quote lightly edited for clarity.

8 Barbara L. Fredrickson, *Love 2.0: Finding Happiness and Health in Moments of Connection*. New York: Plume, 2013.

9 John Paul Stephens, Emily D. Heaphy, and Jane E. Dutton, "High-Quality Connections." In *The Oxford Handbook of Positive Organizational Scholarship*, eds. Kim S. Cameron and Gretchen M. Spreitzer, 385–99. New York: Oxford University Press, 2012.

10 作者訪談。2018 年 10 月 8 日。

11 Belle Rose Ragins, "Relational Mentoring: A Positive Approach to Mentoring at Work." In *The Oxford Handbook of Positive Organizational Scholarship*, eds. Kim S. Cameron and Gretchen M. Spreitzer, 519–536. New York: Oxford University Press, 2012.

12 Emily D. Heaphy and Jane E. Dutton, "Positive Social Interactions and the Human Body at Work: Linking Organizations and Physiology." *Academy of Management Review* 33, no. 1 (2008): 137–62. https://doi.org/10.5465/amr.2008.27749365.

13 Gillian M. Sandstrom and Elizabeth W. Dunn, "Is Efficiency Overrated?

Minimal Social Interactions Lead to Belonging and Positive Affect." *Social Psychological and Personality Science* 5, no. 4 (2014): 437–42. https://doi.org/10.1177/1948550613502990.

14 Eric D. Wesselmann et al., "To Be Looked at as Though Air: Civil Attention Matters." *Psychological Science* 23, no. 2 (2012): 166–68. https://doi.org/10.1177/0956797611427921.

15 Elizabeth W. Dunn et al., "Misunderstanding the Affective Consequences of Everyday Social Interactions: The Hidden Benefits of Putting One's Best Face Forward." *Journal of Personality and Social Psychology* 92, no. 6 (June 2007): 990–1005. http://dx.doi.org/10.1037/0022-3514.92.6.990.

16 路加福音 10 章 25 ～ 37 節。

17 John M. Darley and C. Daniel Batson, "From Jerusalem to Jericho: A Study of Situational and Dispositional Variables in Helping Behavior." *Journal of Personality and Social Psychology* 27, no. 1 (1973): 100–108. http://dx.doi.org/10.1037/h0034449.

18 Pew Research Center, "Nearly a Quarter of Americans Always Feel Rushed." November 4, 2010. https://www.pewsocialtrends.org/2006/02/28/whos-feeling-rushed/50-3/.

19 Akers and Dupre, *Marina Abramović: The Artist Is Present*.

20 Silke Paulmann et al., "How Psychological Stress Affects Emotional Prosody." *PLoS One* 11 (2016): e0165022. https://doi.org/10.1371/journal.pone.0165022; Matt L. Herridge et al., "Hostility and Facial Affect Recognition: Effects of a Cold Pressor Stressor on Accuracy and Cardiovascular Reactivity." *Brain and Cognition* 55, no. 3 (August 2004): 564–71. https://doi.org/10.1016/j.bandc.2004.04.004.

21 Nicholas Epley et al., "Perspective Taking as Egocentric Anchoring and Adjustment." *Journal of Personality and Social Psychology* 87, no. 3 (September 2004): 327–39; Andrew R. Todd et al., "Anxious and Egocentric: How Specific Emotions Influence Perspective Taking." *Journal of Experimental Psychology: General* 144, no. 2 (April 2015): 374–91.

22 Ira E. Hyman Jr. et al., "Did You See the Unicycling Clown? Inattentional Blindness While Walking and Talking on a Cell Phone." *Applied Cognitive Psychology* 24, no. 5 (July 2009): 597–607. https://doi.org/10.1002/acp.1638.

23 Lee Rainie and Kathryn Zickuhr, "Americans' Views on Mobile Etiquette." August 26, 2015. Washington, DC: Pew Research Center. http://www.pewinternet.org/2015/08/26/americans-views-on-mobile-etiquette/.

24 Eileen Brown, "Phone Sex: Using Our Smartphones from the Shower to the Sack." ZDNet, July 11, 2013. Accessed August 7, 2019. https://www.zdnet.com/article/phone-sex-using-our-smartphones-from-the-shower-to-the-sack/.

25 Kostadin Kushlev, Jason Proulx, and Elizabeth W. Dunn, " 'Silence Your Phones': Smartphone Notifications Increase Inattention and Hyperactivity Symptoms." In *Proceedings of the 2016 CHI Conference on Human Factors in Computing Systems*, 1011–20. https://doi.org/10.1145/2858036.2858359.

26 Kostadin Kushlev and Elizabeth W. Dunn, "Smartphones Distract Parents from Cultivating Feelings of Connection When Spending Time with Their Children." *Journal of Social and Personal Relationships* 36, no. 6 (2018): 1619–39. https://doi.org/10.1177/0265407518769387.

27 Ryan J. Dwyer, Kostadin Kushlev, and Elizabeth W. Dunn, "Smartphone Use Undermines Enjoyment of Face-to-Face Social Interactions." *Journal of Experimental Social Psychology* 78 (September 2018): 233–39. https://doi.org/10.1016/j.jesp.2017.10.007.

28 Andrew K. Przybylski and Netta Weinstein, "Can You Connect with Me Now? How the Presence of Mobile Communication Technology Influences Face-to-Face Conversation Quality." *Journal of Social and Personal Relationships* 30, no. 3 (2013): 237–46. https://doi.org/10.1177/0265407512453827.

29 James A. Roberts and Meredith E. David, "My Life Has Become a Major Distraction from My Cell Phone: Partner Phubbing and Relationship Satisfaction Among Romantic Partners." *Computers in Human Behavior* 54 (January 2016): 134–41. https://doi.org/10.1016/j.chb.2015.07.058.

30 Xingchao Wang et al., "Partner Phubbing and Depression Among Married Chinese Adults: The Roles of Relationship Satisfaction and Relationship Length." *Personality and Individual Differences* 110, no. 1 (May 2017): 12–17. https://doi.org/10.1016/j.paid.2017.01.014.

31 Jamie E. Guillory et al., "Text Messaging Reduces Analgesic Requirements During Surgery." *Pain Medicine* 16, no. 4 (April 2015): 667–72. https://doi.org/10.1111/pme.12610.

32 Kushlev and Dunn, "Smartphones Distract Parents from Cultivating Feelings of Connection When Spending Time with Their Children"; Roberts and David, "My Life Has Become a Major Distraction from My Cell Phone: Partner Phubbing and Relationship Satisfaction Among Romantic Partners."

33 Miles L. Patterson and Mark E. Tubbs, "Through a Glass Darkly: Effects of Smiling and Visibility on Recognition and Avoidance in Passing Encounters." *Western Journal of Communication* 69, no. 3 (2005): 219–31. https://doi.org/10.1080/10570310500202389.

34 Miles L. Patterson et al., "Passing Encounters East and West: Comparing Japanese and American Pedestrian Interactions." *Journal of Nonverbal Behavior* 31, no. 3 (September 2007): 155–66. https://doi.org/10.1007/s10919-007-0028-4.

35 R. Matthew Montoya, Christine Kershaw, and Julie L. Prosser, "A Meta-Analytic Investigation of the Relation Between Interpersonal Attraction and Enacted Behavior." *Psychological Bulletin* 144, no. 7 (July 2018): 673–709. http://dx.doi.org/10.1037/bul0000148.

36 Michael Argyle and Janet Dean, "Eye-Contact, Distance and Affiliation." *Sociometry* 28, no. 3 (September 1965): 289–304; Nicola Binetti et al., "Pupil Dilation as an Index of Preferred Mutual Gaze Duration." *Royal Society Open Science* 3, no. 7 (July 2016): 160086. https://doi.org/10.1098/rsos.160086.

37 Argyle and Dean, "Eye-Contact, Distance and Affiliation."

38 Teresa Farroni et al., "Eye Contact Detection in Humans from Birth." *Proceedings of the National Academy of Sciences of the USA* 99, no. 14 (July 9, 2002): 9602–605. https://doi.org/10.1073/pnas.152159999.

39 Zick Rubin, "Measurement of Romantic Love." *Journal of Personality and Social Psychology* 16, no. 2 (1970): 265–73.

40 Joan Kellerman, James Lewis, and James D. Laird, "Looking and Loving: The Effects of Mutual Gaze on Feelings of Romantic Love." *Journal of Research in Personality* 23, no. 2 (1989): 145–61. https://doi.org/10.1016/0092-6566(89)90020-2.

41 Simon Baron-Cohen et al., "The 'Reading the Mind in the Eyes' Test Revised Version: A Study with Normal Adults, and Adults with Asperger Syndrome or High-Functioning Autism." *Journal of Child Psychology and Psychiatry* 42, no. 2 (2001): 241–251. http://dx.doi.org/10.1111/1469-7610.00715.

42 Giovanni B. Caputo, "Dissociation and Hallucinations in Dyads Engaged Through Interpersonal Gazing." Psychiatry Research 228, no. 3 (August 2015): 659–63. https://doi.org/10.1016/j.psychres.2015.04.050.

43 Dale Carnegie, *How to Win Friends & Influence People*. New York: Simon & Schuster, 1936.

44 Karen Huang et al., "It Doesn't Hurt to Ask: Question-Asking Increases Liking." *Journal of Personality and Social Psychology* 113, no. 3 (2017): 430–52. http://dx.doi.org/10.1037/pspi0000097.

45 Molly E. Ireland et al., "Language Style Matching Predicts Relationship Initiation and Stability." *Psychological Science* 22, no. 1 (2011): 39–44. https://doi.org/10.1177/0956797610392928.

46 Diana I. Tamir and Jason P. Mitchell, "Disclosing Information About the Self Is Intrinsically Rewarding." *Proceedings of the National Academy of Sciences of the USA* 109, no. 21 (May 22, 2012): 8038–43. https://doi.org/10.1073/pnas.1202129109.

47 Arthur Aron et al., "The Experimental Generation of Interpersonal

Closeness: A Procedure and Some Preliminary Findings." *Personality and Social Psychology Bulletin* 23, no. 4 (April 1, 1997): 363–77. https://doi.org/10.1177/0146167297234003.

48 Mandy Len Catron, "To Fall in Love with Anyone, Do This." *New York Times*, January 9, 2015. https://www.nytimes. com/…/modern-love-to-fall-in-love-with-anyone-do-this.html.

49 Laura Janusik, "Listening Facts." International Listening Association, n.d. Accessed October 12, 2018. https://www.listen.org/Listening-Facts.

50 Carmelene Siani, "Deep Listening: A Simple Way to Make a Difference." Sivana East, n.d. Accessed October 5, 2018. https://blog.sivanaspirit.com/mf-gn-deep-listening/.

51 Vinicius C. Oliveira et al., "Effectiveness of Training Clinicians' Communication Skills on Patients' Clinical Outcomes: A Systematic Review." *Journal of Manipulative and Physiological Therapeutics* 38, no. 8 (October 2015): 601–16. https://doi.org/10.1016/j.jmpt.2015.08.002.

52 Jan Flynn, Tuula-Riitta Valikoski, and Jennie Grau, "Listening in the Business Context: Reviewing the State of Research." *International Journal of Listening 22*, no. 2 (2008): 141–51. https://doi.org/10.1080/10904010802174800; Harry Weger Jr., Gina R. Castle, and Melissa C. Emmett, "Active Listening in Peer Interviews: The Influence of Message Paraphrasing on Perceptions of Listening Skill." *International Journal of Listening 24*, no. 1 (2010): 34–49. https://doi.org/10.1080/10904010903466311.

53 Karina J. Lloyd et al., 2015. "Is My Boss Really Listening to Me? The Impact of Perceived Supervisor Listening on Emotional Exhaustion, Turnover Intention, and Organizational Citizenship Behavior." *Journal of Business Ethics* 130, no. 3 (September 2015): 509–24. https://doi.org/10.1007/s10551-014-2242-4.

54 Niels Van Quaquebeke and Will Felps, "Respectful Inquiry: A Motivational Account of Leading Through Asking Questions and Listening." *Academy of Management Review* 43, no. 1 (2018): 5–27. https://doi.org/10.5465/amr.2014.0537.

55 Richard Schuster, "Empathy and Mindfulness." *Journal of Humanistic Psychology* 19, no. 1 (1979): 71–77. https://doi.org/10.1177/002216787901900107.

56 Scott Williams, "Listening Effectively." Raj Soin College of Business, Wright State University, n.d. Accessed October 5, 2018. http://www.wright.edu/~scott.williams/skills/listening.htm.

57 Accenture, "Accenture Research Finds Listening More Difficult in Today's Digital Workplace." Accenture Newsroom, February 26, 2015. https://newsroom.accenture.com/industries/global-media-industry-analyst-relations/accenture-research-finds-listening-more-difficult-in-todays-digital-workplace.htm.

58 John Stauffer, Richard Frost, and William Rybolt, "The Attention Factor in Recalling Network News." *Journal of Communication* 33, no. 1 (March 1983): 29–37.

59 Arthur Wingfield, "Cognitive Factors in Auditory Performance: Context, Speed of Processing, and Constraints of Memory." *Journal of the American Academy of Audiology* 7, no. 3 (June 1996): 175–82; Ronald P. Carver, Raymond L. Johnson, and Herbert L. Friedman, "Factor Analysis of the Ability to Comprehend Time Compressed Speech." *Journal of Reading Behavior* 4, no. 1 (March 1971): 40–49. https://doi.org/10.1080/10862967109546974.

60 Matthew A. Killingsworth and Daniel T. Gilbert, "A Wandering Mind Is an Unhappy Mind." Science 330, no. 6006 (November 12, 2010): 932. https://doi.org/10.1126/science.1192439.

61 Ralph G. Nichols and Leonard A. Stevens, *Are You Listening?* New York: McGraw-Hill, 1957.

62 Carol K. Sigelman and Elizabeth A. Rider, *Life-Span Human Development*, 9th ed. Boston: Cengage Learning, 2018.

63 Interview by Rick Bommelje, Listening Post, Summer 2003, vol. 84. Reproduced at International Listening Association, " Listening Legend Interview, Dr. Ralph Nichols. https://listen.org/Legend-Interview).

64 Carolyn Coakley, Kelby Halone, and Andrew Wolvin, "Perceptions of Listening Ability Across the Life-Span: Implications for Understanding Listening Competence." *International Journal of Listening* 10, no. 1 (1996): 21–48. https://doi.org/10.1207/s1932586xijl1001_ 2.

65 Alison Gopnik, Thomas L. Griffiths, and Christopher G. Lucas, "When Younger Learners Can Be Better (Or at Least More Open-Minded) Than Older Ones." *Current Directions in Psychological Science* 24, no. 2 (April 2015): 87–92. https://doi.org/10.1177/0963721414556653.

66 Ralph G. Nichols and Leonard A. Stevens, "Listening to People." *Harvard Business Review*, September 1957.

67 Debra L. Worthington and Graham D. Bodie, *The Sourcebook of Listening Research: Methodology and Measures*. Hoboken, NJ: John Wiley & Sons, 2017.

68 Andrew D. Wolvin and Steven D. Cohen, "An Inventory of Listening Competency Dimensions." *International Journal of Listening* 26, no. 2 (2012): 64–66. https://doi.org/10.1080/10904018.2012.677665.

69 Kathleen S. Verderber, Deanna D. Sellnow, and Rudolph F. Verderber, *Communicate!*, 15th ed. Boston: Cengage Learning, 2013.

70 Earl E. Bakken Center for Spirituality and Healing at the University of Minnesota, "Deep Listening," n.d. Accessed October 14, 2018. https://www.csh.umn.edu/

education/focus-areas/whole-systems-healing/leadership/deep-listening.

71 Iris W. Johnson et al., "Self-Imposed Silence and Perceived Listening Effectiveness." *Business and Professional Communication Quarterly* 66, no. 2 (June 2003): 23–38. https://doi.org/10.1177/108056990306600203.

72 Thích Nh t Hanh, "Thích Nh t Hanh on Compassionate Listening." Oprah Winfrey Network, May 6, 2012. Video, 3:21. https://www.youtube.com/watch?v=lyUxYflkhzo& feature=youtu.be.

73 Greg J. Stephens, Lauren J. Silbert, and Uri Hasson, "Speaker–Listener Neural Coupling Underlies Successful Communication." *Proceedings of the National Academy of Sciences of the USA* 107, no. 32 (August 10, 2010): 14425–30. https://doi.org/10.1073/pnas.1008662107.

74 Adam Gopnik, "Feel Me: What the Science of Touch Says About Us." *The New Yorker*, May 16, 2016. https://www.newyorker.com/magazine/2016/05/16/what-the-science of-touch-says-about-us.

75 同上。

76 同上。

77 "Skin." *National Geographic*, January 17, 2017. https://www.nationalgeographic.com/science/health-and-human-body/human-body/skin/.

78 Gopnik, "Feel Me: What the Science of Touch Says About Us."

79 Matthew J. Hertenstein et al., "Touch Communicates Distinct Emotions." *Emotion* 6, no. 3 (August 2006): 528–33. https://doi.org/10.1037/1528-3542.6.3.528; Matthew J. Hertenstein et al., "The Communication of Emotion via Touch." *Emotion* 9, no. 4 (August 2009): 566–73. https://doi.org/10.1037/a0016108.

80 Nicolas Guéguen, "Courtship Compliance: The Effect of Touch on Women's Behavior." *Social Influence* 2, no. 2 (2007): 81–97. https://doi.org/10.1080/15534510701316177.

81 Chris L. Kleinke, "Compliance to Requests Made by Gazing and Touching Experimenters in Field Settings." *Journal of Experimental Social Psychology* 13, no 3 (May 1977): 218–23. https://doi.org/10.1016/0022-1031(77)90044-0.

82 Nicolas Guéguen, "Status, Apparel and Touch: Their Joint Effects on Compliance to a Request." *North American Journal of Psychology* 4, no. 2 (2002): 279–86.

83 Nicolas Guéguen and Céline Jacob, "The Effect of Touch on Tipping: An Evaluation in a French Bar." *International Journal of Hospitality Management* 24, no. 2 (2005): 295–99. https://doi.org/10.1016/j.ijhm.2004.06.004.

84 David E. Smith, Joseph A. Gier, and Frank N. Willis, "Interpersonal Touch and Compliance with a Marketing Request." *Basic and Applied Social Psychology* 3, no. 1 (1982): 35–38. https://doi.org/10.1207/s15324834basp0301_3.

85 Damien Erceau and Nicolas Guéguen, "Tactile Contact and Evaluation of the

Toucher." *Journal of Social Psychology* 147, no. 4 (2007): 441–44. https://doi.org/10.3200/SOCP.147.4. 441-444.

86 Tiffany Field, "Touch for Socioemotional and Physical Well-Being: A Review." *Developmental Review* 30, no. 4 (December 2010): 367–83. https://doi.org/10.1016/j.dr.2011.01.001.

87 Sheldon Cohen et al., "Does Hugging Provide Stress-Buffering Social Support? A Study of Susceptibility to Upper Respiratory Infection and Illness." *Psychological Science* 26, no. 2 (2015): 135–47. https://doi.org/10.1177/0956797614559284.

88 Lisa Marshall, "Just the Two of Us: Holding Hands Can Ease Pain, Sync Brainwaves." CU Boulder Today, February 28, 2018. https://www.colorado.edu/today/2018/02/28/just-two-us-holding-hands-can-ease-pain-sync-brainwaves.

89 Pavel Goldstein, Irit Weissman-Fogel, and Simone G. Shamay-Tsoory, "The Role of Touch in Regulating Inter-Partner Physiological Coupling During Empathy for Pain." *Scientific Reports* 7 (June 12, 2017): 3252. https://doi.org/10.1038/s41598-017-03627-7; Pavel Goldstein et al., "Brain-to-Brain Coupling During Handholding Is Associated with Pain Reduction." *Proceedings of the National Academy of Sciences of the USA* 115, no. 11 (March 13, 2018): e2528—e2537. https://doi.org/10.1073/pnas.1703643115.

90 Mark H. Davis, "A Multidimensional Approach to Individual Differences in Empathy." JSAS *Catalog of Selected Documents in Psychology* 10 (1980): 85.

91 Pavel Goldstein et al., "Brain-to-Brain Coupling During Handholding Is Associated with Pain Reduction."; Goldstein, Weissman-Fogel, and Shamay-Tsoory, "The Role of Touch in Regulating Inter-Partner Physiological Coupling During Empathy for Pain."

92 Lisa Marshall, "Just the Two of Us: Holding Hands Can Ease Pain, Sync Brainwaves." CU Boulder Today, February 28, 2018. https://www.colorado.edu/today/2018/02/28/just-two-us-holding-hands-can-ease-pain-sync-brainwaves.

93 David J. Linden, "A Loving Touch: Neurobiology Recommends Warm Skin and Moderate Pressure, Moving at 1 Inch per Second." Slate, February 12, 2015. http://www.slate.com/articles/health_and_science/science/2015/02/touch_research_how_to_perform_ the_ideal_caress_for_valentine_s_day.html.

94 Sabrina Richards, "Pleasant to the Touch." The Scientist, September 1, 2012. https://www.the-scientist.com/features/pleasant-to-the-touch-40534.

95 David J. Linden, Touch: The Science of Hand, Heart, and Mind. New York: Penguin Books, 2016; India Morrison, Line S. Löken, and Håkan Olausson, "The Skin as a Social Organ." *Experimental Brain Research* 204, no. 3 (July 2010): 305–14. https://doi.org/10.1007/s00221-009-2007-y.

96 Sidney Jourard, "An Exploratory Study of Body-Accessibility." *British Journal of*

Social & Clinical Psychology 5, no. 3 (1966): 221–31. http://dx.doi.org/10.1111/j.2044-8260.1966.tb00978.x.

97 Juulia T. Suvilehto et al., "Topography of Social Touching Depends on Emotional Bonds Between Humans." *Proceedings of the National Academy of Sciences of the USA* 112, no. 45 (November 10, 2015): 13811–816. https://doi.org/10.1073/pnas.1519231112.

98 Shane Snow, "Hug vs. Handshake." Medium, May 15, 2013. https://medium.com/@shanesnow/hug-vs-handshake-1c4f35dec45b.

99 Tiffany Field, *Touch*. Cambridge, MA: MIT Press, 2014.

100 Matthew Akers and Jeff Dupre, directors. *Marina Abramović: The Artist Is Present.*

第八章　人類設計

1 Ben Truslove, "Kegworth Air Disaster: Plane Crash Survivors' Stories." BBC News, January 8, 2014. https://www.bbc.com/news/uk-england-leicestershire-25548016.

2 Air Accidents Investigation Branch, "Aircraft Accident Report 4/90. Report on the Accident to Boeing 737-400, G-OBME, near Kegworth, Leicestershire on 8 January 1989." Accessed August 9, 2019. https://assets.publishing.service.gov.uk/media/5422fefeed915d13710009ed/4-1990_G-OBME.pdf.

3 National Research Council, *Improving the Continued Airworthiness of Civil Aircraft: A Strategy for the FAA's Aircraft Certification Service*. Washington, DC: National Academies Press, 1998. https://doi.org/10.17226/6265.

4 "Safety Study: A Review of Flightcrew-Involved Major Accidents of U.S. Air Carriers 1978 Through 1990." Washington, DC: National Transportation Safety Board, 1994.

5 Nadine Bienefeld and Gudela Grote, "Silence That May Kill: When Aircrew Members Don't Speak up and Why." *Aviation Psychology and Applied Human Factors* 2, no. 1 (2012): 1–10. http://dx.doi.org/10.1027/2192-0923/a000021.

6 "Safety Study: A Review of Flightcrew-Involved Major Accidents of U.S. Air Carriers 1978 Through 1990."

7 Frances J. Milliken, Elizabeth W. Morrison, and Patricia F. Hewlin, "An Exploratory Study of Employee Silence: Issues that Employees Don't Communicate Upward and Why." *Journal of Management Studies* 40, no. 6 (September 2003): 1453–76. https://doi.org/10.1111/1467-6486.00387.

8 re:Work, "Introduction." withgoogle.com, 2013. Accessed August 12, 2019. https://rework.withgoogle.com/print/guides/5721312655835136/.Emphasis added.

9 Julia Rozovsky, "The Five Keys to a Successful Google Team." re:Work, November 17, 2015. https://rework.withgoogle.com/blog/five-keys-to-a-successful-

google-team/.Emphasis removed.

10 Charles Duhigg, "What Google Learned from Its Quest to Build the Perfect Team." *New York Times Magazine*, February 25, 2016.

11 Julia Rozovsky, "The Five Keys to a Successful Google Team."

12 Amy Edmondson, "Psychological Safety and Learning Behavior in Work Teams." *Administrative Science Quarterly* 44, no. 2 (June 1999): 350–83. https://doi.org/10.2307/2666999; Amy Edmondson, "Learning from Mistakes Is Easier Said Than Done: Group and Organizational Influences on the Detection and Correction of Human Error." *Journal of Applied Behavioral Science* 32, no. 1 (1996): 5–20.

13 Amy Edmondson, "Creating Psychological Safety in the Workplace." Interview by Curt Nickisch. HBR Ideacast, January 22, 2019. Audio, 26:48. https://hbr.org/ideacast/2019/01/creating-psychological-safety-in-the-workplace.

14 Amy C. Edmondson, *The Fearless Organization: Creating Psychological Safety in the Workplace for Learning, Innovation, and Growth*. Hoboken, NJ: John Wiley & Sons, 2018.

15 Jake Herway, "How to Create a Culture of Psychological Safety." Gallup Workplace, December 7, 2017. https://www.gallup.com/workplace/236198/create-culture-psychological-safety.aspx.

16 Edmondson, The Fearless Organization.

17 JoNel Aleccia, "Nurse's Suicide Highlights Twin Tragedies of Medical Errors." NBC News, June 27, 2011. http://www.nbcnews.com/id/43529641/ns/health-health_care/t/nurses-suicide-highlights-twin-tragedies-medical-crrors/#. XVGzn-hKjb0.

18 Ingrid M. Nembhard and Amy C. Edmondson, "Making It Safe: The Effects of Leader Inclusiveness and Professional Status on Psychological Safety and Improvement Efforts in Health Care Teams." *Journal of Organizational Behavior* 27, no. 7 (November 2006): 941–66. http://dx.doi.org/10.1002/job.413.

19 Amy C. Edmonson, "The Three Pillars of a Teaming Culture." *Harvard Business Review*, December 17, 2013. https://hbr.org/2013/12/the-three-pillars-of-a-teaming-culture.

20 Edmondson, *The Fearless Organization*.

21 Amy C. Edmondson, "Strategies for Learning from Failure." *Harvard Business Review*, April 2011. https://hbr.org/2011/04/strategies-for-learning-from-failure.

22 Mathis Schulte, N. Andrew Cohen, and Katherine J. Klein, "The Coevolution of Network Ties and Perceptions of Team Psychological Safety." *Organization Science* 23, no. 2 (2012): 564–81. http://dx.doi.org/10.1287/orsc.1100.0582.

23 Edmondson, *The Fearless Organization*.

24 Schulte, "The Coevolution of Network Ties and Perceptions of Team Psychological

Safety."

25 Jaclyn Koopmann et al., "Nonlinear Effects of Team Tenure on Team Psychological Safety Climate and Climate Strength: Implications for Average Team Member Performance." *Journal of Applied Psychology* 101, no. 7 (2016): 940–57. http://dx.doi.org/10.1037/apl0000097.

26 Arieh Riskin et al., "The Impact of Rudeness on Medical Team Performance: A Randomized Trial." *Pediatrics* 136, no. 3 (2015): 487–95.

27 Ingrid Philibert, "Sleep Loss and Performance in Residents and Nonphysicians: A Meta-Analytic Examination." Sleep 28, no. 11 (2005): 1392–1402.

28 Christine L. Porath, "Make Civility the Norm on Your Team." *Harvard Business Review*, January 2, 2018. https://hbr.org/2018/01/make-civility-the-norm-on-your-team.

29 Christine L. Porath and Amir Erez, "How Rudeness Takes Its Toll." Psychologist 24, no. 7 (2011): 508–11; Christine Pearson and Christine Porath, *The Cost of Bad Behavior: How Incivility Is Damaging Your Business and What to Do About It*. New York: Portfolio, 2009.

30 Christine L. Porath and Christine M. Pearson, "Emotional and Behavioral Responses to Workplace Incivility and the Impact of Hierarchical Status." *Journal of Applied Social Psychology* 42, suppl. 1 (December 2012): e326–e357. https://doi.org/10.1111/j. 1559-1816.2012.01020.x.

31 Christine L. Porath and Christine M. Pearson, "The Price of Incivility." *Harvard Business Review*, February 2013: 114. https://hbr.org/2013/01/the-price-of-incivility.

32 Christine L. Porath and Amir Erez, "Does Rudeness Really Matter? The Effects of Rudeness on Task Performance and Helpfulness." *Academy of Management Journal* 50, no. 5 (2007): 1181–97. https://doi.org/10.5465/amj.2007.20159919. Quote lightly edited for readability.

33 Sigal G. Barsade, Constantinos G. V. Coutifaris, and Julianna Pillemer, "Emotional Contagion in Organizational Life." *Research in Organizational Behavior* 38 (2018): 137–51.

34 Christine L. Porath, "The Incivility Bug." *Psychology Today*, September 27, 2017. https://www.psychologytoday.com/us/blog/thriving-work/201709/the-incivility-bug.

35 Ira Glass, "Ruining It for the Rest of Us." *This American Life*, December 19, 2008. https://www.thisamericanlife.org/370/ruining-it-for-the-rest-of-us. Lightly edited for grammar and formal consistency.

36 Christine L. Porath, "No Time to Be Nice at Work." *New York Times*, June 19, 2015. https://www.nytimes.com/2015/06/21/opinion/sunday/is-your-boss-mean.

html.

37 同上。

38 Thomas W. H. Ng et al., "Predictors of Objective and Subjective Career Success: A Meta-Analysis." *Personnel Psychology* 58, no. 2 (June 2005): 367–408. https://doi.org/10.1111/j. 1744-6570.2005.00515.x.

39 Samuel T. Hunter and Lily Cushenbery, "Is Being a Jerk Necessary for Originality? Examining the Role of Disagreeableness in the Sharing and Utilization of Original Ideas." *Journal of Business and Psychology* 30, no. 4 (December 2015): 621–39. http://dx.doi.org/10.1007/s10869-014-9386-1.

40 Christine L. Porath, Alexandra Gerbasi, and Sebastian L. Schorch, "The Effects of Civility on Advice, Leadership, and Performance." *Journal of Applied Psychology* 100, no. 5 (2015): 1527–41. http://dx.doi.org/10.1037/apl0000016.

41 Arijit Chatterjee and Donald C. Hambrick, "It's All About Me: Narcissistic Chief Executive Officers and Their Effects on Company Strategy and Performance." *Administrative Science Quarterly* 52, no. 3 (December 2007): 351–86. https://doi.org/10.2189/asqu.52.3.351.

42 Dacher Keltner, The Power Paradox: *How We Gain and Lose Influence*. New York: Penguin Books, 2017.

43 Adam D. Galinsky et al., "Power and Perspectives Not Taken." *Psychological Science* 17, no. 12 (2006): 1068–74. https://doi.org/10.1111/j. 1467-9280.2006.01824.x.

44 Dacher Keltner, "How Power Makes People Selfish." University of California, January 13, 2015. Video, 2:03. https://www.youtube.com/watch?v=0vvl46PmCfE#t=13.

45 Dacher Keltner, "Don't Let Power Corrupt You." *Harvard Business Review*, October 2016. https://hbr.org/2016/10/dont-let-power-corrupt-you.

46 Giuseppe Labianca and Daniel Brass, "Exploring the Social Ledger: Negative Relationships and Negative Asymmetry in Social Networks in Organizations." *Academy of Management Review* 31, no. 3 (July 2006): 596–614.

47 Roy F. Baumeister et al., "Bad Is Stronger Than Good." *Review of General Psychology* 5, no. 4 (2001): 323–70. https://doi.org/10.1037/1089-2680.5.4.323.

48 James R. Averill, "On the Paucity of Positive Emotions." In *Assessment and Modification of Emotional Behavior. Advances in the Study of Communication and Affect*, ed. Kirk R. Blankstein, 7–45. New York: Springer, 1980.

49 John Gottman, *Why Marriages Succeed or Fail*. New York: Simon & Schuster, 1994.

50 Baumeister et al., "Bad Is Stronger Than Good."

51 Natalie Slopen et al., 2012. "Job Strain, Job Insecurity, and Incident Cardiovascular

Disease in the Women's Health Study: Results from a 10-Year Prospective Study." *PLoS One* 7, no. 7 (2012): e40512. https://doi.org/10.1371/journal.pone.0040512.

52 Kathryn Dill, "Survey: 42% of Employees Have Changed Jobs Due to Stress." *Forbes*, April 18, 2014. https://www.forbes.com/sites/kathryndill/2014/04/18/survey-42-of-employees-have-changed-jobs-due-to-stress/#223792263380.

53 Zameena Mejia, "4 Steps to Productively Talk to Your Boss About a Toxic Co-Worker." CNBC, August 24, 2017. Available at https://www.cnbc.com/2017/08/24/4-steps-to-speak-with-your-boss-about-a-toxic-co-worker.html.

54 Michael Szell and Stefan Thurner, "Measuring Social Dynamics in a Massive Multiplayer Online Game." *Social Networks* 32, no. 4 (October 2010): 313–29. https://doi.org/10.1016/j.socnet.2010.06.001; Nicholas Harrigan and Janice Yap, "Avoidance in Negative Ties: Inhibiting Closure, Reciprocity, and Homophily." *Social Networks* 48 (January 2017): 126–41. https://doi.org/10.1016/j.socnet.2016.07.003.

55 Reed Hastings and Patty McCord, "Netflix Culture: Freedom and Responsibility," 2009. Accessed August 13, 2019. https://www.slideshare.net/reed2001/culture-1798664/2-Netflix_CultureFreedom_ Responsibility2. Emphasis removed.

56 Patty McCord, "How Netflix Reinvented HR." *Harvard Business Review*, January–February 2014. https://hbr.org/2014/01/how-netflix-reinvented-hr.

57 Jim Schleckser, "Why Netflix Doesn't Tolerate Brilliant Jerks," Inc., February 2, 2016. https://www.inc.com/jim-schleckser/why-netflix-doesn-t-tolerate-brilliant-jerks.html.

58 Robert I. Sutton, *The No Asshole Rule: Building a Civilized Workplace and Surviving One That Isn't*. New York: Hachette, 2007.

59 Cameron Sepah, "Your Company Culture Is Who You Hire, Fire, and Promote." Medium, March 3, 2017. https://medium.com/s/company-culture/your-companys-culture-is-who-you-hire-fire-and-promote-c69f84902983.

60 Netflix Jobs, "Netflix Culture." Accessed August 13, 2019. https://jobs.netflix.com/culture.

61 Patty McCord, "How the Architect of Netflix's Innovative Culture Lost Her Job to the System." Interview by Steve Henn. *All Things Considered*, NPR, September 3, 2015. Audio, 5:15. https://www.npr.org/2015/09/03/437291792/how-the-architect-of-netflixs-innovative-culture-lost-her-job-to-the-system.

62 Porath and Pearson, "The Price of Incivility."

63 Sutton, *The No Asshole Rule*. Updated from Workplace Bullying Institute, "2017 WBI U.S. Workplace Bullying Survey." June 2017.

64 Sutton, *The No Asshole Rule*.

65 Porath, Gerbasi, and Schorch, "The Effects of Civility on Advice, Leadership, and

Performance."
66 Christine Pearson and Christine Porath, "On the Nature, Consequences, and Remedies of Workplace Incivility: No Time for 'Nice'? Think Again." *Academy of Management Perspectives* 19, no. 1 (2005): 7–18.
67 Susan T. Fiske, Amy J. C. Cuddy, and Peter Glick, "Universal Dimensions of Social Cognition: Warmth and Competence." *Trends in Cognitive Sciences* 11, no. 7 (February 2007): 77–83.
68 Porath, "No Time to Be Nice at Work."
69 Current Employee, "Viking Cruises: Employee Review." Glassdoor, May 16, 2016. https://www.glassdoor.com/Reviews/Employee-Review-Viking-Cruises-RVW10617717.htm.
70 Adam Grant, "Adam Grant: Don't Underestimate the Power of Appreciation." Interview by Jocelyn K. Glei. Hurry Slowly, October 9, 2018. Audio, 48:20. https://hurryslowly.co/adam-grant/.Quote lightly edited for grammar and clarity.
71 Robert I. Sutton, *The Asshole Survival Guide: How to Deal with People Who Treat You Like Dirt*. New York: Houghton Mifflin Harcourt, 2017.
72 Andy Newman and Ray Rivera, "Fed-Up Flight Attendant Makes Sliding Exit." *New York Times*, August 9, 2010.
73 "US Steward's 'Exit' Inspires Harassed Desi Counterparts." *The Times of India*, August 11, 2010.

第九章　工作與生活

1 Elizabeth Gilbert, *Eat, Pray, Love: One Woman's Search for Everything Across Italy, India and Indonesia.* New York: Viking, 2006.
2 Sharon Lerner, "The Real War on Families: Why the U.S. Needs Paid Leave Now." *In These Times*, August 18, 2015. http://inthesetimes.com/article/18151/the-real-war-on-families.
3 Indra Nooyi, "Parting Words as I Step Down as CEO." LinkedIn, 2018. https://www.linkedin.com/pulse/parting-words-i-step-down-ceo-indra-nooyi/.
4 Marilyn Haigh, "Indra Nooyi Shared a Work Regret on Her Last Day as PepsiCo CEO." CNBC, October 3, 2018. https://www.cnbc.com/2018/10/03/indra-nooyi-shares-a-work-regret-on-her-last-day-as-pepsico-ceo.html.
5 Ina Yalof, *Life and Death: The Story of a Hospital.* New York: Fawcett Crest, 1988.
6 Christena E. Nippert-Eng, *Home and Work: Negotiating Boundaries Through Everyday Life.* Chicago: University of Chicago Press, 1996.
7 Glen E. Kreiner, "Consequences of Work-Home Segmentation or Integration: A Person-Environment Fit Perspective." *Journal of Organizational Behavior* 27, no. 4 (June 2006): 485–507. https://doi.org/10.1002/job.386.

8 Blake E. Ashforth et al., "All in a Day's Work: Boundaries and Micro Role Transitions." *Academy of Management Review* 25, no. 3 (2000): 472–91.

9 Laszlo Bock, "Google's Scientific Approach to Work-Life Balance (and Much More)." *Harvard Business Review*, March 27, 2014. https://hbr.org/2014/03/googles-scientific-approach-to-work-life-balance-and-much-more.

10 Nancy P. Rothbard and Ariane Ollier-Malaterre, "Boundary Management." In *The Oxford Handbook of Work and Family*, eds. Tammy D. Allen and Lillian T. Eby, 109–22. New York: Oxford University Press, 2016.

11 Sheryl Sandberg, "Sheryl Sandberg Addresses the Class of 2012." Harvard Business School, May 24, 2012. Video, 22:25. https://www.youtube.com/watch?v=2Db0_ RafutM.

12 Nancy P. Rothbard, "Enriching or Depleting? The Dynamics of Engagement in Work and Family Roles." *Administrative Science Quarterly* 46, no. 4 (December 2001): 655–84. https://doi.org/10.2307/3094827.

13 Adam Grant, "WorkLife with Adam Grant: When Work Takes Over Your Life." Ted Original Podcast, April 26, 2018. Audio, 37:40. https://www.ted.com/talks/worklife_with_adam_grant _when_work_takes_over_your_life?language=en. https://www.ted.com/talks/worklife_with_adam_grant_when_work_takes_over_your_life?language=en.

14 Nippert-Eng, *Home and Work.*

15 Ellen Ernst Kossek, Raymond A. Noe, and Beverly J. DeMarr, "Work-Family Role Synthesis: Individual and Organizational Determinants." *International Journal of Conflict Management* 10, no. 2 (1999): 102–29. https://doi.org/10.1108/eb022820.

16 Henna Inam, "Bring Your Whole Self to Work." *Forbes*, May 10, 2018. https://www.forbes.com/sites/hennainam/2018/05/10/bring-your-whole-self-to-work/#d2c27ce6291a.

17 Olivet Nazarene University, "Research on Friends at Work." 2018. Accessed December 11, 2018. https://graduate.olivet.edu/news-events/news/research-friends-work.

18 Julianna Pillemer and Nancy P. Rothbard, "Friends Without Benefits: Understanding the Dark Sides of Workplace Friendship." *Academy of Management Review* 43, no. 4 (2018): 635–60. https://doi.org/10.5465/amr.2016.0309.

19 Frederick M. E. Grouzet et al., "The Structure of Goal Contents Across 15 Cultures." *Journal of Personality and Social Psychology* 89, no. 5 (2005): 800–16. http://dx.doi.org/10.1037/0022-3514.89.5.800.

20 K. D. Vohs, "Money Priming Can Change People's Thoughts, Feelings, Motivations, and Behaviors: An Update on 10 Years of Experiments." *Journal of Experimental Psychology: General* 144, no. 4 (2015): e86–e93.

21 Daniel Kahneman et al., "A Survey Method for Characterizing Daily Life Experience: The Day Reconstruction Method." *Science* 306, no. 5702 (December 2004): 1776–1780.

22 Cassie Mogilner, "The Pursuit of Happiness: Time, Money, and Social Connection." *Psychological Science* 21, no. 9 (2010): 1348–54. https://doi.org/10.1177/0956797610380696.

23 Adam Grant, "Friends at Work? Not So Much." *New York Times*, September 4, 2015. https://www.nytimes.com/2015/09/06/opinion/sunday/adam-grant-friends-at-work-not-so-much.html.

24 Bernie DeGroat, "Do Co-Workers Engage or Estrange After Hours?" *Michigan News*, February 11, 2008. https://news.umich.edu/do-co-workers-engage-or-estrange-after-hours/.

25 Jean M. Twenge et al., "Generational Differences in Work Values: Leisure and Extrinsic Values Increasing, Social and Intrinsic Values Decreasing." *Journal of Management* 36, no. 5 (2010): 1117–42. https://doi.org/10.1177/0149206309352246.

26 Grant, "Friends at Work? Not So Much." Emphasis added.

27 Herminia Ibarra, "Homophily and Differential Returns: Sex Differences in Network Structure and Access in an Advertising Firm." *Administrative Science Quarterly* 37, no. 3 (September 1992): 422–47. https://doi.org/10.2307/2393451.

28 Herminia Ibarra, "Why Strategic Networks Are Important for Women and How to Build Them." September 27, 2017. Accessed December 12, 2018. https://herminiaibarra.com/why-strategic-networks-are-important-for-women-and-how-to-build-them/.

29 Ibid. Lightly edited for formal consistency.

30 Claire Cain Miller, "It's Not Just Mike Pence. Americans Are Wary of Being Alone with the Opposite Sex." *New York Times*, July 1, 2017. https://www.nytimes.com/2017/07/01/upshot/members-of-the-opposite-sex-at-work-gender-study.html.

31 April Bleske-Rechek et al., "Benefit or Burden? Attraction in Cross-Sex Friendship." *Journal of Social and Personal Relationships* 29, no. 5 (2012): 569–96. https://doi.org/10.1177/0265407512443611.

32 Miller, "It's Not Just Mike Pence. Americans Are Wary of Being Alone With the Opposite Sex." Lightly edited for formal consistency.

33 Tracy L. Dumas, Katherine W. Phillips, and Nancy P. Rothbard, "Getting Closer at the Company Party: Integration Experiences, Racial Dissimilarity, and Workplace Relationships." *Organization Science* 24, no. 5 (September–October 2013): 1377–1401. https://doi.org/10.1287/orsc.1120.0808.

34 Renuka Rayasam, "Having a 'Work Spouse' Makes You Happier." BBC Worklife,

November 7, 2016. https://www.bbc.com/worklife/article/20161106-having-a-work-spouse-makes-you-happier.

35 "Gentlemen's Intermission." 30 *Rock*, season 5, episode 6, November 4, 2010.

36 Seunghoo Chung et al., "Friends with Performance Benefits: A Meta-Analysis on the Relationship Between Friendship and Group Performance." *Personality and Social Psychology Bulletin* 44, no. 1 (2018): 63–79. https://doi.org/10.1177/0146167217733069.

37 Oliver Hämmig, "Health and Well-Being at Work: The Key Role of Supervisor Support." *SSM—Population Health* 3 (April 9, 2017): 393–402. https://doi.org/10.1016/j.ssmph.2017.04.002; T. T. Selvarajan, Peggy A. Cloninger, and Barjinder Singh, "Social Support and Work–Family Conflict: A Test of an Indirect Effects Model." *Journal of Vocational Behavior* 83, no. 3 (December 2013): 486–99. https://doi.org/10.1016/j.jvb.2013.07.004; Terry A. Beehr et al., "The Enigma of Social Support and Occupational Stress: Source Congruence and Gender Role Effects." *Journal of Occupational Health Psychology* 8, no. 3 (2003): 220–31. http://dx.doi.org/10.1037/1076-8998.8.3.220.

38 Tom Rath, *Vital Friends: The People You Can't Afford to Live Without*. New York: Gallup Press, 2005.

39 Jessica R. Methot et al., "Are Workplace Friendships a Mixed Blessing? Exploring Tradeoffs of Multiplex Relationships and Their Associations with Job Performance." *Personnel Psychology* 69, no. 2 (Spring 2016): 311–55. https://doi.org/10.1111/peps.12109.

40 Rob Cross, Reb Rebele, and Adam Grant, "Collaborative Overload." *Harvard Business Review*, January–February 2016. https://hbr.org/2016/01/collaborative-overload.

41 Nancy P. Rothbard, Katherine W. Phillips, and Tracy L. Dumas, "Managing Multiple Roles: Work-Family Policies and Individuals' Desires for Segmentation." *Organization Science* 16, no. 3 (May–June 2005): 243–58. https://doi.org/10.1287/orsc.1050.0124.

42 Bock, "Google's Scientific Approach to Work-Life Balance (and Much More)."

43 Megan Gibson, "Here's a Radical Way to End Vacation Email Overload." *Time*, August 15, 2014. https://time.com/3116424/daimler-vacation-email-out-of-office/.

44 Leslie Perlow, *Sleeping with Your Smartphone: How to Break the 24/7 Habit and Change the Way You Work*. Boston: Harvard Business Review Press, 2012.

45 Nancy P. Rothbard and Ariane Ollier-Malaterre, "Boundary Management." In *The Oxford Handbook of Work and Family*,eds. Tammy D. Allen and Lillian T. Eby, 109–22. New York: Oxford University Press, 2015.

46 Sylvia Ann Hewlett, Carolyn Buck Luce, and Cornel West, "Leadership in Your Midst: Tapping the Hidden Strengths of Minority Executives." *Harvard Business Review*, November 2005.

47 Katherine W. Phillips, Tracy L. Dumas, and Nancy P. Rothbard, "Diversity and Authenticity: Why Black Employees Hesitate to Open Up About Themselves." *Harvard Business Review*, March–April 2018. https://hbr.org/2018/03/diversity-and-authenticity.

48 Adam Grant, "How to Trust People You Don't Like." A Ted Original Podcast, 2018. Video, 34:19. https://www.ted.com/talks/worklife_with_adam_grant_how_astronauts_build_trust? language=en#t-5691.

49 Rayasam, "Having a 'Work Spouse' Makes You Happier."

50 Phillips, Dumas, and Rothbard, "Diversity and Authenticity: Why Black Employees Hesitate to Open Up About Themselves."

51 Reuben J. Thomas, "Sources of Friendship and Structurally Induced Homophily Across the Life Course." *Sociological Perspectives*, February 11, 2019. https://doi.org/10.1177/0731121419828399.

52 Herminia Ibarra, Nancy M. Carter, and Christine Silva, "Why Men Still Get More Promotions Than Women." *Harvard Business Review*, September 2010.

53 Stacy Blake-Beard, "Mentoring: Creating Mutually Empowering Relationships." VMware Women's Leadership Innovation Lab. Video. https://womensleadership.stanford.edu/mentoring-creating-mutually-empowering-relationships.

54 George F. Dreher and Taylor H. Cox Jr., "Race, Gender, and Opportunity: A Study of Compensation Attainment and the Establishment of Mentoring Relationships." *Journal of Applied Psychology* 81, no. 3 (1996): 297–308. http://dx.doi.org/10.1037/0021-9010.81.3.297. Dollar amount is inflation adjusted to 2019.

55 Sylvia Ann Hewlett et al., "The Sponsor Effect: Breaking Through the Last Glass Ceiling." *Harvard Business Review Research Report*, December 2010. https://30percentclub.org/wp-content/uploads/2014/08/The-Sponsor-Effect.pdf.

56 Lean In, "Men, Commit to Mentor Women." Accessed July 27, 2019. https://leanin.org/mentor-her.

57 Daniel B. Turban, Thomas W. Dougherty, and Felissa K. Lee, "Gender, Race, and Perceived Similarity Effects in Developmental Relationships: The Moderating Role of Relationship Duration." *Journal of Vocational Behavior* 61, no. 2 (October 2002): 240–62. https://doi.org/10.1006/jvbe.2001.1855.

58 Ibarra, Carter, and Silva, "Why Men Still Get More Promotions Than Women."

59 Sameer B. Srivastava, "Network Intervention: Assessing the Effects of Formal Mentoring on Workplace Networks." *Social Forces* 94, no. 1 (September 2015): 427–52. https://doi.org/10.1093/sf/sov041.

60 Forrest Briscoe and Katherine C. Kellogg, "The Initial Assignment Effect: Local Employer Practices and Positive Career Outcomes for Work-Family Program Users." *American Sociological Review* 76, no. 2 (2011): 291–319. https://doi.org/10.1177/0003122411401250.

61 Ibarra, Carter, and Silva, "Why Men Still Get More Promotions Than Women."

62 B. R. J. O'Donnell, "When Mentorship Goes Off Track." *The Atlantic*, July 28, 2017. https://www.theatlantic.com/business/archive/2017/07/mentorship-fails-psychology/535125/.

63 Hewlett et al., "The Sponsor Effect: Breaking Through the Last Glass Ceiling."

64 同上。

65 Thomas W. H. Ng et al., "Predictors of Objective and Subjective Career Success: A Meta-Analysis." *Personnel Psychology* 58, no. 2 (June 2005): 367–408. https://doi.org/10.1111/j.1744-6570.2005.00515.x.

66 Sylvia Ann Hewlett, "Make Yourself Sponsor-Worthy." *Harvard Business Review*, February 6, 2014. https://hbr.org/2014/02/make-yourself-sponsor-worthy.

67 同上。

68 Indra Nooyi, "Priyanka Chopra and Indra Nooyi on Breaking Barriers and Engaging Billions." Forbes Live, July 3, 2018. Video, 51:01. https://www.youtube.com/watch? v=dQzvkvMl9tE.

第十章　人人連結

1 John Guare, *Six Degrees of Separation: A Play*. New York: Penguin Random House, 1990, 81.

2 Stanley Milgram, "The Small World Problem." *Psychology Today* 1 (May 1967): 61–67.

3 Brian Uzzi, "Keys to Understanding Your Social Capital." *Journal of Microfinance/ESR Review* 10, no. 2 (2008): 3.

4 Jeffrey Travers and Stanley Milgram, "An Experimental Study of the Small World Problem." *Sociometry* 32, no. 4 (December 1969): 425–43.

5 Peter Sheridan Dodds, Roby Muhamad, and Duncan J. Watts, "An Experimental Study of Search in Global Social Networks." *Science* 301, no. 5634 (August 8, 2003): 827–29. https://doi.org/10.1126/science.1081058.

6 Duncan J. Watts, *Six Degrees: The Science of a Connected Age*. New York: W. W. Norton, 2003.

7 Duncan J. Watts, *Everything Is Obvious: Once You Know the Answer*. New York: Crown Business, 2011.

8 Duncan J. Watts and Steven H. Strogatz, "Collective Dynamics of ' Small-World' Networks." Nature 393 (June 1998): 440–42.

9 David Burkus, *Friend of a Friend: Understanding the Hidden Networks That Can Transform Your Life and Your Career*. New York: Houghton Mifflin Harcourt, 2018.

BIG 叢書 404

人脈風格：找出你專屬的人際關係模式，創造工作與生活的最佳表現

Social Chemistry: Decoding the Patterns of Human Connection

作者　瑪莉莎・金恩
譯者　蕭美惠
主編　王育涵
編輯　邱奕凱
企畫　郭靜羽
封面設計　江孟達工作室
內頁排版　張靜怡
總編輯　胡金倫
董事長　趙政岷
出版者　時報文化出版企業股份有限公司
108019 臺北市和平西路三段 240 號 7 樓
發行專線｜ 02-2306-6842
讀者服務專線｜ 0800-231-705 ｜ 02-2304-7103
讀者服務傳真｜ 02-2302-7844
郵撥｜ 1934-4724 時報文化出版公司
信箱｜ 10899 臺北華江橋郵政第 99 信箱
時報悅讀網　www.readingtimes.com.tw
人文科學線臉書　http://www.facebook.com/humanities.science
法律顧問　理律法律事務所｜陳長文律師、李念祖律師
印刷　家佑印刷有限公司
初版一刷　2023 年 1 月 13 日
定價　新臺幣 450 元

時報文化出版公司成立於一九七五年，並於一九九九年股票上櫃公開發行，於二〇〇八年脫離中時集團非屬旺中，以「尊重智慧與創意的文化事業」為信念。

ISBN 978-626-353-357-8 ｜ Printed in Taiwan

人脈風格：找出你專屬的人際關係模式，創造工作與生活的最佳表現／瑪莉莎・金恩著；蕭美惠譯 .
-- 初版 . -- 臺北市：時報文化，2023.01 ｜ 320 面；14.8×21 公分 . ｜ ISBN 978-626-353-357-8（平裝）
1. CST：人際關係 2. CST：社會互動 3. CST：社會心理學｜ 541.76 ｜ 111021420